_____ 님의 소중한 미래를 위해
이 책을 드립니다.

나도 꼬마 빌딩을
갖고 싶다

나도 꼬마 빌딩을 갖고 싶다

꼬마 빌딩 투자자라면 꼭 알아야 할 것들

| 김인만 · 이은홍 지음 |

일에일북

나도 꼬마 빌딩을 갖고 싶다

초판 1쇄 발행 2016년 10월 7일 **| 초판 4쇄 발행** 2018년 6월 5일 **| 지은이** 김인만 · 이은홍
펴낸곳 원앤원북스 **| 펴낸이** 오운영
경영총괄 박종명 **| 편집** 최윤정 · 김효주 · 이광민
등록번호 제2018-000058호 **| 등록일자** 2018년 1월 23일
주소 04091 서울시 마포구 토정로 222, 306호(신수동, 한국출판콘텐츠센터)
전화 (02)719-7735 **| 팩스** (02)719-7736 **| 이메일** onobooks2018@naver.com
값 16,000원 **| ISBN** 979-11-6002-035-9 03320

이 도서의 국립중앙도서관 출판시도서목록(CIP)은 e-CIP홈페이지(http://www.nl.go.kr/ecip)에서
이용하실 수 있습니다.(CIP제어번호: CIP2016022021)

확장할 수 있는 공간이 한정된 곳이
희소성으로 인해 투자가치가 있다.

• 도널드 트럼프(미국의 기업인) •

꼬마 빌딩 전성시대

만나는 사람들마다 먹고살기 힘들다고 이야기한다. 먹고살기 힘든 것이 어제오늘 일이 아니었지만 예전과 비교해 더 어려워진 것은 사실이다. 약 20년 전을 배경으로 한 TV드라마를 보니 은행 예금금리 15%, 삼성전자 주식, 판교 개발 등 지금은 상상하기도 힘든 기회가 우리에게 있었다. 많은 사람들은 '그때 했어야 하는데.' 하며 아깝다고 이야기한다. 그런데 생각해보자. 과연 타임머신을 타고 20년 전으로 돌아간다고 해서 판교에 투자하고 삼성전자 주식을 살 수 있을까?

아마 90%의 사람들은 다시 돌아가도 기회를 잡을 수 없을 것이다. 기회를 볼 수 있는 눈과 잡을 수 있는 힘을 가진 자만이 그 기회를 잡을 수 있는 것이고, 이런 눈과 기회는 준비하고 노력하는 자에게만 주어지는 신의 선물이기 때문이다. '그때 투자했으면 성공했을 텐데.' 언제까지 이런 후회와 한숨만 쉬고 있을 것인가?

저성장, 저금리, 인구 감소, 주택공급 증가, 베이비붐 세대의 은퇴 등 대외 여건이 안 좋아진 것은 부정할 수 없다. 그래도 새로운 기회는 항상 생긴다. 기회는 과거에만 있었고 지금은 없는 것이 아니라, 지금도 있고 앞으로도 있을 것이다. 기회를 볼 눈과 잡을 능력이 없는 자신을 탓하지 않고 과거나 현재의 대외 여건을 탓하는 건 자기 합리화일 뿐이다.

물론 투자해서 좋은 결과를 얻으려면 운도 따라주어야 한다. 하지만 운은 기회를 잡으려 노력하는 사람에게는 50%의 확률을 주지만 기회를 잡으려 노력하지도, 주어진 기회를 잡지도 못하는 사람에게는 0%의 확률을 준다.

지금 우리나라 부동산시장의 흐름이 바뀌고 있다. 아파트 중심의 주택시장 흐름은 공급물량 증가와 인구 감소 및 베이비붐 세대의 은퇴 영향으로 오름세가 예전만 못한 반면, 안정적인 임대수익이 나오는 수익형 부동산의 인기는 계속 상승중이다. 특히 땅과 건물이 있는 꼬마 빌딩에 투자하려는 수요가 크게 늘어나면서 '꼬마 빌딩 전성시대'가 열리고 있다고 해도 과언이 아니다.

빌딩 주인의 꿈은 이제 꿈이 아니라 현실이다. 새롭게 열리는 기회를 잡을 수 있는 눈과 힘을 이 책과 함께 키워갈 것인가 또다시 기회를 놓쳐버릴 것인가는 여러분의 손에 달려 있다. 이 책을 잡는 순간 꼬마 빌딩의 주인이 되는 기회를 볼 수 있는 눈과 잡을 수 있는 힘이 한 걸음 더 가까이 다가올 것이다.

더운 여름 공동집필을 하느라 고생한 이은홍 대표와 많은 도움을 주신 전철 대표님, 원앤원콘텐츠그룹 가족들, 사랑하는 부인과 두 딸 민지와 현지, 그리고 부모님께 감사드리며 마지막으로 하나님 아버지께 이 영광을 돌린다.

김인만

8

특히 땅과 건물이 있는 꼬마 빌딩에 투자하려는
수요가 크게 늘어나면서 '꼬마 빌딩 전성시대'가
열리고 있다고 해도 과언이 아니다.

Part 3

꼬마 빌딩,
잘 구입하는 노하우를 알려준다

Part 4

돈 되는 꼬마 빌딩을
만드는 것은 관리다

Part 5

꼬마 빌딩,
잘 파는 비결은 이것이다

◇◇◇◇◇

부자들의 전유물이었던 '빌딩 주인'은 이제 꿈이 아닌 현실이다. 1970년대 경제부흥기를 맞아 새롭게 열린 아파트시장이 40년 동안 우리나라 부동산시장을 이끌어왔지만 이런 아파트시대를 열었던 1955~1976년생 베이비붐 세대들의 은퇴가 시작되면서 부동산시장의 중심은 아파트에서 월세 임대수익이 나오는 수익형 부동산으로 변하고 있다. 수익형 부동산시장도 오피스텔 · 빌라 등 주택형태에서 원룸빌딩 · 상가주택 등 땅이 있는 건물형태의 꼬마 빌딩으로 무게중심이 이동하고 있다. 우리는 왜 꼬마 빌딩에 투자를 해야 하는가? 꼬마 빌딩은 어떻게 수익형 부동산의 핵심 트렌드가 되었는가? 어떻게 해야 꼬마 빌딩의 주인이 되어 행복한 부자의 반열에 오를 수 있는가? 그에 대한 명쾌한 해답을 함께 찾아보도록 하자.

Part 1

당신도
꼬마 빌딩의 주인이
될 수 있다

왜 꼬마 빌딩에
투자해야 하는가?

평균 수명 증가와 부양인구 감소로 우리들의 노후가 불안하다.
저성장·저출산·저금리라는 3저시대에서 살아남기 위한 최선의 방법은 '임대'다.

오랫동안 연락이 되지 않던 선배에게서 전화 한 통이 걸려왔다. 강남의 아파트를 팔고 월세가 꼬박꼬박 나오는 원룸건물 같은 꼬마 빌딩에 투자하고 싶다는 것이다.

정년퇴직이 몇 년 남기는 했지만 선배는 퇴직 후 불안한 노후 생활에 대해 고민이 많았다고 한다. 그런데 주변에 아파트를 팔고 안정적인 월세가 나오는 강남의 원룸건물을 사는 친구들이 하나둘씩 늘어나면서 '내가 무슨 빌딩을 살 수 있겠느냐.'라고 생각했던 마음이 '나도 살 수 있다.' 아니 '사야 한다.'로 바뀌었다고 한다. 그렇다. 이제 꼬마 빌딩의 시대가 열리고 있는 것이다.

평균 수명은 늘어나지만
부양할 능력이 안 된다

해외여행도 다니시고, 손자들이 오면 용돈도 잘 주시고, 며느리에게도 가끔씩 두둑한 용돈을 주면서 강남에 사시는 할아버지가 있었다. 강남에 아파트 한 채를 보유하고 있으니 누가 보아도 나름 먹고살 만한 할아버지였다. 당연히 며느리는 강남 아파트를 상속받을 거라는 기대감이 있었을 것이고, 용돈도 듬뿍 주시는 시아버지를 좋아하고 더 챙겨드렸다. 그러다 시간이 흘러 할아버지가 돌아가셨는데 며느리는 깜짝 놀라고 말았다. 강남 아파트가 없었기 때문이다. 할아버지는 강남 아파트를 담보로 대출을 받아서 손자와 며느리에게 용돈을 넉넉히 준 것이었다.

그렇다. 이 할아버지 멋지게 제대로 잘 사시다 가셨다. 살아계시는 동안 자식에게는 효도받고, 손자에게는 좋은 할아버지가 되고, 본인도 여유 있게 삶을 즐기다 가신 것이니 말이다. 자식에게 재산을 물려주고 푸대접받는 다른 할아버지들보다 훨씬 잘 사신 것이 아닐까? 노인 자살 증가율 1위, 전체 자살자 중 노인자살자 비중 28.8%, 전체 노인 중 자살충동을 느낀 노인이 86.5%, 이것이 바로 우리 사회 노인인구의 자화상이다.

한 증권사에서 노후준비 관련 설문조사를 한 적이 있다. 이때 응답자의 14.5%만 노후준비를 잘하고 있다고 답했다고 한다. 14.5%를 제외한 나머지 85.5%는 노후준비가 제대로 안 되고 있고 노후생활이 불안해질 가능성이 높다는 것이다. 자살충동을 느낀 노인의 비율이 86.5%라는 것이 우연의 일치일까?

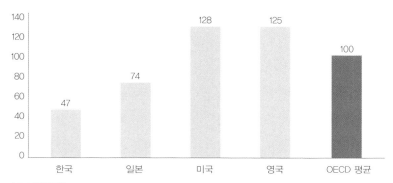

| 국가별 노후대비지수 비교

자료: 보험연구원

우연의 일치가 아니다. 돈이 반드시 행복을 가져다주는 것은 아니지만 가난은 불행을 가져다준다. 이미 경제적으로 풍요로운 시대를 살아오면서 늘어난 허리끈을 줄이는 것은 쉽지 않은 일이다. 줄인다고 해도 대부분 삶의 만족도와 자존감이 떨어지고 불행하다는 감정을 자주 느끼면서 우울증이 올 가능성이 높다.

우리나라 노후대비지수를 보더라도 알 수 있다. 노후대비지수란 고령화 속도와 저소득층 비율, 연금소득 대체율 등을 중심으로 산출한 지표로 OECD 평균을 100으로 기준 삼아 계산한다. 이를 보면 선진국은 고사하고 고령화 사회가 먼저 시작된 일본보다도 크게 낮은 수준임을 알 수 있다.

여기서 더 문제가 되는 것은 평균 수명의 증가다. 의학의 발달로 평균 수명이 늘어나고 있다. 오래 살면 좋은 것 아니냐고 생각하지만 노후준비가 잘 된 분들에게나 해당되는 이야기고, 노후준비가 제대로 안

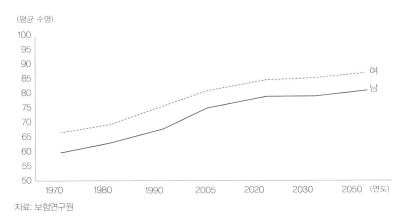

(평균 수명)

자료: 보험연구원

된 분들에게는 오래 사는 것이 재앙이 될 수도 있는 것이 현실이다.

자신이 몇 살까지 살지를 알면 남은 기간 대비 노후준비를 하기가 쉽겠지만 그러지 못하는 것이 현실이다. 평균 수명대로만 살아도 80세 이상이고, 사고가 나거나 불치병에 걸리지 않는 한 평균 이상 살 가능성이 높기 때문에 노후계획은 80세 이상 산다는 가정하에 세워야 한다. 은퇴 평균나이가 52세 정도인 것을 감안하면 은퇴 후 30년은 더 살아야 하는 것이다.

당연히 예전보다 더 길어진 노후기간에 대한 준비가 필요하다. 이제는 노후준비가 잘 된 분들을 제외하고는 "오래 사세요."라는 새해인사를 하면 안 되는 시대가 되었다.

요즘 은퇴를 했거나 은퇴를 앞둔 베이비붐 세대들을 '낀 세대'라고 한다. 자녀가 키워준 부모를 봉양하는 시대는 이미 구시대의 유물이 되어버리면서 자녀들에게 기댈 수는 없는데 자녀들의 뒷바라지는 계

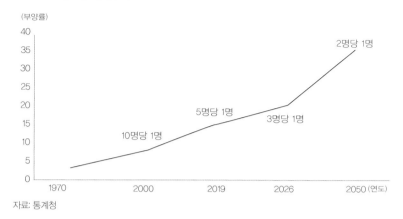

자료: 통계청

속 해주어야 하고 부모님도 챙겨드려야 하기 때문이다. 이로 인해 정작 본인들의 노후준비는 제대로 못하는 것이 현재 베이비붐 세대의 현실이다.

2000년에는 10명당 1명을 부양하면 됐지만 2019년에는 5명당 1명, 2026년에는 3명당 1명, 2050년에는 2명당 1명을 부양해야 한다. 젊은 세대들이 전부 부양하기는 사실상 어려워진 것이다. 과거처럼 '자녀가 어떻게 해주겠지.'라는 생각을 한다는 것은 아무런 준비를 하지 않는다는 의미다. 젊어서 고생은 사서도 한다지만 늙어서 고생은 인생의 서글픔을 맛보는 최악의 시나리오다. 자기들 먹고살기도 힘든 자식들을 믿기보다 스스로 안정적인 수입기반을 만드는 노후준비를 미리 해야 하는 이유다.

저성장·저물가 시대 도래로
주택가격 상승률 둔화

똑똑한 집 한 채만 있으면 잘 살던 시절이 있었다. 만약 지금 가지고 있는 집값이 오르면서 자산가치도 높아지고, 나중에 이 집을 팔아서 자식들도 좀 도와줄 수 있지 않을까라는 생각을 하고 있다면 지금이라도 다시 생각하는 것이 좋다. 40년 동안 우리나라 부동산시장을 이끌어온 주택시장의 아성이 흔들리고 있기 때문이다.

서울과 수도권 주택시장에서 강남 재건축을 중심으로 집값이 상승하고는 있지만 예전만 못하다. 2015년 주택거래량은 119만 4천 건이 넘어 부동산시장 활황이던 2006년 주택거래량 108만 2천 건을 넘어섰지만, 매매가격 상승률은 10년 전 수준에 미치지 못하고 있다.

2006년 부동산 가격폭등 시절 무조건 오르는 분위기에서 너도나도 묻지마식 투자로 집값이 연쇄적으로 상승하는 구조였다면, 현재는 전세가격상승에 등 떠밀려 실거주 목적으로 주택을 많이 구매하고 있다. 투자수요도 많은 편이지만 10년 전과 달리 인기 핵심지역의 소형아파트와 새 아파트 분양권, 재건축·재개발 위주로 선별투자를 하는 합리적인 투자가 많아졌다. 그로 인해 거래량은 늘어나도 매매가격은 늘어난 거래량 대비 많이 상승하지 않는 디커플링(decoupling, 탈동조화) 경향이 뚜렷해지고 있다. 이런 흐름을 보았을 때 저성장시대에 접어들면서 주택가격이 오르기는 하겠지만 과거와 같은 가격폭등을 기대하기는 어려울 것 같고, 지금부터 10년이 지나면 이런 흐름은 더욱 고착화될 가능성이 크다.

우리나라의 성장엔진이 꺼지면서 경제성장률과 물가상승률 모두

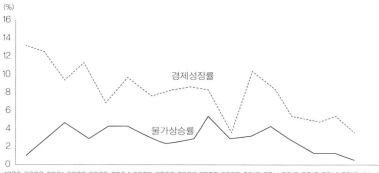

자료: 통계청

지속적인 하향세를 보이고 있다. 과거 폭풍적인 경제성장을 하던 시대에는 경제성장률뿐만 아니라 물가와 금리 모두 높았고, 인플레이션에 따른 화폐가치 하락 폭도 커지면서 집값 상승 폭도 컸다. 하지만 최근 경제성장률이 둔화되면서 물가상승률도 낮아지고 금리도 최저 수준인 저성장시대가 당분간 이어질 테니 집값이 예전처럼 그렇게 많이 오르기 힘들어지고 있다는 의미다.

학창시절 생각이 나서 재미있게 보았던 드라마 〈응답하라 1988〉을 보면 예금금리 15% 상품에 대한 이야기가 나온다. 그 당시는 당연하게 생각했던 15% 예금금리, 지금 이런 상품이 있다면 당장 달려가서 가입하겠지만 이제는 이런 금리상품이 나올 수 없는 시대다. 2015년까지는 그래도 볼 수 있었던 2% 금리상품도 이제는 찾기 힘들다.

이런 경제성장률과 물가상승률이 부동산과 무슨 상관이 있냐고 의문을 가질 수 있다. 하지만 부동산은 물가상승에 따른 화폐가치 하락이 반영되는 실물자산이다. 20년간 연평균 물가상승률이 3.5% 정도인데, 이런 물가상승률을 감안하면 1억 원의 10년 후 실질가치는 7천만 원 정도로 줄어든다. 다시 말해 1억 원 부동산이 10년 후 1억 3,500만 원이 되는 것이 정상적인 흐름이다. 그런데 최근 경제성장률과 물가상승률의 흐름이 둔화되고 있기 때문에 부동산시장 흐름이 둔화될 가능성이 높고, 저성장시대에 접어든 점을 감안하면 향후에도 오르기는 하겠지만 부동산가격의 상승 폭은 과거보다는 더 낮아질 가능성이 높다.

주택공급은 늘어나고
인구는 줄어든다

　　　　주택가격은 수요와 공급이라는 기본원칙을 벗어나지 않는다. 주택공급이 늘어나면 주택가격이 안정되면서 상승 폭이 제한적이다. 1인 가구를 포함해 다가구주택을 1채로 보지 않고 개별 가구 모두를 주택 수에 포함시켜 산정한 새로운 기준의 주택보급률을 적용하더라도 2015년 기준 전국 주택보급률은 103.9%(이전 기준 주택보급률은 113%)로 100%를 넘었다. 오피스텔, 원룸, 고시원, 주거형호텔 등 대안 주거 형태까지 주택 수에 포함한 실질주택보급률은 107.9%로 늘어난다.

　이제는 더이상 주택공급이 부족하지 않다. 2020년에는 주택보급률이 105.8%(실질주택보급률 110%)까지 상승할 예정이다. 또한 2015~2017년 늘어난 분양물량이 2018년부터 늘어날 것이고, 재건축·재개

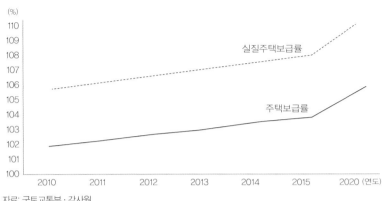

자료: 국토교통부 · 감사원

발로 인한 멸실이 쉽지 않은 점을 감안하면 이렇게 늘어나는 주택공급물량은 주택가격 상승여력에 부담이 될 가능성이 높다.

주택공급이 늘어나더라도 인구가 같이 늘어나면 문제가 안 되겠지만 늘어나는 주택에 비해 인구가 줄어들고 있는 것이 문제다. 출생률은 이미 줄어들었고 평균 수명이 늘어나 사망률이 감소하고 있음을 감안해도 2020년, 4,933만 명을 정점으로 하락세로 돌아서게 된다.

필자가 초등학교 시절 '딸·아들 구별 말고, 둘만 낳아 잘 기르자'라는 인구억제 표어가 있었고, 우표도안에도 사용될 만큼 국가적으로 인구억제 정책을 폈었다. 그런데 이제는 각종 혜택을 주어도 출산율이 점점 더 줄어들면서 인구감소는 우려가 아닌 현실이 되었다. 물론 인구가 줄어든다고 해서 주택구매연령인 40~50대 인구가 바로 감소하는 것은 아니어서, 단기간에 주택수요가 큰 폭으로 줄어드는 것은 아니지만 장기적으로는 주택수요 감소의 영향을 피하기는 어렵다.

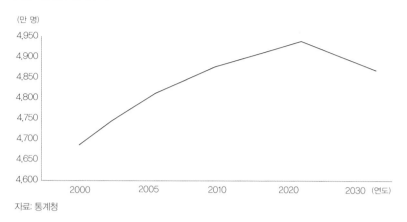

(만 명)

자료: 통계청

임대수익에 대한 수요는
증가하고 있다

　　　　장기적으로 주택수요 감소는 불가피하다. 특히 폭발적으로 인구가 늘어났던 1955~1974년생 베이비붐 세대의 은퇴가 본격화되면서 투자목적의 주택구매 여력은 감소할 가능성이 크다. 다니던 직장을 그만두면서 주 수입원이 끊기거나 줄어드는 상황에서 투자를 위해 추가적으로 주택을 구입하는 것은 부담스러울 수밖에 없다. 그런데 투자목적의 주택수요는 줄어들지만 임대수익이 나오는 수익형 부동산에 대한 수요는 더 늘어난다.

　퇴직 뒤 재취업을 하기도 어렵지만, 하더라도 수입은 줄어들 수밖에 없다. 창업은 재능이나 노하우가 있는 특별한 경우가 아니면 받은 퇴직금을 더 빨리 줄어들게 할 가능성이 높다. 현실적으로 안정적인

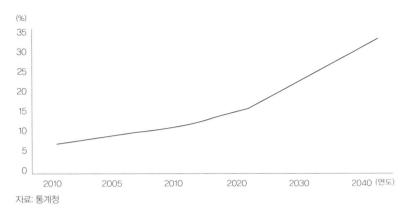

자료: 통계청

임대수익을 확보하느냐 못하느냐에 따라 은퇴 이후 노후준비의 성패가 결정된다고 보아도 과언이 아닐 것이다.

예전처럼 금리가 높았던 시절에는 종잣돈을 은행에 예금하고 이자를 받아 생활하는 분들이 많았다. 28쪽의 표에서 보듯이 예금금리가 10%였던 시절에는 10억 원을 은행에만 넣어두어도 월 800만 원이 넘는 이자를 받았으니 노후생활을 하는 데 아무런 문제가 없었다. 그런데 예상치 못한 저금리시대가 되면서 이자가 월 120만 원 정도(예금금리 1.5% 가정)밖에 되지 않으니 생활 자체가 불가능한 상황이다. 고금리 시절에는 4억 원이 안 되는 돈만 있어도 월 300만 원 이자(예금금리 10% 가정)를 받을 수 있었지만 지금은 20억 원이 넘는 돈이 있어야 월 300만 원 이자(예금금리 1.5% 가정)가 가능하다.

저금리시대가 당분간 계속 이어질 가능성이 높기 때문에 예금이자를 받아서 생활하려는 것은 바보 같은 짓이다. 여유 있는 노후생활을

구분	예금금리 10%	예금금리 1.5%
예금 10억 원의 이자	월 830만 원	월 125만 원
월 이자 300만 원의 원금	원금 3억 6천만 원	원금 24억 원

| 수익률에 따른 월세와 투자자금 비교

구분	수익률 4%	수익률 5%
투자금액 10억 원에 대한 월세	월 330만 원	월 420만 원
월세 300만 원의 투자금액	투자금액 9억 원	투자금액 7억 2천만 원

하시는 분들은 대부분 안정적인 임대수입원을 확보하고 있고, 확보하려고 한다. 저금리시대에는 수익형 부동산이 훨씬 더 효율적이기 때문이다.

물건마다 차이가 있지만 보통 5% 정도 수익률이면 무난하다고 할 수 있는데 위의 표에서 보듯이 수익률 4%인 수익형 부동산의 경우 10억 원을 투자하면 월 330만 원의 월세를 받을 수 있고 수익률 5%라면 월 420만 원을 받을 수 있다. 같은 10억 원으로 월 125만 원 받는 예금이 좋은지 월 300만 원이 넘는 월세가 더 좋은지는 굳이 비교해보지 않아도 답은 나와 있다.

수익률 4%로 낮게 잡아도 300만 원 넘게 받을 수 있고 임대료 상승과 가치 상승까지도 기대할 수 있기 때문에 수익형 부동산을 찾는 수요는 앞으로 더 늘어날 수밖에 없다. 이제는 안정적인 월세 임대수익이 나오는 수익형 부동산이 완전한 트렌드로 자리를 잡은 것이다.

부동산 투자 중
꼬마 빌딩이 왕이다

임대와 투자수익, 그리고 거주 문제까지도 해결할 수 있는
꼬마 빌딩은 결국 '가야만 하는 길'이다.

대기업에 다니다가 희망퇴직한 A와 B, 말이 희망이지 약간의 위로금을 받고 등 떠밀리다시피 나온 것이다. 회사 다닐 때 연봉은 비슷해서 생활 수준에는 차이가 없었는데 퇴직을 하는 순간 A와 B의 현실은 180도로 바뀌었다. A는 퇴직 이후 삶을 미리 설계하고 퇴직하기 몇 년 전 직장생활로 모은 종잣돈과 대출, 임대보증금을 활용해 지방에 월세 300만 원이 나오는 작은 원룸건물을 구입했다. B는 언젠가는 퇴직을 하겠지만 아직은 시간이 많이 남아 있다는 근거도 없는 막연한 안일함으로 아무런 준비를 하지 못하다가 갑작스러운 퇴직을 맞이하게 되었다.

월 300만 원 임대수익을 확보한 A는 회사에 다닐 때보다는 부족하

지만 먹고사는 데 큰 문제는 없다. 틈틈이 지인이 하는 가게를 도와주면서 용돈도 벌고, 여유시간에 등산을 하면서 건강도 챙기고, 부부 간 시간도 많이 보내면서 부부 사이도 더 좋아졌다고 한다.

반면 준비가 안 되어 있었던 B는 당장 생활비도 막막한 상황이었다. 조급한 마음에 쉽게 할 수 있는 편의점을 창업했는데, 몸 고생은 말할 것도 없고 월수입이 100만 원도 채 안 되는 달이 있을 정도로 힘들었다. 심지어 인건비를 줄이기 위해 아르바이트생을 줄이고 본인이 더 일을 해야 할 것 같다고 씁쓸한 미소를 지었다.

이렇듯 임대수익이 나오는 수익형 부동산은 선택이 아닌 필수다. 그런데 수익형 부동산의 종류는 너무 많다. 오피스텔, 상가점포, 원룸·투룸 건물, 분양호텔, 상가주택, 오피스빌딩 등이 대표적인 수익형 부동산이고, 아파트도 월세를 받을 수 있으니 수익형 부동산이 될 수 있다. 물론 이 많은 수익형 부동산 중에 왕은 단연 꼬마 빌딩이다.

꼬마 빌딩은 오피스빌딩, 원룸건물, 상가주택 등 땅이 있는 건물이다. 왜 꼬마 빌딩이 부동산의 왕이고, 왜 우리는 왕인 꼬마 빌딩의 주인이 되어야 하는 것일까?

부동산은
결국 땅이다

부동산은 결국 땅이다. 건물은 감가상각이 되면서 30~40년이 지나면 그 가치가 0이 되지만, 토지는 시간이 지나도 그 가치가 올라가면 올라갔지 내려가지는 않는다. 물론 아파트, 오피스텔, 상가점포 등도 약간의 땅(대지지분)을 가지고 있지만 매매가격 대비 매우 작은 비율의 땅을 가지고 있는 반면 꼬마 빌딩은 토지가격 비중이 높다.

보통 10억~30억 원대 꼬마 빌딩이 서울에서는 130~200m²(40~60평) 정도, 수도권이나 지방에서는 200~330m²(60~100평) 정도의 땅을 가지고 있다. 반면 10억~20억 원대 아파트의 대지지분은 12~70m²(4~20평) 정도이고, 오피스텔은 이보다 더 작다.

나대지(빈 땅)는 장기간 땅의 가치 상승을 기다려야 하거나 개발을 해야 하지만 꼬마 빌딩은 정기적인 임대수익을 받으면서 가치 상승까지 기대할 수 있다. 꼬마 빌딩이 구체적으로 무엇이 좋은지 알아보도록 하자.

첫째, 희소가치다. 부동산의 가장 큰 장점이라고 할 수 있다. 공산품이나 농산물은 부족하면 공급을 늘리면 되지만 부동산은 필요하다고 해서 갑자기 많이 늘릴 수 있는 것이 아니다. 그나마 아파트는 택지개발을 통해서 대량 공급이 가능하지만 꼬마 빌딩의 공급은 제한적이다. 특히 서울은 꼬마 빌딩을 지을 토지를 확보하기 어려워 다른 부동산에 비해 희소가치가 더욱 높다. 또한 희소가치가 높다는 것은 공급에 따른 변동 폭이 적다는 의미이기 때문에 희소가치가 높은 부동산의 가치는 점점 더 높아질 전망이다.

둘째, 변화를 통한 가치 상승이 가능하다. 상가점포나 오피스텔 등 수익형 부동산은 임대료가 오르면서 수익률이 높아지면 가치 상승이 가능하다. 하지만 장사가 잘 되는 곳이 아니면 임대료를 올리는 것이 요즘 분위기에서 그리 쉬운 일은 아니다. 반면 꼬마 빌딩은 리모델링 등 다양한 방법을 통해 임대료와 가치 상승이 가능하다.

셋째, 거주문제가 해결된다. 상가주택이나 다가구주택 등의 꼬마 빌딩은 주인세대가 거주하는 경우가 많다. 꼭 아파트를 고집하는 것이 아니라면 꼬마 빌딩의 또 다른 매력이라고 할 수 있다. 강남 아파트를 팔고 꼬마 빌딩을 구입해서 주인세대에 거주하면 주거만족도는 좀 낮아질 수 있지만, 안정적인 임대수익이 확보되기 때문에 실(失)보다는 득(得)이 더 많다. 자녀 없이 부부만 산다면 굳이 아파트만 고집하기 보다는 거주와 임대수익, 2마리 토끼를 잡을 수 있는 꼬마 빌딩에 관심을 가져야 한다.

결국에는 가야 할 길,
건물주라는 프라이드

1년 전쯤 고객 한 분이 찾아왔다. 대기업을 다니다 퇴직하고 동창회 모임에 갔는데 강남에 원룸건물을 사서 월세를 받고 있다는 친구 이야기를 들었다고 한다. 그 친구가 부럽기도 하고 퇴직 후 새로운 일을 찾고 있는 자신이 초라하게 느껴지기도 해서 한동안 우울한 시간을 보내다가 자신도 꼬마 빌딩 주인이 되고 싶어서 상담을 받고자 찾아왔다. 그리고 아파트를 정리한 돈과 여유자금으로 대출도 좀 받아서 서울 중랑구 면목동에 매매가 14억 원 상가주택을 보증금 2억 원, 대출 3억 원을 받고 구입했다. 이를 통해 3층 주인세대에 거주하고 월 200만 원의 수입까지 얻었다.

얼마 전 그분에게 전화가 왔다. 1년 전과는 다르게 목소리에 힘이 느껴지면서 새로운 사람이 된 것 같았다. 꼬마 빌딩을 구입하고 나서 왠지 모르게 힘이 나고 잘할 수 있을 것 같은 자신감도 생겨서 구직활동을 통해 예전에 하던 일과 연계된 좋은 직업을 다시 구했다고 한다. 이 말을 듣고 '보이지 않는 꼬마 빌딩의 힘'을 느꼈다.

사람에게는 보이지 않는 무한한 잠재 능력이 있어서 하겠다는 의지가 높고 열정이 있는 사람은 안 될 일도 할 수 있지만, 부정적이고 의지가 약한 사람은 될 일도 잘 안 된다. 많은 사람들이 큰 실패를 맛보거나 오랫동안 다니던 회사를 그만두면 당장 경제적인 문제뿐만 아니라 미래에 대한 불안감과 세상에서 자신이 할 일이 없어졌다는 상실감으로 자존감이 낮아진다. 동시에 자신감과 열정도 떨어지고 새롭게 시작하는 일도 실패하거나 아예 시작 자체를 못하는 경우가 많다.

하지만 꼬마 빌딩 주인이 되면 고정수입도 확보하면서 빌딩 주인이라는 또 하나의 프라이드가 생겨 자존감이 더 강해진다. 그렇게 강해진 자존감은 자신감과 열정의 상승으로 이어져서 하는 일도 더 잘되고 좀더 긍정적이고 행복한 삶을 살 수 있는 계기가 될 수 있다. 소형 아파트나 오피스텔, 상가점포 모두 월세를 받을 수 있는 좋은 수익형 부동산이지만 궁극적으로는 우리 모두 빌딩 주인이 되어야 하고, 그것이 우리가 가야 할 길이다.

20년이 될지 30년이 될지 살 수 있을 때까지 살아야 하는 현실에서 고정적인 임대수익은 필수다. 그리고 자신을 한 단계씩 업그레이드하려면 결국 지가와 임대료 상승으로 가치까지 동반 상승하면서 건물주 프라이드까지 얻을 수 있는 꼬마 빌딩이 답이다. 자존감은 더 높아지고 행복한 노후생활의 기반을 만들 수 있기에, 결국에는 우리 모두 꼬마 빌딩 주인이 되어야 하고, 꼬마 빌딩 주인이 되기 위한 꿈을 꾸고, 그 꿈을 위해 준비해야 한다.

나의 꿈,
꼬마 빌딩 부자

🏢

빌딩은 더이상 부자들의 전유물이 아니다.
꼬마 빌딩은 현실이고, 우리 모두 꼬마 빌딩의 주인이 될 수 있다.

많은 분들이 빌딩 주인을 마치 엄청난 부자들만의 전유물이라 생각하는데 전혀 그렇지 않다. 물론 돈이 많으면 선택의 폭이 넓어지지만 돈이 좀 부족해도 보증금, 대출, 지역 등 현실적인 조건에 맞추면 충분히 꼬마 빌딩 주인이 될 수 있다.

다음 페이지 표에서 매매가 20억 원의 꼬마 빌딩에 대한 다양한 유형을 살펴보자. A는 보증금 1억/월 800만 원, 대출 없이 구입하는 경우로 실투자금으로 19억 원이 필요하며 수익률은 5%다. B는 보증금 5억/월 600만 원, 대출 없이 구입하는 경우인데 수익률은 4.8%로 A와 비슷하지만 실투자금액이 15억 원으로 줄어든다.

C는 보증금 5억/월 600만 원, 대출 5억 원을 받는 경우로 B와 대출

구분	A	B	C	D
보증금	1억 원	5억 원	5억 원	10억 원
월세	800만 원	600만 원	600만 원	350만 원
대출원금	0원	0원	5억 원	5억 원
월 대출이자(금리 2.8% 적용)	0원	0원	120만 원	120만 원
실투자금액	19억 원	15억 원	10억 원	5억 원
기본 수익률(대출 제외)	5%	4.8%	4.8%	4.2%
순 수익률(대출이자 포함)	5%	4.8%	5.8%	5.6%

에서 차이가 난다. 대출 5억 원을 활용하니 대출을 제외한 기본 수익률은 4.8%로 비슷하지만 실투자금액은 10억 원으로 줄어들고 대출이자를 포함한 순 수익률은 5.8%로 높아졌다. D는 보증금을 10억까지 올리는 대신 월세를 350만 원으로 내린 경우다. 기본 수익률은 4.2%로 낮아졌지만 실투자금액은 5억 원으로 줄어들었고 대출이자를 포함한 순 수익률은 5.6%로 C와 큰 차이가 없다.

보증금과 대출이
수익률을 좌우한다

이렇듯 보증금과 대출을 어떻게 하느냐에 따라 수익률과 투자금액이 달라지기 때문에 상황에 맞는 적절한 투자전략이 필요하다. 이제부터 하나하나 알아보도록 하자. A는 투자금액이 충분하고 저금리 상황에서 은행에 자금을 넣어두기에는 아쉬운 분들에게 적합하다고 할 수 있다. 19억 원을 은행에 넣어둔다고 했을 때 예금금리 1.5%를 적용하면 월 240만 원 정도 받지만, A는 월 800만 원을 받을 수 있으니 세금과 관리적인 부분이 있다고 하더라도 당연히 예금보다 유리하다.

B는 대출을 받고 싶지 않은 분들이 선택할 수 있는 방법이다. 자금이 많다면 보증금을 낮추고 월세를 더 올리는 것이 저금리 상황에서 유리하지만 투자금액을 맞춰야 하기 때문에 월세를 좀 낮추더라도 보증금을 올려서 자신의 투자금액에 맞게 선택하면 된다.

C는 대출을 활용하는 경우다. 대출을 5억 원 받는다면 기본 수익률은 4.8%로 B와 동일하지만 실투자금액은 10억 원으로 줄어든다. 그렇지만 저금리 영향으로 순 수익률은 오히려 5.8%로 더 높아지기 때문에 가장 효과적인 방법이라고 할 수 있다. 10억 원을 투자해서 대출이자를 제하고도 월 480만 원의 임대수익(순 수익률 5.8%)이 생기는 것이다.

여유자금이 있더라도 대출은 어느 정도 활용하는 것이 좋다. 왜냐하면 투자금액에 따라 매수자의 폭이 정해지기 때문이다. 실제로 투자금액 10억 원과 투자금액 19억 원은 차이가 커서 향후 팔 때 대출을 끼고 있는 것이 더 유리하다.

D는 보증금을 더 올려서 보증금 10억 원, 대출 5억 원, 실투자금액 5억 원으로 매매가 20억 원의 꼬마 빌딩을 구입하는 경우다. 보증금을 많이 올리기 때문에 월세도 그만큼 낮아지면서 기본 수익률 역시 4.2%로 가장 낮다. 하지만 대출이자를 포함한 순 수익률은 C보다 약

간 낮은 수준이다. 월세 임대수익은 월 350만 원에 대출이자를 제하면 월 230만 원 정도로 낮지만 투자금액이 5억 원임을 감안하면 월 230만 원 정도 수익(순 수익률 5.6%)은 만족스럽다. 또한 투자금액이 적다는 것은 향후 팔 때 매수자 찾기가 그만큼 더 유리하기 때문에 투자금액이 부족한 투자자들에게 적합한 방법이라고 할 수 있다.

실제로 얼마 전 수원 삼성전자 근처에 매매가 22억 원, 보증금 12억 원, 대출 5억 원, 실투자금액 5억 원에 월세 600만 원을 받을 수 있는 원룸건물이 매물로 나왔었다. 실제로 5억 원을 투자해 월세 600만 원을 받을 수 있고, 대출이자를 제외하더라도 월 400만 원 이상 받을 수 있기에 좋은 물건이다.

아이러니하게도 서울에서 멀어질수록 땅값이 저렴해지면서 매매가격은 낮아지고 수익률은 높아지는 경우가 많기 때문에 보유자금에 맞춰서 지역을 선택하자. 서울에서 수도권으로, 수도권에서 지방으로 갈수록 적은 투자금으로 높은 수익률의 꼬마 빌딩을 구입할 수도 있다. 열심히 준비하고 노력한다면 꼬마 빌딩 주인은 다른 사람이 아닌 나 자신이 될 수 있다.

수백억, 수천억 원대 대형 빌딩이야 자금력이 있는 일부 개인이나 법인의 전유물이지만 10억~30억 원대 꼬마 빌딩은 그렇지 않다. 이 책과 함께 최선의 투자전략을 세워서 우리 모두 꼬마 빌딩의 주인이 될 수 있도록 노력해보자.

◇◇◇◇◇

부동산은 알면 쉽지만 모르면 어려운 것이라 관심을 가지다가도 어려운 전문 용어들에 막혀서 겁을 먹고 포기하는 경우가 많다. 파트 2에서는 꼬마 빌딩을 잘 구입하고 잘 보유하고 잘 팔기 위해 꼭 알아야 할 필수 상식을 어렵지 않게 핵심적인 내용 위주로 정리했으니 반드시 숙지해 좋은 꼬마 빌딩을 보기 위한 눈을 키우기를 바란다. 한 번이 어려우면 2번, 3번 읽어보자. 자신도 모르게 꼬마 빌딩을 보는 눈이 떠질 것이다.

Part 2

꼬마 빌딩에 투자하려면
꼭 알아야 할
부동산 지식

건축물의 종류부터
파악하자

건축물은 주택과 상가로 구분한다.
주택은 단독주택과 공동주택, 상가는 근린생활시설과 업무시설 등으로 세분화할 수 있다.

미국에서 오래 사신 교포 고객 한 분이 한국에서 노후에 거주할 빌라를 구입하고 싶다고 연락해왔다. 왜 한국에서 빌라를 구입하려고 할까? 미국의 큰 집에서 살다가 우리나라 빌라에 살면 좁고 불편할 거 같은데, 혹시 강남의 고급빌라를 말하는 걸까 등 여러 생각이 들었다.

드디어 그분이 한국에 들어와서 만나는 날, 용어의 차이로 이런 오해 아닌 오해가 생겼다는 것을 알고 웃음이 나왔다. 미국에 사시던 그분이 말한 빌라는 좋은 단독주택이나 전원주택을 말하는 것이었기 때문이다. 외국에서 빌라는 교외저택을 의미하지만 우리나라에서는 다세대주택, 연립주택을 부르는 명칭이다. 이처럼 건축물은 종류도 많고

| 주택의 구분

분류	구분	내용
단독 주택	단독주택	• 단일가구를 위해 단독택지 위에 건축하는 주택
	다중주택	• 학생 또는 직장인 등이 장기간 거주할 수 있는 구조 • 독립된 주거 형태를 갖추지 않음(욕실 O, 취사시설 ×) • 3층 이하, 연면적 330m² 이하 건축물 • 구분 소유 및 분양 불가
	다가구주택	• 3층 이하, 1개동 19세대 이하 건축물(지하층 제외) • 1층 주차장으로 사용하는 필로티는 층수에서 제외 • 연면적(지하 주차장 면적 제외) 660m² 이하 • 구분 소유 및 분양 불가
공동 주택	다세대주택	• 4층 이하, 1개동 2세대 이상 건축물(지하층 제외) • 1층 주차장으로 사용하는 필로티는 층수에서 제외 • 연면적(지하 주차장 면적 제외) 660m² 이하 • 구분 소유 및 분양 가능
	연립주택	• 4층 이하, 1개동 건축물 • 1층 주차장으로 사용하는 필로티는 층수에서 제외 • 연면적(지하 주차장 면적 제외) 660m² 초과
	아파트	• 5층 이상 주택 • 1층 주차장으로 사용하는 필로티는 층수에서 제외
	기숙사	• 학생 또는 공장 종업원 등을 위해 사용 • 1개동 공동취사시설 이용, 세대 수가 전체의 50% 이상 • 공동취사 가능 구조, 독립된 주거 형태를 갖추지 않음
준주택	제2종 근린 생활시설	• 다중생활시설
	노유자시설	• 노인복지시설, 노인복지주택
	업무시설	• 오피스텔
도시형 생활 주택	단지형 연립주택	• 연립주택 중 원룸형 주택을 제외한 주택 • 건축위원회의 심의를 받은 경우 주택으로 쓰는 층수를 5층까지 건축 가능

분류	구분	내용
도시형 생활 주택	단지형 다세대주택	• 다세대주택 중 원룸형 주택을 제외한 주택 • 건축위원회의 심의를 받은 경우 주택으로 쓰는 층수를 5층까지 건축 가능
	원룸형 주택	• 아파트, 연립주택, 다세대주택에 해당하는 주택 • 세대별 독립된 주거 가능(욕실, 부엌 설치) • 욕실, 보일러실을 제외한 부분을 하나로 공간 구성. 다만 전용면적 30m² 이상 2개 공간 가능 • 세대별 전용면적 14~50m² • 각 세대는 지하층에 설치하지 않음

그 명칭도 다양하다. 먼저 꼬마 빌딩에서 가장 기본이 되는 건축물의 종류와 그 구분, 의미부터 알아보도록 하자.

건축물(建築物, building)의 사전적 의미는 '인간이 건설하는 공간물체로 지붕과 기둥, 벽이 있고 문과 담, 지하 등에 설치되는 건축설비'다. 통상적으로 주택과 상가로 구분한다. 주택은 아파트, 단독주택, 다세대주택 등이 해당되고, 상가는 근린생활시설, 업무시설 빌딩이 해당되며 주택과 상가가 혼합된 상가주택도 있다.

주택을 좀더 상세하게 살펴보면 단독주택과 공동주택으로 구분된다. 단독주택은 단독주택, 다중주택, 다가구주택으로 공동주택은 다세대, 연립주택, 아파트로 구분되며, 주택은 아니지만 주거시설로 준주택도 있다.

우리가 흔히들 빌라건물이라고 말하는 다가구주택과 다세대주택은 겉으로 보이기에는 비슷한데 무슨 차이가 있을까? 다가구주택은 구분등기가 되지 않아서 주인이 1명인 단독주택에 포함된다. 반면 다세

| 신림동 다가구주택(왼쪽)과 삼성동 다세대주택(오른쪽)

대주택은 구분등기가 되어 호실마다 주인이 각각 있는 공동주택으로, 주로 부동산 방송에서 판매하는 투룸형 도시형 생활주택의 한 호실을 의미한다.

참고로 도시형 생활주택은 용도분류가 아니라 주택법에서 정한 정책용어다. 공동주택(아파트, 다세대·연립 주택)을 건축할 때도 도시형 생활주택 형태로 건축하는 것으로 전용면적 85m² 이하 300세대 미만의 국민주택 규모에 해당하는 단지형 연립주택, 단지형 다세대주택, 원룸형(전용면적 14~50m²) 주택으로 구분된다.

우리가 주목해야 할
건축물은 무엇일까?

이렇게 많은 주택 중 우리가 관심을 가져야 할 주택은 흔히들 '원룸빌딩'이라고 말하는 다가구주택과 준주택으로 구분한 제2종 근린생활시설, 그리고 향후 다가구주택이나 상가주택으로 건축이 가능한 단독주택이다.

단독주택으로 구분된 다중주택은 다소 생소하기는 한데 학생 또는 직장인 등 여러 사람이 장기간 거주할 수 있게 한 독립된 주거 형태를 갖춘 건축물이다. 주차장 규제가 다가구주택이나 도시형 생활주택보다 까다롭지 않아서 작은 땅을 활용하기 좋고, 고시원과 달리 소방시설을 갖추어야 할 의무가 없으며, 화장실 및 세면시설 설치도 가능하다. 다가구주택 대비 저렴한 가격에 가구 수는 많아서 효율적이기는 하지만 높이 3층, 연면적 330m² 이하까지만 건축할 수 있고, 취사시설을 갖출 수가 없으며, 주차시설 부족으로 불편함이 있다.

고시원은 역세권, 대학가, 공단지역 등에 많다. 건축법상 용도가 제2종 근린생활시설이어야 하고, 내부에 화장실과 세면시설은 가능하지만 취사시설은 갖출 수 없다. 바닥면적 합계가 500m²를 초과하면 숙박고시원으로 허가를 받아야 하는데, 허가도 어렵고 제약도 많아서 시간과 돈이 많이 들어갈 수 있다.

만약 30실이 초과하면 인허가 이전에 건축심의를 한다. 가끔 건축심의를 통과하지 못하고 29실로 해서 허가를 받은 후 불법공사로 방의 개수를 늘리는 경우가 있다. 적발되면 과태료를 내고 원상복구해야 하며, 화재시 보험청구도 못할뿐더러 영업정지까지 당할 수 있다.

이런 고시원은 투자 대비 수익률이 좋고 투자비용도 적게 들어간다. 하지만 근린생활시설로 취득세율이 높고 다세대·다중 주택 등은 고시원 허가가 불가능하다. 또한 복도 폭 120cm(양방 150cm) 이상이어야 하고 방염인테리어, 모든 방 스프링클러 설치, 복도 배연창, 비상탈출구, 비상벨 등 모든 소방 및 안전시설을 관할 소방서로부터 완비증

구분	내용
제1종 근린생활시설	• 식품, 잡화, 의류 등(바닥면적 합계 1천m² 미만) • 휴게음식점, 제과점 등(바닥면적 합계 300m² 미만) • 미용실, 세탁소, 병원, 체육도장 등
제2종 근린생활시설	• 공연장, 종교집회장, 학원, 금융업소, 부동산중개업소, 제조업소, 다중생활시설 등(바닥면적 합계 500m² 미만) • 자동차영업소(바닥면적 합계 1천m² 미만) • 단란주점(바닥면적 합계 150m² 미만) • 휴게음식점, 제과점(바닥면적 합계 300m² 이상) • 일반음식점, 독서실, 노래연습장 등
업무시설	• 공공업무시설, 일반업무시설, 오피스텔 등 • 회사 사옥빌딩 등 사무실로 사용되는 오피스빌딩이 대표적 • 제1, 2종 근린생활시설에 포함되지 않은 업무시설
판매시설	• 도매시장, 소매시장, 근린생활시설에 포함되지 않은 상점 • 제1, 2종 근린생활시설에 포함되지 않거나 면적 초과 판매업소
숙박시설	• 호텔, 모텔과 준주택으로 분류했던 다중생활시설
위락시설	• 카지노, 유흥주점, 무도장 등 • 제2종 근린생활시설에 포함되지 않은 단란주점

명서를 발급받아서 사업자등록을 해야 하기 때문에 비용도 들어가고 불편함도 있다.

상가는 근린생활시설, 업무시설, 판매시설, 숙박시설, 위락시설로 구분된다. 근린생활시설은 일상생활을 하면서 필요한 시설로 우리가 흔히들 보는 상가건물을 생각하면 되고, 업무시설은 오피스빌딩으로 사무실로 사용되는 회사사옥빌딩이라 이해하면 되겠다. 자세한 구분은 위의 표를 참고하자. 우리가 관심을 가져야 할 상가는 근린생활시설과 업무시설이다.

꼬마 빌딩이란
무엇인가?

꼬마 빌딩은 상가빌딩, 원룸건물, 오피스빌딩, 상가주택 등,
다양하고 복합적인 형태로 진화하고 있다.

"꼬마 빌딩에 투자하고 싶은데 원룸건물이 좋을까요, 다가구주택이
좋을까요?"

몇 달 전 꼬마 빌딩을 구입하고 싶다고 만난 고객이 이런 질문을 했
다. 우리가 쉽게 볼 수 있는, 원룸 여러 호실이 모여 있는 원룸건물이
사실 다가구주택이다. 물론 원룸건물이라고 해서 모두 다가구주택은
아니고, 고시원으로 허가를 받고 원룸으로 사용하는 경우도 있다. 하
지만 대부분 원룸건물은 다가구주택이다.

꼬마 빌딩의 주인이 되려면 먼저 꼬마 빌딩이 무엇인지, 어떤 종류
가 있는지부터 알아야 한다. 꼬마 빌딩은 건축물의 법적인 명칭이 아
니기 때문이다. 꼬마 빌딩은 땅 위에 건물이 있고 주인이 1명인 작은

건물을 말한다. 우리가 쉽게 볼 수 있는 원룸건물, 상가주택, 상가빌딩, 오피스빌딩 등이 모두 꼬마 빌딩이다.

꼬마 빌딩의
종류를 알아보자

상가빌딩

상가빌딩은 근생(근린생활시설)건물이며 건물 전체가 근린생활시설 점포로 임대를 주는 형태로 통상가빌딩으로 이해하면 되겠다. 상권이 형성된 지역에서 많이 볼 수 있으며, 주인은 별도 주택에 거주하면서 건물 자체를 임대한다. 아무래도 서울에서 10억~30억 원대 가격에 맞는 건물은 신축보다는 좀 오래된 것이 많다.

원룸건물

원룸건물은 다가구주택 혹은 근생의 한 종류인 고시원 등이 많다. 원래 고시원은 건축법상 취사시설 설치가 금지되어 있지만 취사시설이 없으면 임대를 놓기 어려우니 불법으로 설치하는 경우도 있다. 그 때문에 단속이 나오면 인덕션 등 취사시설을 제거하고 다시 설치하는 소동을 벌이기도 한다. 가끔씩 독서실이나 체육시설 등 실제와 다른 용도로 허가를 받아 건축한 경우가 종종 있어서 구입 전에 꼼꼼하게 확인해야 한다.

원룸건물은 다른 오피스빌딩이나 상가빌딩에 비해 수익률이 높다. 저금리시대에 서울에서 수익률이 5% 이상 나오는 물건도 볼 수 있고,

| 평택 비전동 상가빌딩

서울이 아닌 수도권이나 지방으로 가면 6% 이상 수익률이 나오는 건물도 볼 수 있다. 신축건물이라면 세입자(임차인)들이 선호해서 월세를 더 많이 받을 수 있고 공실 관리와 건물 관리가 수월하다. 하지만 그만큼 매매가격이 높을 수도 있으니 무조건 신축이라는 이유로 쉽게 결정하면 안 된다.

특히 요즘은 몸만 들어와서 생활할 수 있도록 TV, 에어컨, 냉장고, 세탁기 등을 갖춘 풀옵션 형태가 많은데 젊은 층이 주로 사용하다 보니 파손으로 인한 수리비용이 자주 발생하는 편이다. 또한 자주 이사를 나가는 손 바뀜도 아파트 등보다 잦으며 원룸 개수가 많다 보니 공실이 생길 가능성이 높다. 그렇기 때문에 수익의 5~10% 정도는 손실비용으로 감안하는 것이 좋다.

그리고 최근 1인 가구 증가와 전세가격 상승으로 원룸·투룸 등 구분등기로 판매가 용이한 신축 다세대주택 공급이 늘어나고 있는 추세

| 종암동 원룸건물(왼쪽)과 역삼동 상가주택(오른쪽)

다. 향후 공급물량이 늘어나면 임차인을 구하는 경쟁이 더 치열해질 수 있으니 임차인 관리에 더 신경을 써야 할 것이다. 특히 10년 이상된 건축물인 데다 입지적 우위가 있다면 리모델링을 하는 것이 좋다. 그러나 최근 수익률이 떨어지거나 공실이 늘어나는 경향이 있고, 미래가치도 낮은 물건이라면 정리한 다음 다른 물건으로 갈아타는 것도 고려할 만하다.

상가주택

상가주택은 상가빌딩인 근생과 오피스빌딩, 그리고 주택이 혼합된 형태의 꼬마 빌딩이다. 저층은 상가나 오피스 점포로 임대를 주고, 위층은 주인세대가 거주하거나 주택으로 임대를 주는 형태다. 보통 대지

| 논현동 오피스빌딩(왼쪽)과 마포 상가오피스빌딩(가운데), 봉천동 상가오피스주택빌딩(오른쪽)

면적 130~200m²(40~60평), 3~5층 정도되는 건물로, 1~2층 상가에 2~5층에 주택이 들어가 있는 건물은 상가주택이라고 보면 된다.

수익률은 입지, 건물상태, 업종 등에 따라 차이가 있다. 요즘은 서울에서 수익률 5% 이상 나오기가 쉽지 않지만 저금리 상황임을 감안하면 수익률 4% 이상만 나와도 괜찮다고 할 수 있다. 만약 개발가능성 등 가치 상승 여지가 있는 물건이라면 4% 이하 수익률이 나오더라도 관심을 가질 필요는 있다.

서울에서는 10억 원대 이하 물건은 찾기가 어렵고 찾더라도 대지면적이 너무 작거나 입지가 떨어지는 경우가 많아서 주로 10억~30억 원대 물건이 많고 투자자들도 주로 선호한다.

오피스빌딩

오피스빌딩은 업무시설로 건물 전체를 사무실 용도로 사용하는 꼬마빌딩이다. 사옥으로 사용하는 경우가 많다. 대기업 본사로 이용되기도 하는 대형빌딩이나 중소기업들이 사용하는 사옥이나 층 단위로 사용하는 작은 사무실 빌딩 모두 오피스빌딩이다. 보통 사옥으로 사용하는 빌딩은 관리상태가 좋은 편이고 건물외관도 건축연도에 비해 깨끗하다.

요즘은 지식산업센터로 불리는 아파트형 공장이 늘어나면서 오직 업무용으로만 사용되는 소형 오피스빌딩의 수요가 예전만 못하다. 그래서인지 순수 오피스로만 사용하기보다는 상가와 오피스가 결합해 1층 임대료 상승과 건물 이미지를 높일 수 있는 상가오피스빌딩이나, 오피스 일부를 임대료가 잘 나오는 원룸이나 투룸으로 개조한 복합형 상가오피스주택빌딩 등 다양한 형태의 꼬마 빌딩이 많아지고 있다.

연면적, 건폐율, 용적률, 그리고 대지지분이란 무엇인가?

연면적, 건폐율, 용적률, 대지지분은 땅 위에 어느 정도 면적으로
얼마나 건축할 수 있느냐를 결정하는 중요한 사항이다.

꼬마 빌딩의 종류를 알았다고 해서 그 종류만 골라서 투자하면 되는
걸까? 그렇지 않다. 꼬마 빌딩에 투자하기 전 반드시 확인해야 할 사
항과 서류들이 있다. 어렵지 않으니 우리 함께 차근차근 알아보도록
하자.

　더하기, 빼기, 곱하기, 나누기를 모르고 수학문제를 풀 수 없듯이 연
면적, 건폐율, 용적률, 대지지분을 모르고 부동산의 가치를 논할 수는
없다. 이렇듯 연면적, 건폐율, 용적률, 대지지분은 부동산의 가치를 평
가하거나 건축할 때 가장 기본이 되는 상식이기에 반드시 이해하고
넘어가야 할 것이다.

가치평가나 건축시
꼭 알아야 하는 상식

연면적

연면적은 건물 각 층의 바닥면적의 총 합계를 의미한다. 건물이 5층이고 각 층 바닥면적 100m²로 건축되었다면 연면적은 500m²다.

$$연면적 = 1개 층 바닥면적 \times 층수$$

즉 연면적이 높다는 것은 높은 건폐율과 용적률을 적용받아 보유한 토지에 최대한 많고 높은 건축물을 지었다고 이해할 수 있다.

건폐율

건폐율은 건축면적의 대지면적에 대한 비율로 대지 안에 건물을 얼마만큼의 면적으로 건축할 수 있는지를 나타낸다. 당연히 건폐율이 높을수록 토지활용도가 높고 토지가격도 높다. 예를 들어 1층 바닥면적이 100m²이고 대지면적이 400m²면 건폐율은 25%가 된다. 즉 400m²의 땅에 건폐율 25%면 층수와 상관없이 바닥면적 100m²의 건물을 지을 수 있다는 의미다.

가끔씩 한적한 외곽도로 주변의 식당을 가면 넓은 땅에 지어진 건물에 비해 주차장도 넓고 놀고 있는 땅도 많아서 '주인은 왜 식당건물을 더 크게 짓지 않고 이렇게 땅을 놀리지?'라는 생각을 한 적이 있을 것이다. 바로 건폐율 때문에 그렇다. 녹지지역의 건폐율은 20%로 땅이 1천m²면 바닥면적이 200m²인 건물밖에 짓지 못한다.

$$건폐율 = \frac{바닥면적}{대지면적} \times 100$$

　건폐율은 토지이용계획에서 확인할 수 있는데, 국토계획법과 서울시 조례가 허용하는 건폐율 사이에 차이가 있다. 예를 들어 일반상업지구의 경우 80%지만 서울시 조례는 60% 상한으로 제한하고 있다. 그리고 같은 3,300m²(1천 평) 땅이라도 자연녹지지역은 건폐율 20%를 적용해 660m²(200평)만 건축할 수 있지만, 제2종 일반주거지역은 건폐율 60%를 적용해 1,980m²(600평)에 건축이 가능하다.

　2004년 제정된 국토계획법의 건폐율 제한이 적용되기 이전에 건축된 오래된 건물들 중에는 현재 건폐율을 넘는 경우가 많다. 이런 건물을 매입해 신축을 하려면 건폐율 초과로 현재 바닥면적보다 더 작은 건물을 지어야 한다. 그렇기 때문에 이런 경우는 신축보다는 리모델링을 하는 것이 오히려 이득이다.

용적률

용적률은 대지면적에 대한 지상 건축물 연면적의 비율로 정해진 대지에 얼마나 많이 빽빽하게 건축을 할 수 있느냐를 의미한다.

$$용적률 = \frac{건축면적}{대지면적} \times 100$$

　건축물 연면적이 500m², 대지면적이 400m²이면 용적률은 125%가 된다. 즉 400m²의 땅에 용적률 125%면 총 면적 500m²의 건물을

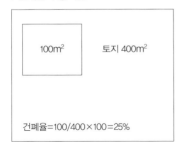

100m²   토지 400m²

건폐율=100/400×100=25%

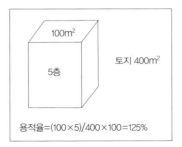

100m²

5층   토지 400m²

용적율=(100×5)/400×100=125%

지을 수 있다는 것이다. 용적률이 낮으면 여유 공간이 많아 쾌적하고 대지지분도 커질 수 있다. 그러나 반대로 토지활용도가 떨어져서 최대한 용적률을 높게 적용받아서 건축하는 것이 유리하다. 건축주 입장에서는 건폐율과 용적률을 높이 받을수록 건축시 토지활용도가 높아지고 그만큼 수익이 커지기 때문에 토지의 용도지역이 건축시 중요한 이유다.

강남대로 양쪽에는 빽빽한 대형빌딩숲을 볼 수 있는데 우리 동네에서는 보기 힘들다. 왜 그럴까? 물론 강남보다 유동인구나 수요가 없다는 것이 그런 대형빌딩을 지을 수 있어도 짓지 않는 이유다. 하지만 상업지역의 용적률이 900~1,500%임에 반해 주거지역의 용적률은 100~500%이기 때문에 강남대로처럼 높은 대형빌딩을 짓고 싶어도 지을 수 없는 이유도 있다.

예를 들어 같은 크기의 땅 330m²(100평)에 건축을 하는 경우 제2종 일반주거지역의 용적률은 250%이니 건평 826m²(250평)를 지을 수 있는 반면, 준주거지역의 용적률은 500%로 건평 1,653m²(500평)까지 건축할 수 있다.

이렇다 보니 용도지역에 따라 땅값 차이가 크고, 운 좋게 용도지역이 변경되면 땅값이 크게 상승하기도 한다. 그래서 마치 용도지역 변경이 금방 될 것처럼 광고하는 경우도 종종 볼 수 있다.

토지이용계획에서 보듯이 토지의 용도지역마다 건폐율과 용적률을 제한하고 규제하는 이유는 첫째, 최소한의 공지를 확보하고 둘째, 건물과 건물 간의 적정 간격을 유지함으로써 도시 과밀화를 억제하고 셋째, 일광, 통풍 등 쾌적한 환경을 조성하며, 넷째, 건물보수나 화재 등 비상시 필요한 공간을 확보하기 위해서다.

대지지분

대지지분은 해당 건물의 대지 중에 자신이 가지고 있는 땅의 지분에 해당하는 대지를 말한다. 해당 토지의 활용도가 높은 용적률이 높을수록 대지지분은 낮아진다. 동일한 피자에 조각을 많이 낼수록 조각난 피자의 크기가 작아지는 것과 같은 개념이다.

대지지분 = 전체 토지면적 × 대지권*의 비율

대지지분이 높다는 것은 자기가 땅의 지분이 많다는 것이기에 같은 값이면 대지지분이 높은 물건이 좋다. 하지만 재건축·재개발 대상이 되는 물건이 아니라면 대지지분에 목숨을 걸 필요는 없다. 재건축·재개발도 안 되는데 대지지분이 높다는 이유로 더 높은 가격을 지불할 필요는 없다는 것이다.

• 대지권: 건물의 구분소유자가 건물의 대지에 대해 가지는 권리

공적장부란
무엇인가?

공적장부는 부동산의 모든 정보를 관리하는 공식문서다.
6가지 공적장부는 꼬마 빌딩 투자에서 반드시 확인해야 한다.

개인과 세대의 정보, 변동사항 등을 정부에서 관리하는 문서가 주민
등록등본, 주민등록초본, 가족관계증명서 등이라면 부동산에 대한 정
보와 변동사항 등을 관리하는 문서들이 바로 부동산 공적장부다.

부동산 공적장부는 부동산에 관해 국가기관에서 공식적으로 작성
한 장부로 등기부등본, 건축물대장, 토지이용계획확인서, 토지대장(임
야대장), 지적도(임야도), 개별공시지가확인원, 이렇게 6가지로 구성
된다. 최근에는 총 18종의 부동산 관련 정보를 모두 포함해 1장으로
부동산종합증명서를 발급해주기도 하는데 부동산을 사고팔거나, 담
보대출을 받거나, 저당권 설정을 할 때 반드시 확인해야 향후에 생길
수 있는 문제를 예방할 수 있다. 또한 해당 부동산의 정확한 가치를 판

단할 수 있는 근거 자료로도 사용할 수 있다.

　본격적으로 시작하기 전에 '내가 이렇게 복잡한 걸 어떻게 다 알겠어.' '난 도저히 이해하지 못할 거야.'라면서 지레 겁먹고 포기하지 말자. 시험공부를 하는 것도 아니고 전문가가 되려는 것도 아니니 모든 내용을 완벽하게 암기할 필요는 없다. 어떤 종류가 있으며 대략적인 개념만 이해하고 있으면 된다. 더 자세하게 알아야 할 때 인터넷 검색을 하면 친절하게 설명된 자료를 쉽게 찾아볼 수 있다. 아무리 읽어봐도 내용이 복잡하고 어렵다면 퇴근길에 커피 한 잔을 사서 동네의 공인중개사를 찾아가보자. 친절한 상담을 받을 수도 있다. 운전도 오히려 초보보다는 좀 익숙해진 상황에서 대형사고가 잘 나듯이 스스로 좀 안다고 자만하지 말고, 계약 전에는 반드시 공인중개사와 함께 확인해보는 것이 좋다.

6가지 공적장부를 알아보자

등기부등본
부동산에 관한 소유 및 권리관계, 현황이 기재되어 있다. 지번, 지목, 구조, 면적 등의 현황과 소유권, 저당권, 전세권, 가압류 등 권리설정 여부를 확인할 수 있어서 매수시 반드시 확인해야 한다. 대상 부동산의 지번과 표제부의 지번이 일치하는지, 소유자 이름과 주소가 일치하는지 꼭 확인하자. 특히 토지와 건물의 소유주가 다를 수 있으니 주의해야 한다.

권리관계가 발생 또는 변경되었을 경우 등기가 되어야 효력이 발생함을 명심하자.

건축물대장

건축물의 주소, 대지면적, 연면적, 건축면적, 용도지역, 용도지구, 용도구역, 전용면적, 구조, 용도, 층수, 건폐율, 용적률, 층별 구조와 업종이 표시된 건축물 현황, 소유자 현황, 건축주, 설계자, 주차장, 승강기, 위반건축물 등 건축물에 대한 정보를 기재한다. 일반건축물대장과 집합건축물대장으로 구분된다. 건축물대장의 소유자 정보가 부동산 등기부등본의 소유자와 다를 수 있기 때문에 반드시 등기부등본도 같이 확인해야 한다. 변동사항의 변동내용을 보면 건축물위반 관련 내용도 확인 가능하다.

토지이용계획확인서

토지의 이용·용도 및 행위 제한에 대한 내용이 기재되어 있다. 해당 토지에 적용된 규제 여부를 확인한 뒤 자신이 원하는 용도로 활용 가능한지 확인해야 한다. 각 용도지역별로 건폐율, 용적률, 대지의 분할 제한이 다르게 적용되기 때문에 반드시 확인이 필요하다.

토지대장(임야대장)

토지의 소재, 면적 지목, 토지등급, 개별공시지가, 소유자의 성명·주소·주민등록번호 등의 토지의 상황을 기재한다. 임야대장은 토지대장 이후 만들어진 대장으로 토지대장 및 지적도에 등록되지 않은 임야나 정부가 임야대장에 등록할 필요가 있다고 인정한 토지를 등록하는 공적장부다. 임야대장과 토지대장의 지번지역이 같을 수는 있지만 임야대장에는 지번 앞에 '산'을 표기해 지번 혼동을 방지한다.

지적도(임야도)

토지의 위치, 형질, 소유관계, 면적, 지목, 지번, 경계 등을 기록한 지도다. 토지대장에 실린 소유권, 지적번지 등의 정보를 경계선과 함께 보여준다. 실제 토지 현황과 차이가 있을 수 있어서 때에 따라 측량이 필요하기도 하다. 임야도는 토지가 임야(산)일 때 지적도 대신 발급받는 서류로 토지의 소재지, 지번, 지목, 경계, 축척 등이 기재되어 있지만 축척의 비율이 다르므로 볼 때 주의를 요한다.

　지번과 지적도의 지번이 일치하는지, 토지의 경계와 지적도의 경계가 일치하는지, 토지에 접해 있는 도로가 지적도의 도로와 일치하는지 확인이 필요하다. 지적도를 통해 토지의 모양을 쉽게 파악할 수 있는데, 정사각형 모양이고 주변 도로가 있을수록 토지의 가치가 높다.

개별공시지가확인원

표준공시지가를 기준으로 산정한 개별 토지에 대한 단위면적당 가격이다. 개별토지의 용도(주거용·상업용·공업용 등), 교통조건, 토지이용규제 등에 따라 가격이 결정된다.

　이러한 공적장부는 주민센터(동사무소)나 시·군·구청에 가면 발급받을 수 있다. 직접 방문하지 않아도 공인인증서만 있으면 인터넷으로도 쉽게 발급받을 수 있다. 인터넷으로 발급받는 것은 다음 페이지에 나오는 표를 참고하자. 방법은 해당 사이트에 안내가 되어 있다.

┃ 공적장부 열람 및 발급방법

열람 기관	발급가능서류	운영주체
민원24 www.minwon.go.kr	• 등기부등본 • 건축물대장 • 토지이용계획확인서 • 토지대장 • 지적도 • 개별공시지가확인원	행정자치부
세움터 www.eais.go.kr	• 건축물대장	국토교통부
온나라부동산포털 www.onnara.go.kr	• 건축물대장 • 토지이용계획확인서 • 토지대장 • 지적도 • 개별공시지가확인원	국토교통부
서울부동산정보광장 land.seoul.go.kr	• 건축물대장 • 토지이용계획확인서 • 토지대장 • 지적도 • 개별공시지가확인원	서울시
대법원인터넷등기소 www.iros.go.kr	• 등기부등본	대법원
일사편리 kras.go.kr	• 18종 부동산 정보	국토교통부
국토교통부 실거래가 공개시스템 rt.molit.go.kr	• 아파트, 다세대, 단독·다가구 주택 등 실거래가	국토교통부

등기부등본,
보는 법을 익히자

등기부등본은 꼬마 빌딩의 권리관계를 확인할 수 있는 공적장부다.
매수시 확인해야만 근저당이나 압류 등 권리문제를 예방할 수 있다.

얼마 전 상담중 다급한 목소리의 지인에게 전화 한 통이 걸려왔다. 친분이 있는 공인중개사를 믿고 임대차계약을 했는데 알고 보니 선순위 근저당이 걸려 있어서 임대보증금을 완전히 보호받기 힘들 것 같다는 하소연이었다.

등기부등본만 제대로 확인했더라면 이런 문제는 충분히 예방할 수 있다. 등기부등본으로 쉽게 확인할 수 있는 권리관계인데, 아는 사람이라고 너무 믿은 것은 잘못인 거다. 부동산 계약을 할 때는 반드시 등기부등본을 열람해서 권리관계를 확인해야 하고, 계약할 때뿐만 아니라 잔금일에도 한 번 더 확인해야 한다. 계약일과 잔금일 사이에 자신이 모르는 권리관계가 생길 수도 있기 때문이다.

| 등기부등본

    등기부등본은 부동산에 관한 소유 및 권리관계, 현황이 기재되어 있는 공적장부다. 지번, 지목, 구조, 면적 등의 현황과 소유권, 저당권, 전세권, 가압류 등 권리설정 여부를 확인할 수 있어서 매수시 반드시 확인해야 하는 필수 서류다.

등기부등본,
어떻게 볼 것인가?

    등기부등본은 대지·도로·전답·임야 등 토지와 단독주택·다가구주택 등 하나의 독립건물로 등기된 건물, 아파트 등 1동의 건물을 수 개로 구분해 등기한 집합건물로 구분되며 표제부, 갑구, 을 구로 구성된다. 표제부에는 물건의 주소, 면적, 층수, 지목, 구조 등이 표시된다.

갑구는 소유권과 관련된 내용이 표시된다. 소유권 보존등기, 소유권 이전등기, 가등기, 가압류등기, 가처분등기, 예고등기, 압류등기, 환매 등기, 경매기입등기 등 권리관계의 변경 및 소멸에 대한 내용이다.

을구에는 소유권 이외의 권리들이 표시되는데 근저당권, 전세권, 지상권 등이 기재된다. 특히 근저당권 채권최고액은 채무자가 부담할 최대한도의 채무로 반드시 근저당권 채무자가 변제해야 한다. 보통 은행에서는 채권최고액을 120~130% 정도로 설정한다. 1억 원을 대출 받으면 채권최고액은 1억 2천만~1억 3천만 원이 되는 것이다. 대출을 상환하더라도 등기부등본상에 설정한 근저당은 자동 말소되지 않으니 반드시 말소등기나 감액등기까지 확인하자.

등기부등본에는 등기한 순서대로 순위번호가 있는데, 같은 구에서 순위번호에 따라 등기의 순위가 정해진다. 가등기는 순위 보전의 효력이 있어서 본등기가 되었을 때 본등기의 순위는 가등기의 순위를 따른다.

등기부등본을 확인할 때는 대상 물건의 지번과 표제부의 지번이 일치하는지, 소유자 이름과 주소가 맞는지 보아야 한다. 단독주택과 같은 집합건물이 아닌 부동산은 토지와 건물의 소유주가 다를 수 있기 때문에 토지와 건물의 등기부등본을 모두 확인해야 한다. 만약 소유주가 아닌 대리인과 계약을 하게 된다면 반드시 소유주와 연락해서 확인해야 하고, 위임장과 인감증명서를 확보한 다음 대리계약을 진행하는 것이 좋다.

건축물대장,
어떻게 볼 것인가?

건축물대장은 건축물에 대한 정보를 등록, 관리하는 공적장부다.
위반건축물도 확인할 수 있으니 매수할 때 반드시 체크하자.

건축물대장은 건축물의 주소, 대지면적, 연면적, 건축면적, 용도지역, 용도지구, 용도구역, 전용면적, 구조, 용도, 층수, 건폐율, 용적률, 건축물 현황(층별 구조와 업종 표시), 소유자 현황, 건축주, 설계자, 주차장, 승강기, 위반건축물 등 건축물에 대한 정보를 등록해 관리하는 공적장부다. 주택을 구입할 때는 등기부등본 정도만 확인해도 되지만 꼬마 빌딩을 구입할 때는 건축물대장까지 반드시 확인해야 한다.

건축물대장은 집합건축물대장과 일반건축물대장으로 구분된다. 집합건축물대장은 아파트와 같이 소유권을 구분할 수 있는 집합건축물에 해당하는 건축물 및 대지에 관한 현황을 기재한 대장이고, 일반건축물대장은 집합건축물 외 건물 전체의 소유주가 구분되어 있지 않은 일반건축물에 해당하는 건축물 및 대지에 관한 현황을 기재한 대장이다.

일반건축물대장은 다가구주택과 같이 한 건물에 하나의 건축물대장이 있다. 건축물 현황과 소유자 현황이 첫 페이지에 모두 기재되면 갑구만 표시되고, 한 페이지에 표시가 안 될 경우 갑구(건축물 현황)와 을구(소유자 현황)로 나누어서 표시된다. 집합건축물대장은 아파트, 다세대주택과 같이 한 건물의 각 호수별로 구분해서 등기가 되는 경우 각각의 호수별로 건축물대장을 둔다.

건축물대장의
구성을 알아보자

건축물대장은 총괄표제부, 표제부, 전유부로 구분된다. 하나의 대지에 2개 이상의 건축물이 있으면 총괄표제부가 있고, 하나의 대지에 1개의 건축물만 있으면 총괄표제부가 없다. 물론 집합건축물뿐만 아니라 일반건축물도 하나의 대지에 2개 이상의 건축물이 있으면 총괄표제부가 있다. 표제부는 집합건물 전체에 대한 내용이 기재되어 있고, 전유부는 각각의 호수별 내용이 기재되어 있는데 발급받을 때 표제부와 전유부를 선택해 발급받을 수 있다.

건축물대장의 소유자 정보는 부동산 등기부등본의 소유자와 다를 수 있기 때문에 반드시 부동산 등기부등본도 같이 확인할 필요가 있다. 소유자에 대한 사항은 건축물대장보다 등기부등본이 우선이기 때문이다.

일반건축물대장(갑) 위반건축물

						장번호	1 - 1
고유번호	4127110200-1-██████		명칭			특이사항	
대지위치	경기도 안산시 상록구 이동	지번	693-3	도로명주소	경기도 안산시 상록구 삼태기 ██ █

※대지면적	255.5 ㎡	연면적	452.21 ㎡	※지역	제2종일반주거지역	※지구		구역	
건축면적	151.62 ㎡	용적률 산정용 연면적	452.21 ㎡	주구조	철근콘크리트구조	주용도	다가구 주택	층수	지하 층/지상 4층
※건폐율	59.27 %	※용적률	176.78 %	높이	12.3 m	지붕	(철근)콘크리트	부속건축물	동 ㎡
조경면적 ㎡		공개 공지 또는 공개 공간의 면적 ㎡		건축선 후퇴 면적 ㎡		건축선후퇴 거리		m	
지하수위 G.L m		기초형식		설계지내력(지내력기초인 경우) t/㎡		구조설계 해석법			

건 축 물 현 황

구분	층별	구조	용도	면적(㎡)
주1	1층	철근콘크리트구조	주차장·계단실	14.64
주1	2층	철근콘크리트구조	다가구주택	151.62
주1	3층	철근콘크리트구조	다가구 주택	151.62
주1	4층	철근콘크리트구조	다가구 주택	134.33
		- 이하여백 -		

소 유 자 현 황

성명(명칭) 주민(법인)등록번호 (부동산등기용등록번호)	주소	소유권 지분	변동일 변동원인
██████	경기도 안산시 상록구 삼태기 ██ █		2012.05.21 등기명의인표시변경
※ 이 건축물대장은 현소유자만 표시한 것입니다.			

이 등(초)본은 건축물대장의 원본내용과 틀림없음을 증명합니다.

발급일 : 2016년 07월 08일

안산시 상록구청장

※ 표시 항목은 총괄표제부가 있는 경우에는 표시하지 않습니다.
※ 이 장은 전체 2페이지 중에 1페이지 입니다.

297㎜×210㎜[백상지 80 g/㎡(재활용품)]

					장번호	2 - 1
고유번호	4127110200-1-██████					

구분	성명 또는 명칭	면허(등록)번호		주차장		승강기	허가일	2007.10.15
건축주	██████		구분	옥내 옥외 인근 면제	승용 대 비상용 대	착공일	2007.10.17
설계자	██████ 건축사사무소 경기도·건축사사무소		자주식	4 대 4 대 대 23 ㎡ 46 ㎡ ㎡	오수정화시설 형식	사용승인일	2008.06.19
공사감리자	██████ 건축사사무소 경기도·건축사사무소		기계식	대 대 대 ㎡ ㎡ ㎡	용량 인용	관련 주소 지번	
공사시공자 (현장관리인)	██████					도로명	

건축물 에너지소비정보 및 그 밖의 인증정보

건축물 에너지효율등급 인증		에너지성능지표(EPI) 점수		녹색건축 인증		지능형건축물 인증	
등급		점수 점		등급		등급	
에너지절감률	0 %	인증점수 점		인증점수 점		인증점수 점	
유효기간: ~		유효기간: ~					

변동사항

변동일	변동내용 및 원인	변동일	변동내용 및 원인	그 밖의 기재사항
2008.06.23	도시주택과-5433(2008.06.19)호에 의거 신규작성(신축)			총괄면적 :13 ㎡, 위반건축물:1층/주거/철근콘크리트조/70㎡ 2층/대수선/151.62㎡ 3층/대수선/151.62㎡ 4층/대수선/134.33㎡, 4층/주거/철근콘크리트조/10㎡
2009.10.05	도시주택과-22275(2009.10.05)호에 의거 불법증축(1층 70㎡, 4층 10㎡), 불법대수선(2층 151.62㎡, 3층 151.62㎡, 4층 134.33㎡)로 위반건축물 등재			
2011.04.14	건축물대장 기초자료 정비에 의거 (층별개요(층번호 항:'4' -> '4층')) 직권변경			
	- 이하여백 -			

※ 표시 항목은 총괄표제부가 있는 경우에는 기재하지 아니합니다.
※ 이 장은 전체 2페이지 중에 2페이지 입니다.

297㎜×210㎜[백상지 60 g/㎡(재활용품)]

| 불법용도 변경 위반건축물의 일반건축물대장

변동사항의 변동내용을 보면 건축물위반 관련 내용도 확인할 수 있다. 그러나 위반건축물임에도 건축물대장에 표시가 안 되는 경우가 있다. 바로 해당 관청에 허가나 신고 없이 건축물 현황을 변경하거나 해당 관청이 확인을 못한 경우다. 이렇게 건축물대장에 위반건축물 표시가 안 나올 수 있기 때문에 건축물대장상 건축물 현황과 실제 건축물 현황을 꼼꼼히 살펴보아야 한다.

보통 왼쪽에 있는 그림에서 보듯이 위반건축물은 일반건축물대장에 표기가 되고 확인이 가능하다. 참고로 건축물대장은 발급용과 열람용이 있는데, 열람용은 법적인 효력이 없고 해당 관청의 관인도 찍혀 있지 않아서 참고용으로만 사용한다.

토지이용계획,
꼭 열람해야 한다

토지이용계획확인서는 토지의 이용용도 및 행위 제한을 확인하는 공적장부다.
용도지역, 토지면적, 개별공시지가, 땅의 모양까지 확인할 수 있다.

부동산 상담을 하다 보면 토지이용계획도 확인하지 않고 물건이 좋은 것 같다고 오시는 분들을 종종 만날 수 있다. 몇 달 전 한 고객도 저렴한 단독주택이 나왔는데 5층 다가구주택을 지어서 월세를 받고 싶다고 상담을 받으러 왔다.

그런데 토지이용계획을 확인해보니 대지 99m²(30평)에 용도지역이 제1종 전용주거지역이었다. 그렇기에 건폐율 50%, 용적률 100%가 적용된다. 대지 99m²(30평)에 건폐율 50%면 바닥면적이 고작 50m²(15평)인데 여기에 제대로 된 건물을 지을 수 있을까? 이렇게 토지이용계획만 확인해도 기본 타당성을 확인할 수 있다.

토지이용계획에서
얻을 수 있는 많은 정보

　　　　토지이용계획확인서는 토지이용규제 기본법에 근거해 토지의 이용용도 및 행위 제한에 대한 내용이 기재된 공적장부다. 해당 토지에 적용된 규제 여부를 확인한 뒤 자신이 원하는 용도로 활용 가능한지 확인할 수 있다.

　용도지역은 토지의 이용과 가치를 알 수 있는 건축물의 용도, 건폐율, 용적률, 높이 등을 제한하기 위해 지정한 구역이다. 주거지역, 상업지역, 공업지역, 녹지지역, 관리지역으로 구분되며, 각 용도지역별로 건폐율, 용적률, 대지의 분할 제한이 다르게 적용되기 때문에 반드시 확인해야 한다.

　용도지구는 이런 용도지역의 제한을 강화 또는 완화해 용도지역의 기능을 증진시키고 미관, 경관, 안전 등을 도모하기 위해 도시·군 관리계획으로 결정하는 지역을 의미한다.

　용도구역은 토지의 이용과 건축물의 용도, 건폐율, 용적률, 높이 등에 대한 용도지역 및 용도지구의 제한을 강화하거나 완화해 따로 정한 지역이다. 도시의 무질서한 확산방지, 계획적이고 단계적인 토지이용의 도모, 토지이용의 종합적 조정·관리 등을 위해 도시 관리계획을 결정하는 것이다. 용도지역, 용도지구, 용도구역은 다음 장에서 좀더 상세히 설명하도록 하겠다.

　토지이용계획을 꼭 열람해야 하는 또 하나의 이유는 확인도면을 통해서 땅의 모양을 볼 수 있다는 것이다. 땅이라고 다 같지 않다. 활용도가 높은 땅이 좋은 땅이다. 건물을 짓는다면 반듯한 사각형 모양의

지목	대	면적	195 m²
개별공시지가 (m²당)	4,669,000원 (2016/01)		

지역지구등 지정여부	「국토의 계획 및 이용에 관한 법률」에 따른 지역·지구등	도시지역 ,제1종일반주거지역 ,제3종일반주거지역 ,도로(저촉)
	다른 법령 등에 따른 지역·지구등	가축사육제한구역<가축분뇨의 관리 및 이용에 관한 법률> ,대공방어협조구역(위탁고도 : 77-257m)<군사기지 및 군사시설 보호법> ,재정비촉진지구<자세한 사항은 도시개발과에서 필히 문의)<도시재정비 촉진을 위한 특별법> ,과밀억제권역<수도권정비계획법> ,절대정화구역<학교보건법> ,(한강)폐기물매립시설 설치제한지역<한강수계 상수원수질개선 및 주민지원 등에 관한 법률>
「토지이용규제 기본법 시행령」 제9조제4항 각 호에 해당되는 사항		

토지이용계획 열람 서비스

땅이 좋을까, 삼각형 모양의 땅이 좋을까? 당연히 반듯한 사각형 땅이 좋다. 건폐율에 맞춰서 주차공간과 건물모양을 빼기도 좋고, 그렇게 건축한 건물 내부의 공간 활용도 좋기 때문이다. 같은 면적이라도 땅 모양이 좋은 땅의 가치가 높다.

용도지역, 용도지구, 용도구역을
정확히 구별하자

용도지역과 용도지구, 용도구역은 토지를 개발하고
건축하기 위해 필요한 내용으로 토지의 가치형성에 영향을 준다.

여기에서는 앞에서 간단하게 설명한 용도지역, 용도지구, 용도구역에 대해 좀더 상세히 알아볼 예정이다. 토지이용에 관한 것으로 구분되는 용도지역과 용도지역의 기능을 증진시키기 위한 용도지구, 건축행위 및 토지형질 변경 등의 행위를 규제하는 용도구역에 대해 명확하게 알 수 있을 것이다.

특히나 이 3가지는 토지의 활용과 제한사항을 알기 위해서는 반드시 필요한 내용이다. 상세한 수치까지 다 숙지할 필요는 없지만 정확한 의미와 전체적인 내용은 이해하는 것이 좋다. 지금부터 함께 알아보도록 하자.

토지의 가치형성에
영향을 주는 3가지

용도지역

용도지역은 토지의 효율적인 이용과 건축물의 용도, 건폐율, 용적률, 높이 등을 제한함으로써 토지를 경제적·효율적으로 이용하고 공공복리의 증진을 도모하기 위해 중복되지 않게 도시관리계획으로 결정하는 지역을 말한다. 이는 도시지역, 관리지역, 농림지역, 자연환경보전지역으로 구분된다. 상세한 구분은 다음 페이지에 나오는 표를 참고하도록 하자.

도시지역에서는 건폐율, 용적률을 감안하면 상업지역이 용적률이 높게 적용되어 토지활용도가 가장 높고 그만큼 토지가격도 가장 비싸다. 도시지역 중 주거지역에서는 '준주거지역 〉 3종일반 〉 2종일반 〉 1종일반' 순으로 활용도가 높아 토지가격이 높다. 관리지역에서는 계획관리지역이 도시지역 편입이 예상되기도 하고 환경을 고려해 제한적인 개발가능성이 있어서 투자성이 높다고 할 수 있다.

또한 용도지역의 구분에 따라 해당 토지에 얼마 정도의 건폐율, 용적률을 적용해서 건축할 수 있는지가 정해진다. 당연히 높은 건폐율과 용적률을 적용받는 것이 건축주 입장에서는 중요하기 때문에 이에 따라 토지가격이 차이난다. 예를 들어 제1종 일반주거지역은 건폐율 60% 이하, 용적률 100~150% 이하가 적용되지만 준주거지역은 건폐율 70% 이하, 용적률 200~500%가 적용되기 때문에 준주거지역이 개발활용도가 높고 그만큼 가격도 높게 책정될 거라는 것을 알 수 있다. 또한 용도변경이 된다면 가치 상승이 될 수 있는 이유이기도 하다.

| 용도지역별 건폐율과 용적률

용도 지역		세부 용도지역	건폐율		용적률		대지 분할 제한
			시행령	서울시 조례	시행령	서울시 조례	
도 시 지 역	주 거 지 역	제1종 전용주거지역	50%	50%	100%	100%	60m² 미만
		제2종 전용주거지역	50%	40%	150%	120%	
		제1종 일반주거지역	60%	60%	200%	150%	
		제2종 일반주거지역	60%	60%	250%	200%	
		제3종 일반주거지역	50%	50%	300%	250%	
		준주거지역	70%	60%	500%	400%	
	상 업 지 역	중심상업지역	90%	60%	1,500%	1,000% (4대문 800%)	150m² 미만
		일반상업지역	80%	60%	1,300%	800% (4대문 600%)	
		근린상업지역	70%	60%	900%	600% (4대문 500%)	
		유통상업지역	80%	60%	1,100%	600% (4대문 500%)	
	공 업 지 역	전용공업지역	70%	60%	300%	200%	150m² 미만
		일반공업지역	70%	60%	350%	200%	
		준공업지역	70%	60%	400%	400%	
	녹 지 지 역	보전녹지지역	20%	20%	80%	50%	200m² 미만
		생산녹지지역	20%	20%	100%	50%	
		자연녹지지역	20%	20%	100%	50%	

용도 지역	세부 용도지역	건폐율	용적률	대지분할 제한
관리 지역	보전관리지역	20%	80%	60m² 미만
	생산관리지역	20%	80%	
	계획관리지역	40%	100%	
농림지역		20%	80%	
자연환경보전지역		20%	80%	

| 용도지역 내 행위 제한

건축물의 용도	허용 여부
단독주택	유통상업지역, 전용공업지역에서 금지
연립·다세대주택	유통상업지역, 전용공업지역, 일반공업지역, 보전녹지지역, 농림 지역, 자연환경보전지역에서 금지
아파트	일반공업지역, 녹지지역, 관리지역, 농림지역, 자연환경보전지역, 유통상업지역, 전용공업지역, 제1종 전용주거지역, 제1종 일반주 거지역에서 금지
위락시설	상업지역 내에서 가능
제1종 근린생활시설	모든 용도지역 내에서 가능
제2종 근린생활시설	종교집회장(500m² 미만)은 모든 용도지역에서 가능
초·중·고등학교	전용공업지역에서 금지
종교집회장 (300m² 이상)	전용공업지역, 생산녹지지역에서 금지
묘지 관련 시설	녹지지역, 관리지역, 농림지역, 자연환경보전지역에서 가능
공장	전용주거지역, 유통상업지역, 보전녹지지역, 농림지역, 자연환경 보전지역에서 금지
숙박시설	상업지역, 준공업지역, 관리지역, 자연녹지지역(관광지)에서 가능

토지가치를 크게 상승시키는 용도지역 변경은 복잡하고 어렵지만, 필요에 따라 지자체장이나 국토교통부 장관 등이 고려할 수는 있다.

용도지역에 따라서 건축물이 허용되거나 제한되는 경우가 있으니 용도지역에 맞는 건축물의 용도도 확인하는 것이 좋다. 예를 들어 숙박시설은 상업지역, 준공업지역, 관리지역, 자연녹지지역에는 건축이 가능하지만 주거지역에는 허가가 제한된다.

용도지구

용도지역이 토지의 효율적인 이용과 건축물의 용도, 건폐율, 용적률, 높이 등에 대한 내용이라면, 용도구역은 이런 용도지역의 제한을 강화 또는 완화해 적용함으로써 용도지역의 기능을 증진시키는 제도다. 미관, 경관, 안전 등을 도모해 도시관리계획으로 결정한다. 도시 내 지역별 기능이나 특성에 따라 경관지구, 미관지구, 고도지구 등 10개 지구로 구분되며, 지구는 지역과 달리 토지마다 반드시 지정해야 하는 것은 아니다.

지역실정에 맞게 시·도 조례로 세분해서 용도지구의 명칭 및 지정 목적, 행위 제한 사항 등을 정하고 이를 도시관리계획으로 결정할 수 있다. 그러나 당해 용도지역과 용도구역의 행위 제한을 완화하는 용도지구를 신설할 수는 없고 행위 제한을 강화하는 용도지구 신설만 허용된다.

용도지역·용도지구 안에서의 건축 제한이나 건축할 수 있는 건축물에 대한 내용은 토지이용계획을 보면 확인이 가능하기 때문에 반드시 미리 체크하자. 예를 들어 건물을 지을 때 인접한 대지의 경계선에서 일정 거리를 띄워야 하는 이격거리의 경우 민법에서는 0.5m 이상

| 용도지구 구분

구분		용도지구 내용
경관 지구	자연경관지구	• 경관 보호, 유지, 개선 목적 • 자연경관지구 건물 높이 3층 이하, 12m 이하 제한
	수변경관지구	
	시가지경관지구	
미관 지구	중심지미관지구	• 미관 유지, 관리, 개선 목적 • 신축시 가로변에서 3m 들여서 신축해야 함 • 건물은 공장 창고 용도로 사용 불가
	역사문화미관지구	
	일반미관지구	
고도 지구	최고고도지구	• 건축물 높이 최저한도 또는 최고한도 제한
	최저고도지구	
방화지구		• 화재 위험 예방 목적 • 건물 신축시 내연성 소재 사용
방재 지구	시가지방재지구	• 풍수해, 산사태, 지반 붕괴 등 재해 방지 목적
	자연방재지구	
보존 지구	역사문화환경보존지구	• 문화자원, 중요시설물, 생태계 보호 목적
	중요시설물보존지구	
	생태계보존지구	
시설 보호 지구	학교시설보호지구	• 학교, 공용, 항만, 공항시설 보호 및 안전운항 목적
	공용시설보호지구	
	항만시설보호지구	
	공항시설보호지구	
개발 진흥 지구	주거개발진흥지구	• 주거, 상업, 공업, 유통물류, 관광, 휴양기능 등을 집중 개발하고 정비할 목적
	산업·유통개발진흥지구	
	관광·휴양개발진흥지구	
	복합개발진흥지구	
	특정개발진흥지구	

구분		용도지구 내용
취락 지구	자연취락지구	• 녹지, 관리, 농림, 자연환경보전지역, 개발제한구역 또는 도시자연공원구역의 취락정비 목적
	집단취락지구	
특정용도제한지구		• 주거기능, 청소년 보호 목적으로 유해시설 등 특정 시설의 입지 제한 목적
그 외 대통령이 정하는 지구		

으로 정하지만 지구단위계획에 따라서 달라진다. 그래서 만약 일반미
관지구라면 3m 건축선 제한을 받기 때문에 신축할 경우 도로경계선
에서 3m가 후퇴하게 된다.

용도구역

용도구역은 용도지역 및 용도지구의 제한을 강화 또는 완화함으로써
시가지의 무질서한 확산방지, 계획적인 토지이용 및 관리를 위한 목
적을 위해 용도지역 지정을 보완하는 규제다. 전국의 토지 중 일부 토
지에 대해 용도지역·용도지구와 별도의 목적과 필요에 따라 특정지
역을 용도구역으로 지정해 건축물의 용도, 규모 등 건축행위 및 토지
형질 변경 등 행위를 규제한다. 이는 토지이용계획을 통해 확인할 수
있다. 용도지역과 용도지구는 도시지역 내에 지정하는 데 반해 용도
구역은 주로 도시 인근에 지정되는 곳이 많다.

　용도지역은 중복지정이 불가하지만 용도지역의 보완을 위해 용도
지구, 용도구역을 중복지정하는 것은 가능하다. 즉 하나의 토지는 하
나의 용도지역으로 지정된다. 이러한 용도지역 위에서 토지는 다시 하

| 용도구역 구분

구역	용도구역 내용

개발제한구역	• 도시의 무질서한 확산방지 및 도시주변 자연환경 보전
	• 허가사항
	  − 단독주택 근생시설 건축(지목 대 기존 건축물 있는 토지)
	  − 토지분할가능(분할 후 면적 200㎡, 지목 대 330㎡ 이상)
	  − 건축물 용도변경 가능
	• 신고사항
	  − 주택, 근생시설 증축·개축·재축(연면적 합계 100㎡ 이하)

시가화 조정구역	• 무질서한 시가화 방지 및 계획적인 도시개발 도모
	• 시가화 유보기간 5~20년
	• 허가사항
	  − 100㎡ 이하 주택 증축 O, 신축 ×
	  − 33㎡ 이하 주택 부속건물 건축 O
	  − 공공시설(파출소, 도서관, 화장실 등) 건축 O
	  − 공장 신축 ×

수산자원보호구역	• 수산자원의 보호 및 육성
도시자연공원구역	• 도시의 자연환경 및 경관 보호, 도시민에게 휴식공간 제공

나의 용도구역으로 지정될 수도 있고 지정되지 않을 수도 있는데, 2개 이상의 구역으로는 지정될 수 없다.

지구단위계획,
명확히 파악하자

도시를 계획적이고 체계적으로 관리하고 발전시키기 위한 지구단위계획은
10년 동안 지역이 어떻게 발전하는지 알 수 있는 중요한 정보다.

지구단위계획은 지구단위계획구역이나 정비사업구역 등 도시계획구
역을 대상으로 체계적·계획적으로 관리하기 위해 수립하는 도시관리
계획이다. 계획수립 시점부터 10년 내외의 기간 동안의 변화를 고려
해 도시 미관을 개선하고 양호한 환경을 확보하기 위한 계획이라고
할 수 있다. 한마디로 '우리 지역이 앞으로 10년 동안 이렇게 변하고
발전하는구나.'를 알 수 있는 중요한 정보가 되는 것이다.

　도시관리계획은 도시 전반의 행정구역에 대한 용도지역, 용도지구
등보다 거시적인 토지이용계획과 기반시설의 정비에 중점을 두고 있
다. 다시 말해 건축계획은 특정 필지에서의 건축물 등 입체적인 시설계
획에 중점을 두지만, 지구단위계획은 도시의 일부 지역을 대상으로 토

지이용계획과 건축물계획을 같이 고려해 평면적인 토지이용계획과 입체적인 건축계획이 서로 조화를 이루도록 하는 데 중점을 두고 있는 것이다.

지구단위계획에
포함되는 내용을 알아보자

지구단위계획은 제1종 지구단위계획과 제2종 지구단위계획으로 구분된다. 제1종 지구단위계획은 토지이용을 합리화·구체화하고, 도시 또는 농·산·어촌의 기능을 증진시키고, 미관의 개선 및 양호한 환경을 확보하기 위해 수립하는 계획으로, 주로 도시지역에 수립한다. 즉 도시개발이 필요한 구역, 재개발구역, 택지개발예정지구, 주거환경개선지구 등 도시지역 중 체계적인 개발이 필요한 지역에 대한 구획정리계획이라고 이해하면 된다.

제2종 지구단위계획은 계획관리지역 또는 개발진흥지구를 체계적·계획적으로 개발하고 관리하기 위한 계획이다. 용도지역의 건축물, 그 밖의 시설의 용도·종류 및 규모 등에 대한 제한을 완화하거나 건폐율 또는 용적률을 완화해 수립하는데, 주로 비도시지역의 토지를 개발할 때 수립하는 구획정리계획이라 이해하면 되겠다. 지구단위계획에 포함되는 내용은 다음과 같다.

- 용도지역 또는 용도지구를 '국토의 계획 및 이용에 관한 법률' 시행령에서 정하는 범위 안에서 세분하거나 변경하는 사항

- '국토의 계획 및 이용에 관한 법률' 시행령에서 정하는 기반시설의 배치와 규모
- 도로를 둘러싼 지역 또는 계획적인 개발, 정비를 위해 구획된 토지의 규모와 조성계획
- 건축물의 용도 제한, 건축물의 건폐율과 용적률, 높이의 최고한도 또는 최저한도
- 건축물의 배치 · 형태 · 색채 또는 건축선에 관한 계획
- 환경관리계획 또는 경관계획
- 교통처리계획
- 토지이용의 합리화, 도시 또는 농 · 산 · 어촌의 기능증진 등에 필요한 사항으로 '국토의 계획 및 이용에 관한 법률' 시행령에 정하는 사항

도시지역의 지구단위계획구역 안에서 건축행위를 할 때 필지별로 규정된 지구단위계획을 알아보고 해야 한다. 예를 들어 국토계획법이나 서울시 조례에는 준공업지역의 토지 용적률은 400%지만 해당 지구단위계획 내의 세부구역별로 개별 필지에 대한 용적률도 정해져 있다. 그렇기 때문에 해당 토지가 지구단위계획구역에 속해 있다면 반드시 해당 시청 · 구청 · 군청의 지구단위계획구역 건축 제한사항을 알아보아야 한다.

전용면적과 공급면적,
제대로 알자

전용면적은 독립적으로 사용하는 면적, 공급면적은 공용공간까지 포함한 면적으로
이를 제대로 알고 있어야 부동산의 정확한 가치를 평가할 수 있다.

"제가 광교신도시에 22평 오피스텔을 1억 5천만 원에 구입하려고 하는데, 저렴한 거 맞죠?"

2년 전 이런 질문을 받았다. 그 당시 광교신도시 아파트 시세가 3.3m²(평)당 1,700만~2천만 원 정도했으니 22평에 1억 5천만 원이면 상당히 저렴한 듯했다. 그래서 다시 물었다.

"22평이 전용면적인가요, 공급면적인가요? 아니면 계약면적인가요?"

"글쎄요, 그냥 면적이면 면적이지 전용면적은 뭐고 공급면적은 뭐죠?"

면적에 대해서는 기준이 정확해서 가격분석도 정확하게 할 수 있는데 이 고객처럼 그 기준을 모르면 그냥 쉽게 판단하고 덥석 계약하는 우(愚)를 범할 수 있다.

가치평가를 돕는
면적에 대한 모든 것

부동산을 구입할 때 대지지분, 전용면적, 공용면적, 공급면적, 계약면적이라는 단어를 자주 보게 되는데 모르는 사람들도 부지기수다. 정확한 면적 기준을 알고 있어야 해당 부동산 물건의 정확한 가치를 평가할 수 있다.

전용면적은 각 세대가 독립적으로 사용하는 면적이다. 방, 거실, 주방, 화장실 등이 해당되며 폭 1.5m 이상 되는 발코니도 전용면적에 포함된다. 실제 사용하는 면적이기 때문에 아파트, 오피스텔, 상가, 오피스를 계약할 때는 반드시 전용면적 기준으로 가격을 비교하는 것이 객관적이고 정확하다. 2009년부터 공급면적도 전용면적으로 표기하도록 하는 이유이기도 하다.

공용면적은 주거 공용면적과 기타 공용면적으로 구분된다. 주거 공용면적은 계단, 복도, 현관, 엘리베이터 등의 공동으로 사용하는 공간이고, 기타 공용면적은 관리사무소, 노인정, 놀이터, 보육시설, 주차장, 기계실 등이 해당된다.

공급면적은 전용면적과 주거 공용면적을 합친 면적으로, 우리가 흔히들 112m²(34평, 전용면적 84m²)라고 말하는 것이 바로 공급면적이다. 계약면적은 공급면적에 기타 공용면적까지 합친 면적이며, 서비스면적은 발코니, 베란다 등을 의미한다.

실질적으로 사용하는 공간인 전용면적이 가장 중요하고, 그렇기 때문에 공급면적 대비 전용면적 비율인 전용률이 높을수록, 서비스면적이 있을수록 사람들이 선호한다.

| 면적 비교

서비스면적	발코니, 베란다, 테라스
기타 공용면적	지하층, 경비실, 놀이터, 관리사무소
주거 공용면적	계단, 복도, 현관, 엘리베이터
전용면적	방, 거실, 주방, 화장실

공급면적 / 계약면적

$$전용률 = \frac{전용면적}{공급면적} \times 100$$

예를 들어 전용면적 84m², 공급면적 각 120m², 112m²인 2개의 물건이 있다면 공급면적 120m²의 전용률은 70%이고, 112m²의 전용률은 75%가 된다. 일반적으로는 전용률이 높을수록 좋지만 동일한 전용면적과 가격이라면 전용률만 높다고 해서 좋다고 단정 짓지는 말자.

아파트는 전용률이 70~75% 정도로 비교적 높은 편이지만 상가, 오피스텔, 오피스의 전용률은 50~60%, 혹은 50% 이하인 경우도 많기 때문에 반드시 전용면적으로 분양가 또는 매매가를 계산해야만 객관적인 비교를 할 수 있다.

광교신도시의 오피스텔은 계약면적 73m²(22평), 공급면적 46m²(14평), 전용면적 22m²(6.6평)였다. '22평에 1억 5천만 원이면 싼 것 아니야?'라고 생각할 수 있겠지만 22평은 계약면적이다. 공급면적 14평, 전용면적 6.6평인데 과연 싸다고 할 수 있을까? 이럴 경우에는 전용면적당 가격을 계산해 주변 아파트 가격과 비교해보는 것이 좋다.

다음 페이지의 표에서 보듯이 전용면적당 가격은 오피스텔 A가 약 682만 원/m², 오피스텔 인근 아파트 B가 약 679만 원/m²이다. 이렇

| 전용면적 환산가격 비교

구분	오피스텔 A	아파트 B
매매가	1억 5천만 원	5억 7천만 원
공급면적	46m²(14평)	114m²(34평)
전용면적	22m²(6.6평)	85m²(25평)
전용률(전용면적/공급면적)	48%	74%
전용면적당 가격(매매가격/전용면적)	681.8만 원/m²	678.6만 원/m²
전용면적 84m² 환산가격(전용면적×전용면적당 가격)	5억 7,271만 원	5억 7천만 원

게 계산된 전용면적당 가격을 아파트 B의 전용면적인 85m²로 환산해 계산하면 오피스텔 A의 전용면적 85m² 환산가격은 5억 7,271만 원이 된다. 인근 아파트 B와 별 차이가 나지 않는 금액이다. 입지, 동, 층, 타입에 따라서 차이는 있지만 오피스텔이 아파트보다 선호도도 낮고 가격도 낮아야 하는 것이 정상이라 본다면, 이 오피스텔 가격은 다소 높다고 할 수 있을 것이다. 물론 전용면적 환산가격 계산은 참고용이며, 무조건 이 계산만으로 평가할 수는 없다.

수익률과 공실률,
정확히 알고 이해하자

수익률은 투자금액 대비 임대수익에 대한 비율,
공실률은 비워둔 방이나 빈 사무실 수의 비율이다.

은행이 임차인으로 입점해 있는 상가건물을 보유하고 있는 A씨. 1년
전만 해도 은행이 있어서 임대료도 잘 받고 좋았는데 이제는 상가건
물이 애물단지로 전락해버렸다. 도대체 1년 만에 A씨에게 무슨 일이
있었던 것일까?

A씨의 상가건물은 용인에 위치한 2층 건물로, 전용면적 265m²(80평),
매매가 16억 원, 보증금 3억 원에 월 800만 원을 받으며 수익률 7.4%를
내고 있었다. 그런데 내수경기 침체로 은행권 실적이 안 좋아지면서
계약만기시점에 연장이 되지 않았고 지점 통폐합으로 결국 공실이 생
겼다. 그런데 보증금 3억 원에 월 800만 원을 주고 들어올 임차인을
아직 구하지 못해 6개월째 공실 상태가 된 것이다.

아무리 수익률이 높아도 공실이 생기고, 그 공실기간이 길어질수록 손실은 눈덩이처럼 커진다. A씨의 건물에서 월 800만 원의 손실이 6개월 동안 이어졌으니 이미 4,800만 원 손실이 생겼다. 만약 임차인을 빨리 구하지 못하면 앞으로 손실은 더 커질 것이다.

공실 부담이 크니 새로운 임차인을 구하면 문제가 해결될까? 입점하고 싶어하는 다른 임차인은 보증금 1억/월 600만 원을 제시하는데, 이렇게 새로운 임차인을 넣으면 수익률은 4.8%로 떨어진다. 서울도 아니고 1층도 아닌 수도권 2층 상가의 수익률은 6% 이상 나와야 한다. 4.8%면 결국 해당 상가 가치가 19억 원(3억/800만 원의 수익률 6% 환산가치)에서 13억 원(1억/600만 원의 수익률 6% 환산가치)으로 떨어지는 것이기에 A씨 고민은 더 깊어질 수밖에 없다.

이렇듯 수익률과 공실률은 수익형 부동산 가치에 큰 영향을 미친다. 그렇기 때문에 수익률과 공실률에 대한 개념, 계산방법, 가치환산법 등 관련된 내용은 반드시 숙지하는 것이 좋다.

수익률은
어떻게 구할까?

수익률(收益率)은 자신이 받는 임대료가 총 투자금액 대비 차지하는 비율을 의미하는 것으로, 당연히 높을수록 좋다. 수익률이 높다는 것은 일반적으로 임대료가 높거나 매매가격이 낮다는 의미로 구입하는 양수인 입장에서는 좋은 것이다. 하지만 주변 시세와 비교했을 때 상대적으로 임대료가 높아서 매매가격이 적정 가치보다 높아진 것은 아닌지 확인해볼 필요가 있다.

수익률은 대출을 제외한 기본 수익률, 대출금과 이자를 포함한 순 수익률로 구분할 수 있다. 기본 수익률은 대출을 제외한 투자금액 대비 임대료의 비율이다. 대출금리와 대출금액에 따라 편차가 생겨 객관적인 비교가 어려운 순 수익률보다 여러 물건들의 수익률을 비교할 때 적합해 기본 수익률을 기준으로 삼는 것이 좋다. 예를 들어 매매가 10억 원, 보증금 1억/월 300만 원이면 기본 수익률은 4%다.

$$\text{기본 수익률} = \frac{\text{연 임대료(월 임대료}\times 12)}{\text{투자금액(매매가 또는 분양가} - \text{보증금)}} \times 100$$

순 수익률은 대출을 포함한 순 투자금액 대비 임대료의 비율이다. 대출을 받는 경우 실투자금액 대비 수익률을 계산할 수 있어서 도움이 된다. 하지만 저금리 상황에서 대출을 많이 받을수록 수익률이 높아지기 때문에 자칫 수익률 착시현상으로 인한 판단미스를 할 수도 있다. 그러니 물건 수익률 비교에서는 사용하지 않는 것이 좋다.

$$\text{순 수익률} = \frac{\text{순 임대료(연 임대료} - \text{연 이자)}}{\text{순 투자금액(매매가 또는 분양가} - \text{보증금} - \text{대출금)}} \times 100$$

매매가 16억 원의 A씨 상가 이야기로 다시 돌아가보자. 원래 임차인이었던 은행 B는 보증금 3억 원에 800만 원의 월세를 내고 있었다. 기본 수익률 7.3%, 대출 5억 원을 포함하면 순 수익률 10.3%로 상당히 높은 수익률을 올리고 있었고, 수익률 6%를 기준으로 환

| 매매가 16억 원인 A씨 상가의 수익률 분석

구분	기존 임차인 B	새로운 임차인 C
매매가	16억 원	16억 원
보증금	3억 원	1억 원
임대료	800만 원/월(9,600만 원/연)	600만 원/월(7,200만 원/연)
대출원금	5억 원	5억 원
대출이자(금리 2.8% 적용)	117만 원/월(1,400만 원/연)	117만 원/월(1,400만 원/연)
기본 수익률(대출 제외)	7.3%	4.8%
순 수익률(대출 포함)	10.3%	5.8%
환산 가치(수익률 6% 기준)	19억 원	13억 원

산하면 19억 원 정도의 가치를 가진 상가다.

하지만 임차인 B가 나가고 새로운 임차인 C가 들어와서 보증금 1억 원에 600만 원의 월세를 내게 되면 기본 수익률 4.8%, 대출 포함 순수익률이 5.8%다. 수익률 6%를 기준으로 환산하면 13억 원 정도의 가치가 됨으로써 가치 하락이 예상된다. 기본 수익률 4.8%가 나오는 수도권 2층 상가를 매매가 16억 원을 주고 사고 싶은 투자자는 거의 없을 테니까 말이다.

이렇듯 수익률은 가치로 환산할 수 있는 중요한 요소이기 때문에 수익률이 높을수록 유리한 점이 많다. 부동산 홍보시 수익률이 높아 보이기 위해 대출을 포함한 순 수익률만 보여주면서 높은 수익률을 보장한다고 하는 경우가 많아서 주의가 필요하다. 수익률을 비교할 때는 반드시 기본 수익률을 가지고 수익률을 비교분석하는 것이 좋다.

공실률에 대해
알아보자

공실률(空室率)은 임차인을 구하지 못한 빈 방이나 빈 사무실의 비율이 얼마나 되느냐를 나타내는 것이다. 공실률이 20%면 10개의 방이나 사무실 중 2개가 공실이라는 의미다.

$$공실률 = \frac{공실\ 수}{전체\ 방\ 수} \times 100$$

공실률이 높을수록 임대료를 받지 못하는 빈 방 또는 빈 사무실이 많다는 것이고, 공실만큼 손실이 높아지는 것이기 때문에 공실을 최소화하는 것이 수익률을 높이는 것보다 더 중요하다.

예를 들어 매매가 17억 원, 20실 원룸건물의 경우(실당 보증금 500만/월 40만 원) 공실이 없으면 수익률이 6%지만, 공실이 2개 생기면 공실률 5%, 수익률 5.4%로 떨어지고, 공실이 늘어 5개가 되면 공실률 25%, 수익률 4.4%로 떨어진다. 이렇게 공실로 떨어진 수익률이 빨리 회복되지 않으면 결국 가치 하락으로 이어지기 때문에 공실 관리는 꼬마빌딩 관리의 핵심이라고 할 수 있다.

높은 임대료를 받다가 공실이 생기고 또 공실기간이 길어지는 것보다는 차라리 월세를 높게 받지 않더라도 공실이 없게, 공실기간이 짧게 하는 것이 더 좋다.

A씨 상가처럼 예전에는 임대료를 다른 업종보다 높게 받을 수 있는 은행 등 금융권 업종이 들어가 있으면 좋은 상가빌딩으로 인정받았다.

| 공실에 따른 수익률 분석

구분	공실 0	공실 2	공실 5
매매가	17억 원	17억 원	17억 원
임대 방 수	20	18	15
총 보증금(500만 원/실)	1억 원	9천만 원	7,500만 원
총 월세(40만 원/실)	800만 원	720만 원	600만 원
수익률	6%	5.4%	4.4%
공실률	0%	5%	25%
환산가치(수익률 6% 기준)	17억 원	15억 3천만 원	12억 7,500만 원

하지만 경기침체로 은행 통폐합 같은 구조조정이 본격화되어 높은 임대료를 내던 은행이 갑자기 나가버리면서 공실이 생기고 은행만큼 높은 임대료를 주는 임차인을 구하지 못해서 마음 고생하는 빌딩 주인이 늘어났다. 이로 인해 높은 수익률이 최고라는 공식이 깨지고 있고, 공실이 없거나 최소화할 수 있는 상가가 진정 좋은 상가라고 할 수 있다.

물론 공실이 전혀 없으면 가장 좋겠지만 현실적으로 공실이 전혀 없을 수는 없으니 통상적으로 5~20% 정도 공실을 감안해서 수익률을 계산하는 것이 좋다. 준공연도가 5년 이내인 신축건물은 공실률이 5~10% 정도이며 5년, 10년이 넘어가면 10~20% 정도 생각하면 무난하다. 핵심은 공실이 생기더라도 최대한 빨리 임차인을 구해서 공실기간을 줄이는 것이다.

일조권과 사선제한이란
어떤 것을 말하는가?

일조권은 주민이 햇볕을 충분히 받을 수 있도록 법률로 보호해주는 권리이고,
사선제한은 건축물의 높이를 제한하는 규정이다.

꼬마 빌딩에 투자를 해야겠다 마음먹고 어떤 빌딩이 좋을지 고민하며
빌딩들을 관심 있게 본 분들이라면 아마 많이 보았을 것이다. 상층에
서 하층으로 내려가면서 계단식 모양을 하고 있는 모습을 말이다. 보
통 빌딩이라고 하면 직사각형 모양의 빌딩을 생각하지만 현실에서는
일조권과 사선제한 규정 때문에 계단식 모양을 하고 있는 빌딩들이
많다.

이렇게 빌딩의 모양에 큰 영향을 주는 일조권과 사선제한은 무엇일
까? 특히나 건축법상 이 2가지 제한을 충족해야만 건축허가를 받을
수 있다. 그렇기 때문에 꼬마 빌딩 투자자라면 알아두는 것이 좋다.

건축허가에 영향을 미치는
일조권과 사선제한

　　　　사선제한은 도시환경을 보호하기 위해 건축물의 높이를 제한하는 것이다. 건축물의 높이는 일조(日照), 채광(採光), 통풍(通風), 미관(美觀) 등을 결정하기 때문이다. 사선 제한은 도로사선제한과 일조권사선제한으로 구분이 된다.

　도로사선제한은 좁은 도로에서 고층건물을 지어 주변에 피해를 주거나 주변 미관을 해치지 않게 하기 위해 도로 폭을 기준으로 건축물의 높이를 제한하는 것이다. 건물의 각 부분 높이는 그 부분으로부터 전면도로나 반대쪽 경계선까지의 수평거리의 1.5배를 넘을 수 없다. 그런데 다행히 도로사선제한은 폐지되었고 일조권사선제한만 규제하고 있다.

　일조권사선제한은 주변 건축물의 일조권을 확보하기 위해 건물높이를 제한하는 것이다. 정북(正北) 방향의 인접 대지 경계선에서 일정 거리 이상을 띄어 건축하도록 규정하고 있다. 이는 일반주거지역과 전용주거지역에만 적용된다.

　대지에 인접한 경우라면 건축물 높이 9m 이하는 1.5m 이상, 높이 9m 초과 부분은 해당 건축물 각 부분의 높이의 1/2 이상 인접 대지 경계선에서 떨어져야 하며, 대지가 아닌 도로, 철도, 하천, 공공녹지 등이 인접한 경우라면 그 반대편의 대지 경계선이 기준이 된다.

　도로사선제한이 폐지되면서 도로 옆이라는 이유로 도로사선제한에 걸려 용적률이 됨에도 불구하고 원하는 높이와 모양으로 건축할 수 없어서 본의 아니게 손해를 보았던 도로변 건물들이나 건축예정이던

| 일조권사선제한

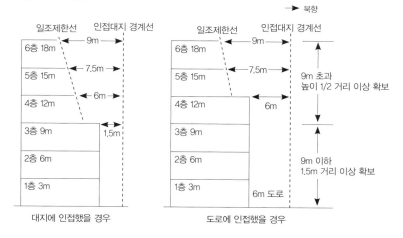

대지에 인접했을 경우

도로에 인접했을 경우

대지를 눈여겨보자. 향후 증축이나 신축시 도로사선제한이 적용되지 않음으로 인해 가치 상승이 가능해졌기 때문이다. 기존 도로사선제한에 걸려 용적률을 전부 채우지 못한 노후 꼬마 빌딩의 잠재가치도 높아졌다.

일조권은 주민이 햇볕을 충분히 받을 수 있도록 법률로 보호해주는 권리다. 동짓날 기준 9~15시 사이의 6시간 중 연속해 2시간 이상 확보되거나, 8~16시 사이 8시간 중 일조시간이 최소한 4시간 확보되어야 하는 규정이다. 주거지역에는 일조권 보호가 엄격하게 지켜지는 편이지만 상업지역이나 준공업지역은 상대적으로 덜 엄격하다.

건축선이란 무엇이고
어떻게 활용하는가?

건축선은 도로와 접한 대지에 건축물을 건축할 수 있는 선이다.
건축을 할 때 대지를 얼마나 이용할 수 있느냐를 결정하는 중요한 규정이다.

건축선은 도로와 접한 대지 위에 건축물을 건축할 수 있는 선이다. 건축물과 담장은 이 건축선을 넘어서는 안 되며, 도로와 접한 면에 높이 4.5m 이하에 있는 출입문이나 창문 등을 열고 닫을 때도 건축선을 넘어서는 안 된다.

통상적으로 소요너비(4m) 이상 도로는 대지와 도로의 경계선으로 한다. 하지만 소요너비에 미달되는 도로의 건축선, 지자체장이 정하는 건축선, 도로 모퉁이의 건축선, 이 3가지는 예외적으로 건축선을 다르게 설정할 수도 있다. 이제부터 함께 알아보도록 하자.

예외적으로 다르게
설정되는 건축선

소요너비에 미달되는 도로의 건축선

소요너비(4m)에 못 미치는 너비의 도로인 경우에는 그 중심선으로부터 그 소요너비의 1/2의 수평거리만큼 물러난 선을 건축선으로 한다. 그 도로의 반대편 경사지, 하천, 철도, 선로부지, 그 밖에 이와 유사한 것이 있는 경우에는 그 경사지가 있는 편의 도로경계선에서 소요너비에 해당하는 수평거리의 선을 건축선으로 한다.

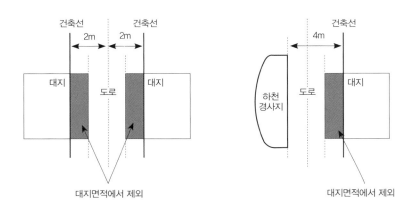

지자체장이 지정하는 건축선

특별자치도지사 또는 시장, 군수, 구청장 등 지자체장이 시가지 안에서 건축물의 위치나 환경을 정비하기 위해 필요하다고 인정하면 대통령령으로 정하는 범위에서 건축선을 따로 지정할 수 있다.

이렇게 도로경계선과 별도로 지정한 건축선 사이의 면적은 대지면적에 넣는다.

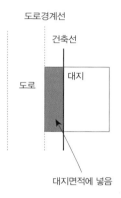

도로모퉁이의 건축선

너비 8m 미만인 도로의 모퉁이에 위치한 대지의 도로모퉁이 부분의 건축선은 그 대지에 접한 도로경계선의 교차점으로부터 도로경계선에 따라 아래 표에 따른 거리를 각각 후퇴한 두 점을 연결한 선으로 한다.

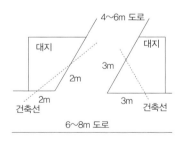

도로 교차각	당해 도로 너비		교차 도로 너비
	6~8m	4~6m	
90° 미만	4	3	6~8m
	3	2	4~6m
90°~129° 미만	3	2	6~8m
	2	2	4~6m

공지란 무엇이고
어떻게 활용하는가?

공지는 인접대지 경계선 및 건축선으로부터
일정거리를 띄워서 건축을 해야 하는 규정이다.

도로변을 길게 접한 좋은 토지가 급매로 나왔다고 물건 확인을 해달라는 의뢰를 받고 현장조사를 나간 적이 있다. 그냥 보기에는 도로변을 접한 토지인 데다 모양도 반듯해서 '이런 토지가 왜 급매로 나왔을까?' 하는 의문이 들 정도였다. 현장에서 보기에는 급매로 매도하는 이유가 납득되지 않았기 때문이다.

사람 마음이란 비슷해서 돈을 더 받고 싶지 덜 받고 싶은 사람은 없을 텐데 시세보다 저렴하게 매도한다니 이상하다 싶었다. 그러다 사무실로 돌아와 급매로 나온 토지의 토지이용계획을 확인하는 순간 왜 급매도를 하는지 이해가 되었다.

건축시 경제성을
떨어뜨리는 공지

　　보통 건물을 지을 때 인접한 도로 또는 대지의 경계선이나 인접대지 경계선에서 일정 거리를 띄워서 공지를 확보해야 한다. 민법에서는 0.5m 이상으로 정하지만 일반미관지구는 3m 건축선 제한을 받기 때문에 신축할 경우 도로경계선에서 3m를 후퇴하게 되는 것이다.

앞서 말한 토지는 가로 20m, 세로 10m, 전면 10m 도로를 끼고 있었다. 건축선 제한을 받아 도로경계선에서 3m를 떨어져야만 했고 건물을 신축할 경우 건물 폭이 7m가 채 안 되는 것이다. 당연히 경제성은 떨어지고 저렴한 가격으로 나온 이유였다.

이렇듯 인접경계선 이격(離隔)거리는 건축물을 건축하는 경우에 용도지역, 용도지구, 건축물의 용도 및 규모에 따라 건축선 및 인접 대지 경계선으로부터 6m 이내 범위에서 대통령령이 정하는 바에 따라 해당 지방자치단체 조례로 정하는 거리를 띄워 공지를 확보해야 한다. 아래 그림을 확인하자.

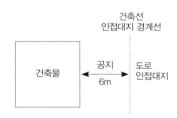

대상 건축물	건축조례 건축 기준
• 전용주거지역에 건축하는 건축물 • 공동주택 제외	1~6m
• 바닥면적의 합계 500m² 이상 공장 • 전용공업지역, 일반공업지역, 산업단지 공장 제외	준공업지역: 1~6m 준공업지역 외: 1.5~6m
• 바닥면적 합계 1천m² 이상 판매, 숙박, 문화, 집회, 종교시설 건축물 • 숙박시설(여관, 여인숙 제외) • 문화 및 집회시설(전시장, 동식물원 제외)	1.5~6m
• 다중이 이용하는 건축물 • 상업지역에서 건축하는 건축물 제외	1.5~6m
• 공동주택 • 상업지역에서 건축하는 공동주택 제외	아파트: 3~6m 연립주택: 1.5~6m 다세대주택: 1~6m
• 그 밖에 건축조례로 정하는 건축물	0.5~6m

이런 이격거리는 토지이용계획에는 표시가 되지 않고 지구단위계획으로 결정되기 때문에 시·구청 건축과에 문의해보는 것이 좋다. 그러나 일조권과 연계하면 이격거리가 복잡할 수 있으니 가급적 건축사 상담을 받아보는 것을 추천한다.

공개공지란 무엇이고
어떻게 활용하는가?

도심의 쾌적한 환경을 위해 건축시 휴식시설 등을 설치하는 것이다.
공개공지는 건축물의 지역, 규모, 주변 환경을 고려해 선택한다.

도심 빌딩숲을 지나가다 보면 신축빌딩의 경우 작은 공원이나 광장을 연상시키는 녹지공간을 쉽게 발견할 수 있다. 이런 공간은 누가 설치하는 것일까? 대부분 공공시설이라고 생각하기 쉽지만 그렇지 않다. 빌딩 건축시 건축주가 설치하는 것이다. 시민들에게는 작은 쉼터가 되지만 건축주는 돈이 아까울 수 있는 이런 공간이 바로 공개공지다.

공개공지는 쾌적한 환경을 조성하기 위해 대지면적에서 대통령령으로 정하는 기준에 따라 휴식시설 등의 공간을 설치하는 것으로, 공개공간이라고도 한다. 이는 임차인들뿐만 아니라 일반 사람들이 사용할 수 있는 공간이다.

다른 건축물과
차별화되는 공개공지

건축주 입장에서는 모두 돈인데 공간을 뺀다는 것이 아깝다는 생각이 들 수도 있다. 하지만 공개공지를 설치하면 용적률 및 높이 기준을 완화해준다는 큰 장점이 있다. 또한 주변 환경과 어울리게 잘 설치하면 다른 건축물과 차별화도 되고 이미지와 가치를 올릴 수 있으며, 연간 60일 이내 기간 동안 건축조례로 정하는 바에 따라 문화 행사나 판촉활동을 할 수 있기 때문에 이왕 해야 한다면 눈에 띄게 잘 하는 것이 좋다.

또한 공개공지 확보대상이 아닌 건축물에도 대지에 적합한 공개공지를 설치하는 경우에는 앞에서 말한 완화 기준을 적용받을 수 있다. 그렇기 때문에 확보대상이 아니더라도 한 번쯤은 효율성 검토를 하는 것이 좋다.

다만 울타리를 설치하거나 물품적치, 훼손 등 이용에 방해가 되는 행위를 하면 안 되고, 적발시 시정 명령 등 행정처분을 받을 수 있으니 주의가 필요하다. 공개공지도 막무가내로 하는 것이 아니라 각 건축물의 지역, 규모, 주변 환경 등을 고려해 적절하면서 효과적인 공개공지를 선택하는 것이 좋다. 공개공지 확보대상 지역 및 건축물, 확보 면적과 건축 기준 완화 내용은 다음 페이지의 두 번째 표를 참고하자.

| 공개공지 종류

종류	적용대상
가로휴게형	보행자가 많거나 개소당 면적이 좁은 곳
정원형	주거·공업지역 등 보행자가 적은 지역
공원형	1개소 면적이 500m² 이상 대규모 건축물, 근린공원이나 녹지 등과 접한 지역
광장형	1개소 면적이 500m² 이상 대규모 건축물, 대규모 상가, 상업지역, 유동인구 많은 지하철역 연결지역
필로티형	대지면적이 작은 상업지역 등 건물 외부공간에 확보가 어려운 경우
선큰형	지하철 연결통로와 접하거나 대지의 지형을 유지한 건축물

| 공개공지 대상 및 조건

구분	내용
확보대상 지역	• 일반주거지역, 준주거지역 • 상업지역 • 준공업지역(전용공업지역에는 설치할 수 없음) • 지자체장이 도시화 가능성이 크다고 인정해 지정·공고하는 지역
확보대상 건축물	• 연면적 합계가 5천m² 이상인 문화 및 집회, 종교, 판매, 운수, 업무, 숙박 시설 • 그 밖의 다중이 이용하는 시설로 건축조례로 정하는 건축물
확보면적	• 대지면적의 10% 이하의 범위에서 건축조례로 정함
건축 기준 완화	• 해당 지역에 적용하는 용적률의 1.2배 이하 • 해당 건축물에 적용하는 높이 기준의 1.2배 이하

베란다와 발코니,
그리고 테라스란 무엇인가?

발코니는 건물 외벽에 설치된 서비스 공간,
베란다는 면적 차이에서 생긴 공간, 테라스는 저층의 서비스 공간이다.

"소장님, 발코니를 불법 확장해서 적발되면 그에 따른 이행강제금이
얼마나 나올까요?"

이런 질문을 받으면 보통은 이렇게 답변을 드린다.

"발코니라면 불법이 아니고, 발코니가 아니라 베란다라면 불법이
맞습니다. 이행강제금은 계산해보아야 알 수 있겠네요."

많은 분들이 베란다와 발코니의 차이를 모르고 혼용해서 사용하는
데 베란다와 발코니는 엄연히 다르고 확장시 불법과 합법의 갈림길에
서게 된다. 요즘은 테라스라는 말도 자주 듣는데 발코니와 베란다, 테
라스는 무엇이 다른 것일까?

같은 듯 다른
베란다와 발코니, 테라스

발코니

발코니는 건물 외벽에 설치된 서비스 공간이다. 1.5m가 넘지 않으면 바닥면적에 포함되지 않아 전용면적에도 포함되지 않으며, 우리가 흔히 아파트에서 볼 수 있는 공간이다.

베란다

베란다는 발코니와 혼용되어 사용하지만 엄연히 다르다. 건물의 아래 층과 위층의 면적 차이에서 생긴 공간으로 아래층 면적이 넓고 위층 면적이 좁을 경우 아래층의 지붕 부분을 활용한 것이 베란다다.

테라스

테라스는 저층에 있는 공간개념으로, 내부에서 외부를 자연스럽게 연결하는 완충지대. 식당이나 커피점 등에서 테이블을 놓거나 놀이터로 많이 활용한다. 최근에는 1층 세대에게 테라스 공간을 제공해줌으로써 선호도가 낮은 저층을 차별화하기도 한다.

2006년 발코니 확장이 합법화되면서 발코니 확장으로 실내 공간을 넓히고 채광효과를 높일 수 있게 되었다. 그에 따른 매매가격과 전세 가격도 차이가 나면서 요즘은 옵션이 아니라 필수라고 할 수 있다. 건설사들도 확장을 전제로 내부평면구조를 구성하기 때문에 아파트 분양시 발코니 확장은 선택하는 것이 좋다. 다만 발코니 확장시 단열, 결

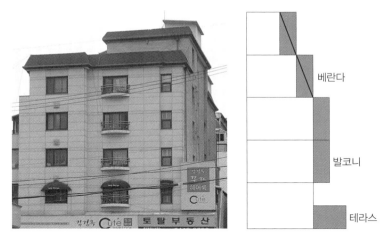

| 발코니·베란다가 함께 있는 건물(왼쪽)과 발코니·베란다·테라스의 구분(오른쪽)

로현상 등이 발생할 수 있고, 수납공간이 부족할 수는 있다. 또한 화재 안전 기준이 강화되어 발코니 스프링클러 설치, 불연성 바닥재, 대피 공간 확보를 해야만 한다.

베란다는 주로 빌라, 다세대들이 일조권 확보를 위해 이 형태로 짓는 경우가 많다. 건물 간 거리가 좁고 최대 용적률에 맞춰서 높게 올리려다 보니 사선형태로 나오게 되는 것이다. 베란다에 난간을 설치해서 외부공간처럼 사용하기도 한다. 하지만 외부공간보다 실내공간으로 만들면 실면적을 넓게 함으로써 높은 금액으로 분양할 수 있기 때문에 불법인 걸 알면서도 베란다 확장을 하는 경우가 종종 있다.

위반건축물이란
무엇을 말하는가?

위반건축물은 베란다 증축, 불법 용도변경, 주차장법 위반 등
정해진 규정을 지키지 않고 불법으로 건축한 건축물이다.

위반건축물 때문에 계약이 무산되거나 계약 후 분쟁이 생기는 경우가
많다. 위반건축물이면 무조건 피해야 하는 것일까? 도대체 위반건축
물이 무엇인데 이렇게 논란이 많은 것일까?

위반건축물의
종류를 알아보자

위반건축물은 주로 베란다 증축을 위한 패널(판넬) 및 새
시(샷시) 설치로 일조권 및 도로사선을 저촉하는 경우, 허가된 세대보

집합건축물대장(전유부, 갑) 위반건축물

고유번호	1138010800-█-██-███		명칭		장번호	1 - 1
호명칭						402호
대지위치	서울특별시 은평구 대조동	지번	███	도로명주소	서울특별시 은평구 통일로69길 ██ ██

전유부분

구분	층별	※구조	용도	면적(㎡)
주	4층	철근콘크리트조	다세대주택	43.28
		- 이하여백 -		

공용부분

구분	층별	구조	용도	면적(㎡)
주	지1층	철근콘크리트조	주차장	12.85
주	각층	철근콘크리트조	계단실	4.52
		- 이하여백 -		

소유자현황

성명(명칭) 주민(법인)등록번호 (부동산등기용등록번호)	주소	소유권 지분	변동일자 변동원인
███████ ███-█████	서울특별시 영등포구 ████	1/1	2016.05.30 소유권이전
	- 이하여백 -		

■ 이 건축물대장은 현소유자만 표시한 것입니다.

공동주택(아파트)가격 (단위 원)	
기준일	공동주택(아파트)가격

「부동산 가격공시 및 감정평가에 관한 법률」 제 17조에 따른 공동주택가격만 표시됩니다.

이 등(초)본은 건축물대장의 원본내용과 틀림없음을 증명합니다.

발급일자 : 2016년 08월 06일
담당자 : ███
전 화 : ██-████-████

서울특별시 서초구청장 [직인]

0133S
서울특별시 서초구
500원
2016.8.5
882D02

※ 경계벽이 없는 구분점포의 경우에는 전유부분 구조란에 경계벽이 없음을 기재합니다.
※ 이 장은 전체 2페이지 중에 1페이지 입니다.

297㎜×210㎜[백상지(80g/㎡)]

| 고유번호 | 1138010800-█-██-███ | 장번호 | 2 - 1 |

변동사항

변동일자	변동내용 및 원인
2002.08.05	2002.7.30 사용승인되어 신규작성(신축)
2010.03.02	건축~356S(2010.2.19)호에의거 위반건축물 등재(판넬/샷시 설치 불법증 및 도로사선 저촉)
	- 이하여백 -

건축물현황도

그 밖의 기재사항

2006년도 건축물대장 정비사업에 의거 소유자 현황 정비

축척	도면작성자		(서명 또는 인)

※ 건축물현황도는 단위세대평면도(단위세대까지 상 하수도 및 도시가스 배관의 인입현황을 포함한 도면을 말한다)만 작성하며, 평면도가 여러 장일 경우에는 별도의 장으로 작성할 수 있습니다.
※ 이 장은 전체 2페이지 중에 2페이지 입니다.

297㎜×210㎜[일반용지 60/㎡(재활용품)]

| 베란다 증축 패널(판넬) 및 새시(샷시) 설치 위반건축물 건축물대장

| 베란다 증축(왼쪽)과 불법용도변경(오른쪽) 위반건축물

다 더 많은 세대가 거주하는 경우, 근린생활시설을 주거로 임의 변경하는 등 용도를 임의로 변경하는 경우, 주차장법을 위반한 경우가 많다.

베란다 증축

베란다는 처음부터 주민 사용을 전제로 만들어진 공간이 아니기 때문에 집처럼 실내공간으로 사용하기 위해 증축하려 해서는 안 된다. 건축허가도 받지 않고 패널(판넬) 및 새시(샷시)를 설치하면 불법이다.

불법용도변경

불법용도변경은 제2종 근린생활시설 용도로 준공 후 주택으로 용도변경을 한 경우와 주택으로 허가는 되었지만 가구 수를 위반한 경우가 해당된다.

가구 수 위반의 경우 특히 다가구주택은 허가된 가구 수가 건축물대장에 잘 나오지 않기 때문에 주의해야 한다. 이런 문제는 현장 중개사무소에서 매도인에게 가구 수 위반을 확인해보거나 매도인 동의를

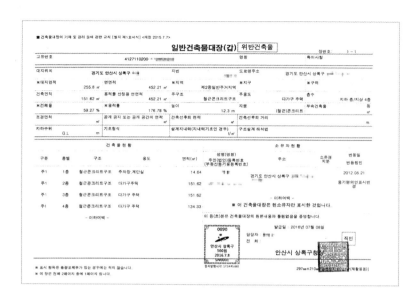

| 불법용도변경 주택 위반 위반건축물 건축물대장

일반건축물대장(갑) 위반건축물

| | | | 장번호 | 1 - 1 |

| 고유번호 | | | 명칭 | 특이사항 |

대지위치	경기도 안산시 상록구 ■■■	지번		도로명주소	경기도 안산시 상록구 삼태기 ■ ■
※대지면적 255.8 ㎡	연면적 452.21 ㎡	※지역 제2종일반주거지역		※지구	※구역
건축면적 151.62 ㎡	용적률 산정용 연면적 452.21 ㎡	주구조 철근콘크리트구조		※주용도 다가구 주택	층수 지하 층/지상 4층
※건폐율 59.27 %	용적률 176.78 %	높이 12.3 m		지붕 (철근)콘크리트	부속건축물 ㎡
조경면적 ㎡	공개 공지 또는 공개 공간의 면적 ㎡	건축선후퇴 면적 ㎡		건축선후퇴 거리	m
지하수위 G.L m	기초형식	설계지내력(지내력기초인 경우) t/㎡		구조설계 해석법	

건축물 현황

구분	층별	구조	용도	면적(㎡)
주1	1층	철근콘크리트구조	주차장,계단실	14.64
주1	2층	철근콘크리트구조	다가구주택	151.62
주1	3층	철근콘크리트구조	다가구 주택	151.62
주1	4층	철근콘크리트구조	다가구 주택	134.33
		- 이하여백 -		

소유자현황

성명(명칭) 주민(법인)등록번호 (부동산등기용등록번호)	주소	소유권 지분	변동일 변동원인
■■■	경기도 안산시 상록구 삼태기 ■■		2012.05.21 등기명의인표시변경
	- 이하여백 -		

※ 이 건축물대장은 현소유자만 표시한 것입니다.

이 등(초)본은 건축물대장의 원본내용과 틀림없음을 증명합니다.

발급일 : 2016년 07월 08일

담당자 :
전 화 :

안산시 상록구청장 직인

0090
안산시 상록구
500원
2016.7.8
SN0001

297㎜×210㎜ [재활용품]

※ 표시 항목은 총괄표제부가 있는 경우에는 적지 않습니다.
※ 이 장은 전체 2매이지 중에 1페이지 입니다.

| | | 장번호 | 2 - 1 |

고유번호 4127110200 ■■■■■■

구분	성명 또는 명칭	면허(등록)번호	※주차장		승강기	허가일 2007.10.15
건축주	■■■				용품 대 비상용 대	착공일 2007.10.17
설계자	■■■ ■■건축사사무소 경기도·건축사사무소 ■■		구분 옥내 목외 인근 면제		※오수정화시설	사용승인일 2008.06.19
공사감리자	■■■ ■■건축사사무소 경기도·건축사사무소 ■■	자주식	2대 4대 대 23 ㎡ 46 ㎡ ㎡		형식 하수종말처리장연결	관련 주소
공사시공자 (현장관리인)		기계식	대 대 대 ㎡ ㎡ ㎡		용량 인용	지번

건축물 에너지소비정보 및 그 밖의 인증정보

건축물 에너지효율등급 인증	에너지성능지표(EPI)점수	녹색건축 인증	지능형건축물 인증	
등급	점수	등급	등급	도로명
에너지절감률 0 %	인증점수	인증점수	인증점수	
유효기간: ~	점	유효기간: ~ 점	점	

변동사항

변동일	변동내용 및 원인	변동일	변동내용 및 원인	그 밖의 기재사항
2008.06.23	도시주택과-5433(2008.06.19)호에 의거 신규작성(신축)			조경면적 .13 ㎡, 위반건축물 1층/주거/철근콘크리트조/70㎡ 2층/대수선1/15 1.62㎡, 3층/대수선1/151.62㎡ 4층/대수선1/134.33㎡, 4층/주거/철근콘크리트조/10㎡
2009.10.05	도시주택과-22275(2009.10.05)호에 의거 불법증축(1층 70㎡, 4층 10㎡, 3층 151.62㎡, 4층 134.33㎡)으로부 위반건축물 등재			
2011.04.14	건축물대장 기초자료 정비에 의거 (충별개요(충번호별:'4' -> '4층))) 직권변경			
	- 이하여백 -			

※ 표시 항목은 총괄표제부가 있는 경우에는 기재하지 아니합니다.
※ 이 장은 전체 2매이지 중에 2매이지 입니다.

297㎜×210㎜ [일반용지 60 g/㎡ [재활용품]]

| 불법용도변경 가구 수 위반 위반건축물 건축물대장

| 주차장법 위반건축물(왼쪽)과 주차장법 위반건축물 편법사용(오른쪽)의 현장

얻어 구청에 건축허가도면을 확인해야 한다.

건축물대장에서 다가구주택은 불법대수선으로 표시되며 다세대주택은 가구 수 위반으로 표시된다.

주차장법 위반

주차장을 준공 후 주택으로 불법용도 변경을 하거나 주차장을 용도 외 용도로 사용하는 경우가 해당되며 주차장법 관련내용은 다음 장에 조금 더 상세히 설명하도록 한다.

위반건축물은
어떻게 해야 할까?

그런데 위반건축물이라고 해서 무조건 계약을 하면 안 되는 것은 아니다. 위반건축물 외에는 다른 문제는 없고 입지, 수익률,

매매금액 등 매입가치가 있는 물건이라면 잔금 이전에 합법화하는 조건의 특약사항을 걸 수도 있다. 또한 위반내용과 위반면적, 예상 이행강제금을 확인해 계약시 관련 비용을 지원받는다면 전화위복이 될 수도 있다.

현장에서 도시가스 배관 개수와 전기계량기 개수를 확인한 후 건축물대장을 발급해서 비교한다. 위반건축물이 아니라면 건축물대장에서의 허가 세대 수와 현장에서 확인한 세대 수가 일치하는지 확인한다.

건축물대장에 위반건축물로 적혀 있지 않더라도 허가내용과 입주해 있는 세대 수가 일치하지 않는다면 불법건축물로 간주될 수 있다. 위반건축물이 된 후 양성화하는 과정은 복잡하고 비용도 들어가기 때문에 적발되기 전 시청·구청과 협의해 합법적으로 건축허가를 받은 후 사용하는 것이 좋다.

위반건축물은 사용승인을 받은 건축물을 건축법에서 규정한 절차를 이행하지 않고 무단으로 용도변경을 하거나 증축·개축·대수선 등의 건축행위를 한 건축물이다. 보통 항공촬영이나 민원제기 등으로 인해 위반내용이 적발되는 경우가 많고, 적발되면 시정명령과 벌금이 부과된다. 만약 시정명령을 이행하지 않으면 위반건축물로 등재되고 이행강제금이 부과된다.

합법화(양성화)

건축물대장에 기재되어 있는 용도와 다른 용도로 사용해 시정명령을 받게 되면 건축물의 용도변경을 통해서 위반건축물 등재를 막을 수 있다. 건축물의 용도변경은 특별자치도지사, 시장, 군수, 구청장

의 허가 또는 신고대상행위와 임의적인 자유변경행위로 구분해 용
도변경을 하면 되는데, 상세한 내용은 관할 관공서에 확인을 하는 것
이 좋다.

건축물의 용도변경 절차는 다음과 같다. 다만 용도변경 부분 면적
이 100m² 이하인 경우 ⑤~⑦의 사용승인 절차는 제외된다.

① 건축물대장을 열람해 현재 건물의 용도 및 변경하려는 용도 확인
② 용도변경 가능 여부 검토 및 용도변경 도서 작성
③ 용도변경 허가 신청 및 신고
④ 공사 착수
⑤ 사용승인 도서 작성 및 사용승인 신청
⑥ 해당 행정청의 사용승인 검토 및 현장 확인
⑦ 사용승인서 발급 및 건축물대장 변경

이행강제금

시정명령을 이행하지 않으면 위반건축물에 등재되고 이행강제금이
부과된다. 납부하지 않으면 강제철거(행정대집행)나 공매처분이 내려
질 수도 있다. 이행강제금은 2회의 시정명령 후 연 2회까지 부과될 수
있다. 다세대주택은 세대전용면적과 위반면적의 합이 85m² 이하일
경우 최대 5회까지만 부과되고, 5회를 납부완료했으면 더이상 이행강
제금은 나오지 않는다. 하지만 건축물대장 상 등재된 불법건축물이 삭
제되지는 않는다.

그러나 세대전용면적과 위반면적의 합이 85m²를 초과하는 다세대
주택이나 상가주택, 다가구주택은 횟수 제한 없이 매년 이행강제금이

| 이행강제금 산정 기준(건축법 제115조 2 제2항 관련)

건축법 위반건축물	이행강제금 적용률
허가를 받지 않거나 신고를 하지 않고 용도변경	10%
건축선 부적합	10%
내화구조, 방화벽 등 부적합	10%
방화지구 등 부적합	10%
높이 제한 위반	10%
일조 등 높이 제한 위반	10%
건축설비 기준 및 설계·공사감리 법령 기준 위반	10%
내부 마감재료 부적합	5%
사용승인 없이 사용	2%
유지, 관리상태가 기준에 부적합	3%
구조내력 기준 부적합	3%
피난시설, 용도, 방화구획, 계단, 거실, 바닥 등 부적합	3%
그 밖의 명령이나 처분 위반	3%

부과된다. 매매를 하는 경우 이행강제금 이전 여부도 분쟁이 되는데, 납부하고 남은 이행강제금은 매수인에게 승계되지만 미납된 이행강제금은 이전되지 않는다. 예를 들어 매도인이 이행강제금을 3번 납부하고 매도한 경우에는 매수인이 남은 2회에 대한 이행강제금을 납부해야 하지만, 매도인이 5회를 미납한 경우에는 미납된 부분에 대한 책임이 매도인에게 있기 때문에 매수인에게 이전되지는 않는다.

이행강제금 부과 전에 원상복구를 했음에도 불구하고 이행강제금을 부과받았다면 무효가 된다. 또한 시정명령 없이 부과가 되면 이의제기를 할 수도 있다. 이행강제금 계산은 다음과 같다.

$$\text{이행강제금} = \text{위반면적} \times \text{시가표준액} \times \text{적용률}$$

이행강제금은 위반면적에 시가표준액과 적용률을 곱해서 계산하는데 무허가, 무신고, 건폐율 및 용적률 초과시 50%가 적용된다. 그 외의 위반건축물은 시가표준액의 10% 범위 이내에서 대통령령이 정한 금액으로 부과된다. 전용면적 $85m^2$ 이하 주거용 건물은 해당 지자체 조례에 따라 위의 산출금액의 50% 감면이 가능하다.

주차장법 역시
꼭 파악하고 있어야 한다

주차장법은 위반건축물의 단골메뉴일 뿐만 아니라
주차공간 확보에 따라 건축계획이 달라질 수도 있어 매우 중요하다.

주차장법은 시설물 구분에 따른 주차공간 확보에 관한 기준이다. 주차장법을 위반해 위반건축물로 이행강제금이 부과되는 경우도 많다. 앞에서 잠깐 이야기했지만 주차장법은 위반건축물뿐만 아니라 신축이나 용도변경시 주차장을 만들 수 있는 공간 확보가 중요하기 때문에 반드시 알아야 할 내용이다.

이 주차장법 때문에 건폐율보다 낮은 공간에 신축하는 일이 발생할 수도 있고 사업성이 안 나올 수도 있다. 그러니 신축을 하는 경우에는 가급적 관할 시청과 구청에 주차 대수 산정 기준을 확인한 후 건축계획을 세우는 것이 좋다.

꼬마 빌딩에 투자한다면
눈여겨보아야 할 부설주차장

주차장은 노상주차장, 노외주차장, 부설주차장, 기계식주차장, 주차전용건물 등 여러 종류가 있다. 이 중에서 우리가 중요하게 알아야 할 것은 부설주차장이다. 부설주차장은 주차수요를 유발하는 시설에 부대해 설치된 주차장으로, 건축물이 있는 동일 대지 내에 설치하거나 대지경계선으로부터 직선거리 300m, 보행거리 600m 이내 지목이 '차'인 토지에 소유권 확보 후 설치한 것(옥외주차장)을 말한다.

주차장의 설치대상 시설물에 대한 설치 기준은 매우 중요하다. 상업지역 각 층 바닥면적이 190m²이고 용도가 제2종 근린생활시설(근생)인 경우를 예로 들어보자. 2층에 탁구장이 영업중이라고 했을 때 이곳에 당구장을 입점시켜도 같은 제2종 근생이니 주차장 문제가 발생하지 않는다. 하지만 단란주점을 입점시키려면 위락시설로 용도변경을 해야 하는데 허가를 받으려면 위락시설은 100m²당 1대(제2종 근생은 200m²당 1대)로 주차 대수가 늘어나기 때문에 그만큼 주차장 면적을 확보해야 한다.

즉 용도변경 시점의 주차장 설치 기준에 따라 변경 후 용도의 주차 대수와 변경 전 용도의 주차 대수를 산정해 그 차이에 해당하는 부설주차장을 추가로 확보해야 한다. 다만 사용승인 후 5년이 지난 연면적 1천m² 미만 건축물의 용도를 변경하는 경우와 해당 건축물 안에서 용도 상호 간의 변경을 하는 경우는 부설주차장을 추가로 확보하지 않아도 건축물의 용도를 변경할 수 있다.

주차장 1대당 면적은 일반적으로 11.5m²를 기준으로 하며 시설물

| 부설주차장 설치대상 시설물 설치 기준

시설물	설치 기준(시설면적 기준)	
	주차장법	서울시 조례
위락시설	1/100m²	1/67m²
문화, 집회, 종교, 판매, 의료, 업무시설	1/150m²	1/100m² 1/200m²(공공업무시설)
제1, 2종 근린생활시설, 숙박시설	1/200m²	1/134m²
단독주택 (다가구주택 제외)	50~150m² 1대 150m² 초과 1+(시설면적−150m²)/100m²	50~150m² 1대 150m² 초과 1+(시설면적−150m²)/100m²
다가구주택, 공동주택(기숙사 제외), 오피스텔	주택건설기준에 관한 규정 제27조 주차 대수 1/세대 미달시 1/세대 • 전용면적 60m² 이하 0.7대 • 전용면적 85m² 이하 　− 특별시 1/75m² 　− 광역시·수도권 시 1/85m² 　− 시·수도권 군 1/95m² 　− 그 밖 지역 1/110m² • 전용면적 85m² 초과 　− 특별시 1/65m² 　− 광역시·수도권 시 1/70m² 　− 시·수도권 군 1/75m² 　− 그 밖 지역 1/85m²	주택건설기준에 관한 규정 제27조 주차 대수 1/세대 미달시 1/세대 • 전용면적 30m² 이하 0.5대 • 전용면적 60m² 이하 0.8대
골프장, 골프연습장, 옥외수영장, 관람장	10/골프장 1홀 1/골프연습장 1타석 1/옥외수영장 정원 15명 1/관람장 정원 100명	10/골프장 1홀 1/골프연습장 1타석 1/옥외수영장 정원 15명 1/관람장 정원 100명
수련시설, 발전시설	1/350m²	1/233m²
창고시설	1/400m²	1/267m²
그 밖의 건축물	1/300m²	1/200m²(기숙사 400m²당 1대)

| 도시형 생활주택 원룸형 주차장 기준

구분	개정 전	개정 후
도시형 원룸형	1대/전용면적 60m² 준주거·상업면적 지역 1대/120m²	0.6대/세대 전용면적 30m² 미만 0.5대/세대

* 소수점 이하는 무조건 주차 대수 1대로 간주

에 대한 주차장법 면적 기준은 앞 페이지의 '부설주차장 설치대상 시설물 설치 기준'을 참고하자. 그리고 반드시 시청 및 구청 관할 부서에 확인하는 것이 좋다.

주차장면적 기준은 강화되고 있는 추세여서 건축시 사업성에도 영향을 주고 있다. 도시형 생활주택 원룸형 주택의 경우 2013년 개정으로 전용면적 60m²당 1대이던 주차장법 규정이 개정 후 세대당 0.6대(전용면적 30m² 미만은 세대당 0.5대)로 강화되었다. 예를 들어 전용면적 20m²의 원룸이 20세대인 도시형 생활주택의 경우 개정 전 주차 대수가 7대(20세대×20m²/60m²=6.7)였지만 개정 후 주차 대수가 10대(20세대×0.5 =10)로 늘어났다.

주차 대수가 늘어난다는 것은 그만큼 주차공간을 더 확보해야 한다는 의미다. 한정된 토지에 최대한 많은 원룸을 지을수록 수익이 늘어나는 건축주 입장에서는 주차 대수가 늘어나는 것은 사업성이 악화되는 것이기 때문에 주차장면적 기준을 반드시 감안해 토지매입 사업성 검토를 할 필요가 있다.

주차장 이외의 용도로 사용하는 경우와 본래의 기능을 유지하지 않는 경우 주차장법 제32조에 따라 이행강제금이 부과되며 소유자 변경시에는 50% 감면을 받을 수 있다.

| 주차장 외 용도로 사용하거나(왼쪽) 본래의 기능을 유지하지 않은(오른쪽) 주차장

$$이행강제금 = 위반면적(m^2) \times 공시지가(원/m^2) \times 주차면수(개) \times 적용률$$

　주차장 외의 용도로 사용하는 경우에는 이행강제금 적용률 20%가 적용되며, 본래의 기능을 유지하지 않는 경우에는 이행강제금 적용률 10%가 적용된다.

꼬마 빌딩에서 발생하는
여러 세금들

꼬마 빌딩은 취득·보유·양도시 발생하는 취득세, 부가가치세, 재산세,
종합부동산세, 종합소득세, 양도세 등 많은 세금이 발생한다.

매매가 20억 원의 상가빌딩을 처음으로 구입하려 하는 A씨, 보유하고
있던 아파트를 매도하고 여유자금과 대출을 받아서 겨우 20억 원을
맞추었지만 계약을 하려다 망설이고 있다. A씨는 상가빌딩 거래가 아
파트 거래와 비슷할 거라고 생각하며 계약하려고 했었지만, 상가빌딩
은 아파트와 달리 농어촌특별세, 지방교육세까지 합쳐져서 4.6%인
9,200만 원의 취득세가 나온다는 말을 들었던 것이다. 더군다나 10%
의 부가가치세도 추가로 내야 하고 양도인에게 세금계산서를 받고 사
업자등록을 해야 환급을 받을 수 있다고 하니 머리가 복잡해졌다. 일
반적으로 주택의 세금은 취득세율도 낮고 부가가치세도 없어서 간단
하지만 주택이 아닌 상가의 세금은 주택보다 복잡하고 중요하다.

절세도 중요한 재테크인지라 세금을 줄일 수 있으면 당연히 줄여야 한다. 절세한 만큼 자신에게 이득이 되니까 말이다. 하지만 세금처리를 잘못해 가산세가 부과되거나 생각하지도 않았던 세금이 나오면 오히려 큰 손실이 발생할 수도 있다. 이렇게 중요한 세금에 대해 반드시 알고 넘어가야 한다.

세무사에게 맡기기 전 스스로 먼저 알아두자

등기는 시간이 된다면 법무사를 통하지 않고 스스로 직접 해보는 것이 좋다. 하지만 세금은 다르다. 세금은 실수 없이 정확해야 하기에 세무신고는 가급적 세무사에게 의뢰하도록 하자. 특히 꼬마 빌딩을 사고 보유하고 팔고 하는 동안에는 물어볼 것도 많고 세금신고도 자주 해야 한다. 그렇기 때문에 가급적 지정 세무사를 두는 것도 고려할 만하다.

이런 말을 하면 "세무사가 다 알아서 해주는데 복잡하고 골치 아픈 세금을 제가 꼭 알아야 하나요?"라고 반문할 수 있는데, 그래도 기본적인 내용을 이해하고 알고는 있어야 한다. 스스로 기본적인 내용을 알고 일처리를 맡기는 것과 아무것도 몰라서 모든 것을 전적으로 맡기는 것은 분명 차이가 있기 때문이다.

꼬마 빌딩 관련 세금은 다음 페이지에 나오는 표에서 보듯이 구입할 때부터 취득세, 부가가치세가 발생한다. 보유하고 있을 때도 재산세, 종합부동산세, 종합소득세, 부가가치세가 나오고, 팔 때도 양도세,

| 꼬마빌딩과 관련된 세금 정리

구분	세금 종류	내용
취득	취득세	• 취득시 취득가액에 대해 발생 • 농어촌특별세, 지방교육세 포함 • 주택 1.1~1.3%, 주택 외 4.6%, 고급오락장 13.4% 중과세 • 취득일로부터 60일 이내 신고
	부가가치세	• 양도인에게 세금계산서 수취시 건물공급가액 10% 발생 • 포괄양수도 계약에 의해 생략 가능 • 경매로 취득시 부가가치세는 발생하지 않음
	부가가치세 환급	• 취득시 발생한 부가가치세 환급 가능 • 과세기간 말일 20일 이내 일반사업자등록 • 세금계산서 수취(양도인이 일반과세자)
보유	재산세	• 보유중인 건물과 토지에 발생 • 주택 0.1~0.4%, 건물 0.25%(고급오락장 등 4%, 공장 등 0.5%), 토지 0.2~0.4%(고급오락장 등 4%) • 매년 6월 1일 기준, 9월과 11월 부과
	종합 부동산세	• 보유중인 주택과 토지에 발생 • 주택 공시가격 6억 원(1주택 9억 원) • 주택 외 건물 과세 안 됨 • 별도합산토지 공시가격 80억 원 초과 • 종합합산토지 공시가격 5억 원 초과 • 분리과세토지 과세 안 됨 • 농어촌특별세 20% 포함 • 매년 6월 1일 기준, 12월 1일~12월 15일 부과
	임대료 부가가치세	• 임대료와 임대보증금에 발생 • 일반과세자 10%(임차인 징수, 세금계산서 발급) • 간이과세자 3%(임대업) • 과세기간(1월 1일~6월 30일, 7월 1일~12월 31일) 종료 후 25일 내 신고
	종합소득세	• 임대소득을 다른 종합소득과 합산 부과 • 세율 소득구간별 6~38% 누진세율 • 다음 해 5월 신고(성실신고확인사업자는 6월까지)

구분	세금 종류	내용
양도	양도소득세	• 양도차익에 대해 발생 • 세율 소득구간별 6~38% 누진세율 • 양도일 속하는 달 말일부터 2개월 내 신고 • 확정신고 다음 해 5월
	부가가치세	• 당초 환급유무 상관없이 건물공급가액 부과 • 10년 내 폐업 후 양도시 당초 환급받았으면 추징 • 일반과세자 10%(세금계산서 발급시 양수인 징수) • 간이과세자 3% • 면세사업자, 비사업자 면세 • 포괄양수도 계약에 의해 생략 가능 • 폐업일 속한 달의 말일부터 25일 이내 신고

부가가치세가 발생한다.

　한마디로 꼬마 빌딩과 세금은 떼려야 뗄 수 없는 관계다. 이 세금 중에서도 부가가치세는 특히 더 중요하기 때문에 다음 장에서 더 자세하게 알아볼 것이다. 물론 다른 세금들에 대한 내용 역시 파트 3~5의 실전내용에서 설명하도록 하겠다.

부가가치세란 무엇이고
어떻게 활용하는가?

부가가치세는 부가하는 가치에 대해 부과되는 세금으로
취득과 양도시 건물공급가액에 대해 부과되며, 토지와 주택에는 부과되지 않는다.

예전 외국계 패밀리레스토랑에서 음식 가격에 부가가치세를 별도로 받으면서 논란이 된 적이 있었다. 원래 부가가치세가 포함되어 있지 않으면 별도로 부가가치세를 내야 하는 것이 맞다. 그런데 별도로 부가가치세를 내는 것에 익숙하지 않은 우리나라에서 음식 값에 부가가치세를 별도로 받으면서 논란이 된 것이다.

우리가 못 느끼고 살아와서 그렇지 재화를 공급할 때는 부가가치세가 포함되어 있고, 계산서를 받아보면 10% 상당의 부가가치세가 표기되어 있는 것을 볼 수 있다. 부동산이라고 예외는 아니다. 부동산의 취득부터 보유, 양도할 때까지 부가가치세가 따라다닐 만큼, 몰라서는 안 될 중요한 세금이다.

꼬마 빌딩을 따라다니는
부가가치세

부가가치세(Value Added Tax, VAT)는 재화의 생산·유통 과정에서 상품에 부가하는 가치에 대해 정부가 부과하는 세금이다. 부동산에서는 취득 및 양도시 건물공급가액에 대해 부가가치세가 부과되며, 보유시 임대소득에 대해 부가가치세가 부과된다.

취득 및 양도의 경우 주택은 부가가치세가 면제되지만 주택 외 부동산을 거래할 때는 부가가치세가 부과된다. 주택도 공급자가 사업자에 해당되어야 하고 공급한 주택의 전용면적이 85m²가 초과되면, 즉 전용면적 85m² 초과 주택 분양시에는 부가가치세가 발생된다. 주택 외 상가, 오피스텔 등은 건물에 대해 부가가치세가 부과되지만 토지는 부가가치세가 면세된다.

상가와 주택이 혼합된 상가주택의 경우에는 취득, 양도시에 사업용 건물면적에 대해서는 부가가치세가 부과된다. 임대시에는 임차인별로 주택부분의 면적이 사업용 건물면적과 같거나 보다 작으면 건물부분에 대해 부가가치세가 부과되고 주택부분의 면적이 사업용 건물면적보다 크면 전부를 주택으로 간주해 부가가치세가 면제된다. 부동산 유형별 취득, 보유, 양도시기별 부가가치세 유무는 다음 페이지에 정리한 표를 참고하자.

가끔 부가가치세를 적게 내기 위해 매매금액을 낮춰서 신고하는 경우가 있다. 그렇기 때문에 토지와 건물의 공급가액 구분은 원칙적으로 계약서에 건물과 토지를 구분해 기재하는 것을 인정하지만, 구분기준이 합리적이지 않으면 인정하지 않는다. 계약서상에 구분되지 않

구분		취득	보유(임대)	양도	비고
주택	토지	×	×	×	
	건물	O			전용면적 85m² 초과 분양시 발생
상가	토지	×	O	×	
	건물	O		O	
오피스텔	토지	×	O	×	
	건물	O		O	
상가주택	상가	O	O	O	취득·양도시 사업용 건물면적 부과 임대시 임차인별 주택면적 ≦ 상가면적: 상가에 대해 부과 주택면적 > 상가면적: 전체 면세
	주택	×	×	×	
토지		×	O	×	전·답 등 임대시 면세 주거용주택의 부수토지 면세

으면 '감정평가비율 → 기준시가비율' 등으로 안분 계산한다.

취득과 양도, 즉 매매시 부가가치세에 대해 조금 더 알아보자. 양도인(파는 사람)이 일반과세자라면 공급가액 10%의 부가가치세가 발생하는데, 양수인(사는 사람)에게 세금계산서를 발급하고 부가가치세를 징수받아서 납부하면 된다. 양수인은 공급가액의 10%에 해당하는 부가가치세를 양도인에게 지불해야 하지만 세금계산서를 받고 과세기간 말일로부터 20일 이내 일반과세자로 사업자등록을 하면 지불한 부가가치세를 환급받을 수 있으니 너무 걱정할 필요는 없다.

양수인이 일반과세자가 아닌 간이과세자라면 양도인에게 낸 부가가치세를 환급받을 수 없다. 그대신 취득가액에 합산되어 향후 양도 시 양도차익을 줄일 수 있으니 억울해할 필요는 없다.

양도인이 간이과세자라면 공급가액의 3%(부동산임대업의 경우)에 해당하는 부가가치세가 발생한다. 그런데 간이과세자는 세금계산서를 발급할 수 없어 양수인에게 부가가치세를 징수받을 수 없기 때문에 양수인은 부가가치세 10%를 내지 않아도 된다.

양도인이 미등록사업자인데 미등록기간에 부가가치세가 과세되는 거래를 한 경우라면 사업자등록 여부에 관계없이 실질적인 부가가치세법상 사업자에 해당되어 과세될 수 있다. 비영리법인이 임대 등 영리활동을 위해 상가를 구입한 경우 사업자등록을 별도로 하면 부가가치세 환급이 가능하지만 목적사업(종교 등)에 사용하기 위해 구입한 상가는 부가가치세 환급이 불가하다.

양도인이 당초 취득시 환급을 받고 10년이 경과되지 않은 상황에서 매매를 할 경우 혹시라도 양수인이 면세사업자라면 주의해야 한다. 앞으로 더이상 부가가치세가 발생하지 않아 당초 환급받은 부가가치세 중 10년 내 미경과한 기간에 대한 부가가치세를 추징당할 수 있기 때문이다. 이렇듯 매매시 발생하는 부가가치세를 생략하고 싶다면 포괄양수도 계약을 하면 부가가치세를 생략할 수 있다.

매매시 발생하는 부가가치세에 대한 절차를 과세자 종류에 따라 정리를 해보자. 일반과세자는 연 4,800만 원 이상 대상으로 공급가액의 10% 부가가치세를 개인은 반기당 1회, 법인은 분기당 1회 납부해야 한다. 세금계산서 발급의무가 있고 당연히 양수인으로부터 부가가치세를 징수할 수 있다.

| 매매 혹은 임대시 사업자별 부가가치세 환급 및 세금계산서 발급

구분	일반과세자	간이과세자	비고
부가가치세 기준	연 4,800만 원 이상	연 4,800만 원 미만	연 2,400만 원 미만 납부 면제
부가가치세 계산	공급가액×10%	공급대가×3%	부동산임대업 부가가치율 30% 공급가액(부가가치세 제외) 공급대가(부가가치세 포함)
세금계산서 발급의무	있음	없음	매매 양도인 → 양수인 임대 임대인 → 임차인
부가가치세 신고·납부	법인 1회/분기 개인 1회/반기	연간 1회	매매 양도인 → 세무서 임대 임대인 → 세무서
부가가치세 징수	가능	불가능	매매 양도인 ← 양수인 임대 임대인 ← 임차인
부가가치세 환급	가능	불가능	매매 양수인 ← 세무서 임대 임차인 ← 세무서

＊ 간이과세자 3%＝업종별부가가치율(부동산임대업 30%)×10%

　　반면 간이과세자는 연 4,800만 원 미만 대상(연 2,400만 원 미만 납부 면제)으로 공급대가의 3%(임대업) 부가가치세를 연 1회 납부해야 한다. 세금계산서 발급의무가 없기 때문에 양수인으로부터 부가가치세를 징수할 수 없다. 예를 들어 매매가 2억 4천만 원, 계약서에 토지와 건물 구분이 안 되어 있는 경우 부가가치세를 계산해보자. 토지와 건물 구분이 되어 있지 않기 때문에 토지기준시가와 건물기준시가를 안분 계산을 하게 된다. 토지기준시가가 1억 원, 건물기준시가가 5천만 원이면 토지는 1억 원/(1억 원 + 5천만 원), 건물은 5천만 원/(1억 원 + 5천만 원)을 매매금액에 곱하면 토지공급가액은 1억 6천만 원, 건

| 부가가치세 계산

구분	가격	계산
매매가	2억 4천만 원	
토지기준시가	1억 원	
건물기준시가	5천만 원	
토지공급가액	1억 6천만 원	2억 4천만 원×(1억 원/1억 5천만 원)
건물공급가액	8천만 원	2억 4천만 원×(5천만 원/1억 5천만 원)
건물 부가가치세	800만 원	건물공급가액 8천만 원×10%

| 부가가치세 신고납부기간

사업자	과세자	과세대상기간	신고 납부기간
개인	일반과세자	1월 1일~6월 30일 7월 1일~12월 31일	7월 1일~7월 25일 다음 해 1월 1일~1월 25일
	간이과세자	1월 1일~12월 31일	다음 해 1월 1일~1월 25일
법인		1월 1일~3월 1일 4월 1일~6월 30일 7월 1일~9월 30일 10월 1일~12월 31일	4월 1일~4월 25일 7월 1일~7월 25일 10월 1일~10월 25일 다음 해 1월 1일~1월 25일

물공급가액은 8천만 원이 되며 토지는 부가가치세가 면제된다. 건물만 해당되기 때문에 건물공급가액 8천만 원의 10%인 800만 원이 건물에 대한 부가가치세가 된다.

부가가치세 신고 납부기간은 법인은 분기당 1회, 개인은 일반과세자 반기당 1회, 간이과세자 연 1회 신고 납부를 하는데 과세대상기간 및 신고납부기간은 위의 표와 같다.

포괄양수도 계약,
어떻게 활용할 것인가?

포괄양수도 계약은 사업상의 권리와 의무를 포괄적으로 승계시키는 계약이다.
매매시 포괄양수도 계약을 하면 부가가치세를 생략할 수 있다.

매매시 부가가치세를 생략하기 위해 포괄양수도 계약을 많이 한다고
하는데 도대체 포괄양수도 계약이라는 것이 무엇일까?

포괄양수도 계약은 사업장별 사업용 자산을 비롯한 물적·인적 시
설 및 사업상 권리와 의무를 포괄적으로 승계시키는 것이다. 포괄양
수도 계약이 성립되면 부가가치세를 생략한 상태로 매매계약을 체결
할 수 있다. 한마디로 양도인의 모든 권리와 의무를 양수인이 승계함
으로써 부가가치세가 생략되는 것이다.

포괄양수도 계약으로 매매계약을 하는 경우 양도인은 신고기간 내
(양도일이 속하는 달의 말일부터 25일 내) 부가가치세를 확정신고하고 납
부해야 한다. 또한 부가가치세 확정신고시 사업양도계약서 사본을 제

출해야 한다.

사업양도계약서는 별도로 작성하는 것이 일반적이지만 별도로 작성하지 않은 경우에도 매매계약서 특약사항에 기재하는 등 실질포괄양수도 계약에 해당되면 포괄양수도 계약으로 인정될 수 있다. 다만 면세사업자가 과세사업을 겸업하는 경우에는 면세사업은 포괄양수도 계약이 불가하다.

포괄양수도 계약이
성립되기 위한 조건

포괄양수도 계약이 무조건 되는 것은 아니고 포괄양수도 계약이 성립되려면 다음과 같은 조건을 만족해야 한다.

첫 번째, 양도인과 양수인이 과세사업자여야 한다. 양도인(파는 사람)이 일반과세자면 양수인(사는 사람)은 일반과세자로 사업자등록을 해야 하며, 양수인이 간이과세자인 경우에는 자동으로 일반과세자로 전환된다.

양수인이 비사업자면 계약 후 일반과세 사업자등록을 한 뒤 포괄양수도 계약이 가능하다. 양도인이 간이과세자면 양수인은 간이과세자 또는 일반과세자를 선택해 사업자등록을 할 수 있다. 양도인이 면세사업자면 부가가치세가 면제된다.

두 번째, 사업 전체를 양도·양수해야 한다. 사업체 중 일부를 제외하거나 자산 중 일부를 제외하면 안 되고, 전체를 양도·양수해야 포괄양수도 계약이 인정된다. 다만 사업장과 직접 관련이 없는 토지나 건물은 제외되어도 인정된다.

세 번째, 조건이 변하면 안 된다. 임차인에 대한 조건, 직원 변경 등 변경이 있으면 안 되고, 현재 사업체의 모든 조건 그대로 양수해야 한다. 다시 말해 경영주체만 변경되어야 한다.

네 번째, 양도인과 양수인이 동일한 업종이어야 한다. 예를 들어 부가가치세를 환급받은 후 임대를 하다가 3년 후 음식점을 하려는 양수인에게 양도를 할 경우를 생각해보자. 부가가치세법상 재화의 공급이므로 건물공급가액의 10% 부가가치세가 발생한다. 양도인은 임대업, 양수인은 음식점업으로 업종이 다르기 때문에 포괄양수도 계약이 성립되지 않아서 부가가치세를 내야 한다.

사업자의 종류에는
어떤 것들이 있는가?

사업자 유무에 따라 부가가치세에 대한 규정이 달라질 수 있다.
사업자는 일반과세자, 간이과세자, 면세사업자로 구분한다.

사업자에 따라서 부가가치세 10%를 내고 환급받을 수도 있다. 앞에서 설명했듯이 부가가치세를 생략하기 위한 포괄양수도 계약을 하려면 과세사업자여야 한다고 하기도 했다. 도대체 어떤 사업자가 있고, 사업자등록을 하려면 어떻게 해야 하는 것일까? 그리고 꼬마 빌딩에 투자하기 위해서는 어떤 사업자가 유리할까? 우선 그 종류에 대해 알아보도록 하자.

부가가치세 발생 형태와 관련해 사업자의 종류는 일반과세자, 간이과세자, 면세사업자가 있다.

부가가치세 발생 형태에 따른
세 종류의 사업자

일반과세자

연간 매출액이 4,800만 원 이상인 사업자가 대상이다. 하지만 이 금액에 미달하더라도 일반과세자가 되는 경우도 있다.

일반과세자는 취득시 건물공급가액의 10%를 환급받을 수 있다. 보유시 임대료 및 임대보증금 이자 상당액에 대한 10%의 부가가치세를 거래 상대방에게서 징수해 이를 6개월 단위로 납부해야 하며, 세금계산서를 발행해야 한다. 양도시 건물공급가액의 10%만큼 부가가치세가 발생하며, 포괄양수도 계약으로 생략할 수 있다.

간이과세자

연간 매출액이 4,800만 원 미만인 사업자가 대상이다. 연간 매출액이 2,400만 원 미달이면 부가가치세 납부를 면제받지만 부가가치세는 신고해야 하고, 소득세는 별도로 신고해야 한다. 무신고시 무신고가산세 20%가 부과된다.

취득시 건물공급가액의 10% 부가가치세 환급을 받을 수는 없으며, 대신 환급받지 못한 부가가치세는 자산의 취득원가에 포함된다. 보유시 임대료에 대한 세금계산서를 발행할 수 없으며, 임대료와 임대보증금 이자 상당액에 대한 3%(업종별 부가가치율과 10%를 곱한 금액, 임대업일 경우 30%) 부가가치세를 납부해야 한다. 일반과세자와 달리 거래상대방에게서 징수할 수는 없다. 양도시 역시 건물공급가액의 3% 부가가치세가 발생하며, 포괄양수도 계약으로 생략할 수는 있다.

일반과세자일 때 연간 매출액이 4,800만 원 미만으로 내려오면 간이과세자로 과세유형을 변경할 수 있다. 하지만 환급받은 부가가치세를 추징당할 수 있고, 세금계산서 발행도 안 되기 때문에 거래상대방이 꺼려할 수 있어 주의가 필요하다.

혹시라도 연간 매출액이 4,800만 원 미만으로 내려가 세무서에서 간이과세자로 변경하겠다는 통지서가 오면 당황하지 말고 세무사를 만나서 상담을 받으면 된다. 간이과세를 포기하는 것이 유리하다고 판단되면 간이과세포기서를 관할 세무서에 제출해 간이과세를 포기하면 된다.

면세사업자

면세사업자는 부가가치세가 완전 면세되는 사업자다. 면세품목을 공급하는 경우에는 거래상대방으로부터 부가가치세를 받지 못한다.

취득시 건물공급가액의 10% 부가가치세 환급을 받을 수 없고, 환급받지 못한 부가가치세는 자산의 취득원가에 포함된다. 보유시 임대료에 대한 세금계산서를 발행할 수 없고, 징수도 할 수 없으며, 당연히 부가가치세 납부의무도 없다. 양도시 건물공급가액에 대한 부가가치세가 발생하지 않으며, 당연히 세금계산서도 발급할 필요가 없다.

면세업을 하다가 과세업으로 전환하는 경우 취득 당시 발생한 부가가치세 일부를 돌려받을 수 있지만, 반대로 과세업에서 면세업으로 전환하는 경우에는 당초 환급받은 부가가치세 일부를 반환해야 한다. 또한 면세사업자 과세사업을 겸업하는 경우 과세사업자로 등록해야 하고, 과세사업자등록번호가 새로이 부과된다. 겸업사업 중 면세사업은 포괄양수도 계약이 불가하다.

| 사업자가 해야 할 업무

구분	내용	업무주기
원천징수	직원을 고용	매월
4대보험료	임직원에게 보수를 지급	매월
부가가치세	임대료 및 전세보증금을 받음	개인 반기, 법인 분기
사업장 현황 신고	면세사업자가 사업 (면세수입금액 및 사업장 현황 신고)	다음 해 2월 10일
종합소득세 법인세	상가임대소득이 발생 개인은 종합소득세, 법인은 법인세	다음 해 5월 (성실신고확인대상자 5~6월)
양도소득세	상가를 양도	예정신고 양도 말일~2월 확정신고 다음 해 5월

　지금까지 부가가치세 발생 형태에 따른 사업자의 종류를 알아보았다. 각 사업자가 이행해야 할 업무를 정리하면 위의 표와 같다.

권리금이란 무엇이고
어떻게 처리하는가?

권리금이란 점포가 보유하고 있는 고객이나 영업방식
또는 경쟁력 있는 입지를 이어받는 대가로 지불하는 돈이다.

한 유명가수가 건물을 매입하면서 건물의 상가 임차인과 권리금 때문에 소송까지 가서 논란이 되었다. 도대체 권리금이 무엇이기에 이렇게 끝없는 분쟁이 계속 생기는 것일까?

임대인과 임차인 간의 분쟁이 끊이질 않는 이유는 바로 권리금 때문이다. 권리금이란 기존 점포가 보유하고 있는 고객과 영업방식을 이어받는 대가로 지급하는 돈이다. 임대인이 개입해서 받는 것이 아니라 기존 임차인과 새 임차인 간의 거래이다 보니 문제가 생긴다. 임대인 입장에서는 자신이 받은 돈도 아니고 계약기간이 끝나서 나가라는데 무엇이 문제냐는 것이고, 임차인 입장에서는 보증금보다 더 많은 돈을 못 받게 생겼으니 가만 있을 수 없는 것이다. 이런 권리금에 대

구분	내용
바닥권리금	• 상권의 입지에 대한 프리미엄 • 역세권, 대로변, 교차로 코너자리, 유동인구 많은 곳이 높음
영업권리금	• 기존 임차인이 확보한 고객 인수에 대한 프리미엄 • 일반적으로 인수 후 6~12개월에 해당하는 영업이익을 지급 • 단골이 많을수록 높아짐
시설권리금	• 시설 감가상각 후 남은 시설에 대한 가치 • 많이 받기는 어렵고 최소한의 시설비 정도

한 정확한 이해와 대응방법을 알고 있어야 임차인과의 분쟁을 예방하고 나쁜 임대인이 되는 것을 피할 수 있다.

권리금은 바닥권리금, 영업권리금, 시설권리금으로 나눌 수 있다. 바닥권리금이란 말 그대로 상권의 입지에 대한 프리미엄이라 볼 수 있다. 역세권이나 대로변, 교차로 코너자리, 유동인구가 많아서 독점적으로 장사를 할 수 있는 곳이라면 당연히 바닥권리금이 높을 것이다. 위치가 정말 좋은 경우 상가주인이 처음 들어오는 임차인에게 바닥권리금을 요구하기도 한다.

영업권리금이란 기존에 영업하던 임차인이 확보한 고객을 인수받는 금액이다. 통상적으로 사업장을 그대로 인수받아 장사를 했을 때 6~12개월 정도 순 수입에 해당되는 돈을 영업권리금으로 산정하는 경우가 많다. 단골이 많아서 기본 매출이 높을수록 영업권리금은 당연히 높아질 것이다. 또한 수강생이 많은 학원이나 단골을 많이 확보하고 있는 미용실이라면 영업권리금을 요구할 것이다.

시설권리금은 투자한 시설의 감가상각 후 남은 시설의 가치를 말하는 것이다. 최소한의 시설비 정도는 요구하는 경우가 많다. 하지만 다른 업종의 장사를 할 경우 시설권리금을 줄 필요는 없고 전 임차인은 원상복구의 의미가 있어서 철거비용이 발생하기 때문에 현 시설물을 그냥 인수만 해주어도 감사해야 하는 경우도 있다.

권리금 관련 분쟁이 일어나는 이유

이런 권리금은 상가를 매입하거나 임차할 때 관행적으로 인정되고 있지만 법적으로는 보호를 받지 못해서 많은 분쟁이 발생했다. 권리금 금액이 작다면 큰 문제가 아니겠지만 대부분 권리금이 수천만 원에서 수억 원까지 형성되었기 때문이다. 5년 계약갱신권을 인정받지 못해 권리금을 받지 못하고 쫓겨나는 일이 빈번히 발생했고, 법적 보호대상이 아니기에 소송을 해도 승소하기도 어려운 상황이었다.

하지만 2013년 8월 13일 이후부터 임차보증금의 액수와 관계없이 사업자등록을 하고 임대차계약서에 확정일자를 날인받은 모든 임차인들은 5년 계약갱신요구권을 확보할 수 있게 되었다.

이전에는 환산임차보증금(월세×100)이 서울 기준 4억 원, 인천·경기 3억 원, 지방광역시 2억 4천만 원, 기타 지역 1억 8천만 원 이하인 경우에만 해당되었다. 그런데 대부분 점포들이 이 금액을 넘어 적용받지 못했고 결국 건물주와 분쟁이 많아져 사업주들의 손실이 발생했다.

앞으로는 임대차기간 만료 6개월 전부터 1개월 전 사이에 임차인이 계약갱신을 요구할 경우 정당한 사유 없이 거절을 하지 못하기 때문에 임대인들도 유의해야 한다. 다만 상가건물임대차보호법 제10조 규정에 따라 임차인이 3개월의 월세를 연체하거나 임차한 건물을 고의로 파손하는 등 정당한 사유가 있다면 임대인이 임차인의 계약갱신을 거절할 수는 있다.

특히 주의해야 할 점은 변경된 계약갱신청구권은 2013년 8월 13일 이후 계약이 체결되거나 계약갱신이 된 것부터 적용이 된다는 것이다. 임대료 연간 9% 초과 제한 규정은 여전히 환산임차보증금 기준금액을 초과한 사업자들에게는 적용되지 않는다.

또한 상가권리금 보호 등의 내용을 포함한 상가임대차보호법이 개정되면서 합계 3천m² 이상 상가나 전대차 계약 등을 제외한 모든 상가임차인들에게 환산보증금에 관계없이 대항력이 인정되었다. 또한 상가권리금이 법제화되어 임대인이 임차인의 권리금 회수를 방해하는 경우 임차인은 계약 종료 3년 이내 손해배상 청구를 할 수 있게 되었기 때문에 임대인들은 주의를 해야 한다. 다만 예외조항도 있어서 임대인들은 이런 권리금 회수 방해와 예외 조항은 알아둘 필요가 있다.

권리금 회수를 방해하는 경우
- 임차인이 주선한 신규 임차인에게 권리금을 요구하거나 수수하는 행위
- 신규 임차인이 기존 임차인에게 권리금을 지급하지 못하게 하는 행위

- 신규 임차인에게 고액의 차임과 보증금을 요구하는 행위
- 정당한 사유 없이 신규 임차인과의 임대차계약을 거절하는 행위

권리금 회수 방해 예외조항
- 신규 임차인이 보증금과 차임을 지급할 능력이 없을 경우
- 임차인으로서 의무를 위반할 우려가 있거나 상당한 사유가 있을 경우
- 18개월 이상 해당 상가를 비영리로 사용하는 경우
- 신규 임차인이 권리금계약을 체결하고 권리금도 지급한 경우

예외적이기는 하지만 임대인에게 권리금을 요구할 수 있는 경우도 있다. 임차인이 임대인에게 최초 계약 당시 권리금을 지급했고 계약 만료시 새로운 임차인이 아닌 임대인에게 시설물을 그대로 반환해줄 경우에는 임대인에게 권리금을 받을 수 있다. 또한 임대인의 사정으로 임대차계약기간을 채우지 못하고 중도해지가 되는 경우에는 임대인에게 권리금을 요구할 수 있다.

권리금 분쟁 소송은 여전히 부담스러운 일이고 6개월에서 1년 이상의 시간이 필요할 수도 있기 때문에 계약시 권리금 부분도 정확히 명시하는 것이 좋다. 가급적 임대인과 임차인은 서로 원만하게 좋은 관계를 유지하도록 노력하자. 만약 분쟁이 생기면 법률전문가의 상담을 먼저 받아보는 것도 좋다.

자녀교육에 올인한
어떤 부부의 이야기

3년 전 수원에서 만난 부부와 상담을 하게 되었다. 남편은 유명 대기업에 다니고 있었고, 신도시의 좋은 아파트를 보유하고 있었으며 자녀들도 모두 미국으로 유학을 가 있었다. 무엇 하나 부족한 것 없어 보였는데 부부의 표정에는 불안감과 초조함이 묻어 있었다. 그렇다. 바로 은퇴 후 노후준비가 전혀 되어 있지 않았던 것이다.

대기업에 다니고 있지만 평생 다닐 수는 없는 일이고, 평생이 아니라 정년까지라도 다니면 좋겠지만 현실은 정년 전에 '희망퇴직'이라는 명분으로 회사를 떠나야 한다. 그래도 대기업에 다니면서 열심히 노후준비를 했다면 문제가 없겠지만 이 부부는 자녀 유학에 모든 돈을 쏟아부으면서 남은 것이라고는 아파트 하나밖에 없었다. 아파트라도 하나 남았으니 다행이라고 해야 할까? 그럴 수도 있지만 퇴직 후 30년 이상 살아가야 하는 이 부부의 앞날은 순탄해 보이지는 않는다.

이 부부처럼 자녀들 공부를 시키고 나니 정작 자신들의 노후준비가 전혀 되어 있지 않은 분들을 주변에서 쉽게 볼 수 있다. 물론 자녀농사가 가장 중요하기는 하지만 이제는 더 중요한 것이 있다. 평균수명 증가로 퇴직 후 몇 년이나 더 살지 가늠하기도 힘들고 옛날처럼 자녀들이 부양할 수 있는 시대도 아니다 보니, 이제는 자녀교육보다는 우리 자신들의 노후준비에 올인해야 한다.

146

자녀들을 도와주는 것은 좋지만 자녀교육에 너무 집중해 정작 자신들의 노후가 힘들어지는 우(愚)를 범하지는 말자. "내가 너희를 어떻게 키웠는데 왜 우리를 책임지지 않냐."는 하소연은 안타깝지만 지금 시대상황에는 맞지 않는 공허한 메아리일 뿐이다.

대학 가기도 힘들고, 취직하기도 힘들고, 결혼하기도 힘들고, 집 사기도 힘든, 한마디로 먹고살기도 힘든 우리 자녀들에게는 아무것도 기대하지 말자. 오히려 '집 사달라, 돈 달라.'는 소리나 안 들으면 다행이다. 이제부터라도 은퇴 후 30년 동안 살 노후준비에 모든 집중을 하기 바란다. 그렇게 해야 하는 시대가 되었고, 될 것이기 때문이다.

◇◇◇◇◇

지금까지 꼬마 빌딩주가 되기 위해 알아야 할 필수 지식들을 알아보았다. 어렵다고 느낄 수 있지만 꼬마 빌딩 주인이 되기 위해 가야 할 길이니 재미있게 즐기면서 읽어주기를 바란다. 파트 3에서는 본격적으로 꼬마 빌딩을 '잘' 구입하기 위해 필요한 전략과 비법을 다룬다. 꼬마 빌딩을 구입하는 것은 쉽지만 '잘' 구입하는 것은 어렵다. 한 번 잘못된 투자는 금전적인 손실을 끼칠 뿐만 아니라 다시 팔 때까지 심하게 마음고생을 겪고 시간낭비를 할 수 있다. 이왕 꼬마 빌딩 주인이 되기로 마음먹었다면 제대로 잘 구입하는 전략과 비법을 알아보도록 하자.

Part 3

꼬마 빌딩,
잘 구입하는 노하우를
알려준다

돈 되는 꼬마 빌딩의
3가지 조건

안정적으로 유지되는 수익률을 따지는 수익성, 관리가 수월한지를 따지는 관리성,
팔고 싶을 때 팔 수 있느냐를 따지는 환금성이 그 조건이다.

많은 사람들이 좋은 꼬마 빌딩을 구입하고 싶어하고, 좋은 꼬마 빌딩
이 무엇인지 궁금해한다. 도대체 수많은 꼬마 빌딩 중 어떤 조건을 만
족하는 꼬마 빌딩이 좋은 꼬마 빌딩일까? 지금부터 함께 알아보도록
하자.

좋은 꼬마 빌딩의 조건은 수익성과 관리성, 환금성이다. 다시 말
해 안정적인 수익률을 유지할 수 있는 수익성과 보유할 때 관리 스
트레스가 적은 관리성, 팔고 싶을 때 제값을 받고 잘 팔 수 있는 환
금성, 이 3가지 요소를 만족하는 꼬마 빌딩이 좋은 꼬마 빌딩이라고
할 수 있다.

성공하는 투자를 위한
꼬마 빌딩의 핵심

수익성

수익성은 단순히 매매가격이 낮거나 임대료가 높은 것이 아니다. 투자 금액 대비 임대료가 평균 이상으로 꾸준하게 안정적으로 나와야 '수익성이 좋다.'라고 할 수 있다.

수익률은 앞에서 설명했듯이 연 임대료를 매매금액에서 보증금을 뺀 실투자금액으로 나눈 비율이다. 수익률이 높다는 것은 투자금액 대비 임대료를 높게 잘 받고 있다는 것이고, 수익률이 낮다는 것은 매매금액이 높거나 임대료를 낮게 받는다는 것이기 때문에 수익률은 가치 판단의 중요한 기준이 된다. 하지만 높은 수익률로 많은 임대료를 받더라도 몇 년 후 임대료가 하락해 수익률이 떨어지면 오히려 독이 될 수 있다. 그렇기 때문에 평균 이상의 수익률을 안정적으로 유지하는 것이 더 중요하다.

물론 수익률이 꼬마 빌딩의 모든 것을 판단하는 기준이 될 수는 없다. 당장 수익률이 낮더라도 향후 수익률을 올릴 수 있는 가능성이 있거나 미래가치가 있는 좋은 물건들도 많이 있기 때문이다. 눈앞의 수익률보다 가치를 읽을 수 있는 눈을 키워야 한다.

관리성

수익률이 잘 나오더라도 관리가 힘들면 좋은 꼬마 빌딩이라고 할 수 없다. 건물의 노후화, 여름철 누수, 겨울철 동파 등 하자수리 요청이 자주 발생하거나, 임차인 계약만료 후 다른 임차인이 빨리 안 구해져서 공실기간이 길어지거나, 계약기간중에도 임차인이 수시로 나가는 상황이 빈번히 발생하면 비용적인 손실도 문제지만 정신적인 스트레스도 큰 부담이다. 그렇기 때문에 최대한 신경을 덜 쓸 수 있고 관리가 수월한 관리성도 꼬마 빌딩의 가치를 결정하는 데 중요한 요소가 된다.

환금성

높은 임대료를 잘 받고 관리도 수월해서 만족스러웠는데 막상 팔 때 구입했던 가격보다 더 낮게 팔리거나 별로 남는 게 없다면 또는 팔고 싶은데 잘 안 팔린다면 낭패가 아닐 수 없다.

입구가 있으면 출구가 있듯이 잘 구입하는 것 못지않게 잘 파는 것도 중요하다. 오히려 잘 구입하는 것보다 잘 파는 것이 더 중요할 수 있다. 이렇게 필요할 때 원하는 가격에 잘 팔아서 현금화를 잘 할 수 있는 환금성이 좋은 꼬마 빌딩의 가장 중요한 조건이다.

예를 들어 10억 원으로 구입해 보증금 1억/월 500만 원, 6.6%의 높은 수익률을 받다가 3년 후 9억 원에 판 A씨와 10억 원으로 구입해 보증금 5천만/월 300만 원, 3.8%의 낮은 수익률을 받다가 3년 후 12억 원에 판 B씨, 과연 둘 중 누가 더 좋은 꼬마 빌딩에 투자한 것일까? A씨가 B씨보다 3년 동안 월 200만 원의 월세를 더 받았더라도 3년 동안 2억 원의 매매차익을 남긴 B씨가 더 좋은 투자를 했다고 할 수 있다.

좋은 꼬마 빌딩의 3가지 조건인 수익성과 관리성, 환금성, 이 3마리 토끼를 잘 잡는 것이 성공하는 꼬마 빌딩 투자의 핵심이다.

자신에게 맞는
최선의 꼬마 빌딩 투자전략

자신의 자금과 목적과 조건에 최대한 부합하는 투자가 좋은 투자다.
연령대와 투자자금, 그리고 각자 자신의 상황에 맞는 투자전략을 세워보자.

가끔 무작정 꼬마 빌딩을 사야겠다고 오시는 고객들이 있다. 막연히 꼬마 빌딩 투자가 돈이 될 거라는 생각에 오시는 분들이다. 목적도, 조건도 확실하지 않은 이런 고객들을 만날 때면 당혹스럽다. 아무리 좋은 명품 옷이라고 해도 자신에게 맞지 않고 어울리지 않으면 시장에서 구입한 만 원짜리 옷보다 못할 수 있듯이, 투자도 자신이 보유한 자금과 목적에 부합하지 않으면 좋은 투자라고 할 수 없다. 꼬마 빌딩 투자도 자신이 보유한 자금과 용도에 맞춰서 구입하는 것이 중요하다. 지금부터 연령, 투자자금, 자신에게 맞는 투자전략을 알아보도록 하자.

자신에게 꼭 맞는
꼬마 빌딩 투자전략

연령대에 맞는 투자전략

꼬마 빌딩은 안정적인 임대수익과 더불어 임대수익 상승이나 지가 상승으로 인한 가치 상승을 기대하는 부동산이다. 꼬마 빌딩 주인이 되어 고정적인 월 임대료를 받기 싫어하는 사람은 없겠지만 능력 있는 부모님을 만난 금수저가 아니라면 20~30대에 꼬마 빌딩 주인이 되는 것은 현실적으로 어렵다. 또 직장을 구해서 사회생활을 시작하는 나이에 굳이 꼬마 빌딩 주인이 될 필요도 없다.

20~30대 투자자들은 사회 초년생 또는 젊은 신혼부부들이 많은데, 대부분 안정적인 고정수입은 확보되어 있고 은퇴까지는 20년 이상의 긴 시간이 남아 있어서 당장 고정적인 임대료 수입을 확보할 필요는 없다. 또한 모아둔 종잣돈도 많지 않아서 꼬마 빌딩을 비롯한 안정적인 임대수익이 나오는 수익형 부동산보다는 주거안정을 위한 내 집 마련이 우선이기에 청약을 적극 활용하는 것이 좋다. 주거문제가 해결되면 중장기적으로 투자수익을 낼 수 있는 도심 재개발·재건축이나 토지, 소형아파트 갭 투자 등을 추천한다.

40대 투자자들은 은퇴시기까지 안정적인 월 수입과 주거문제가 어느 정도 해결되어 있기 때문에 꼬마 빌딩 주인이 되기 위한 직접적인 투자 또는 준비단계라고 할 수 있는 공격적인 자산증식에 집중할 필요가 있다. 임대수익률은 낮지만 리모델링이나 가치 상승을 기대할 수 있는 꼬마 빌딩, 땅 모양이나 입지는 좋은데 노후화로 수익률이 낮은 꼬마 빌딩, 신축을 할 수 있는 단독주택 등에 관심을 가져보자. 수익률은 낮지만 환금성과 투자성이 좋은 소형아파트나 재개발·재건축 물건도 좋다.

50대 이상 투자자들은 자신증식보다는 안정적인 고정수입에 집중해야 한다. 고정수입이 절대적으로 부족한 분들은 임대수익률이 높은 원룸빌딩이나 상가주택 등 꼬마 빌딩이 좋고, 꼬마 빌딩을 구입하기 부담스러운 분들은 오피스텔·원룸빌라·상가·아파트형공장 등 수익형 부동산을 추천한다. 물론 자금여력이 충분하거나 고정수익이 어느 정도 확보되는 투자자라면 꼬마 빌딩 중에서도 투자가치는 낮으면서 높은 임대수익률만 나오는 물건보다는 수익률은 다소 낮더라도 잠재적인 투자가치가 있는 꼬마 빌딩을 선택하도록 하자.

투자자금에 맞는 투자전략

실투자금액 1억 원 이하나 1억~2억 원 정도의 소액으로는 꼬마 빌딩 투자가 현실적으로 어렵다. 이 정도 자금으로는 서울 소형아파트나 재개발 빌라, 수도권 신도시 지역 소형아파트, 강남에서는 신축 투룸빌라나 오피스텔 정도를 전세를 끼고 투자하는 것이 좋다. 만약 임대수익을 받고 싶으면 오산, 평택, 의정부, 이천 등 수도권 외곽이나 충남 아산, 천안, 대전 등 지방 소형아파트나 김포, 파주, 인천 등 수도권 원룸, 도시형 생활주택, 오피스텔 등에 관심을 가져도 좋다.

투자금액이 3억~5억 원 정도 되면 선택의 폭이 조금 더 넓어진다. 그러나 이 정도 금액으로도 서울, 수도권의 꼬마 빌딩은 현실적으로 쉽지는 않다. 보증금이 높거나 대출을 활용하면 신축은 아니지만 건축연도가 오래된 다가구주택이나 상가주택 등의 꼬마 빌딩을 수도권 지역에서 구할 수는 있다. 지방으로 가면 신축 꼬마 빌딩도 구입 가능하다. 꼬마 빌딩 외에도 상가점포, 오피스, 아파트형공장, 월세받는 소형아파트도 투자할 수 있다.

투자금액이 5억~10억 원 정도 되면 꼬마 빌딩 투자가 가능한데, 아이러니하게도 가장 투자하기 어려운 투자금액이다. 투자금액이 5억 원 이하인 고객은 '내가 돈이 부족하구나.'라고 생각하고 입지가 좀 안 좋고 오래된 물건이어도 받아들이는데, 5억~10억 원 정도 되는 고객은 그래도 돈이 없다는 소리를 듣지 않았고 나름 안정적인 자리를 잡고 있는지라 물건에 욕심이 있다. 그러나 마음에 드는 물건은 가격이 안 맞고 가격에 맞추면 물건이 마음에 안 드는 경우가 많다.

그래도 투자금액이 5억~10억 원 정도면 보증금과 대출에 따라 매매가 10억~20억 원 정도 하는 꼬마 빌딩에 투자할 수 있다. 강남을 비롯한 서울 도심에서는 현실적으로 쉽지 않고 은평구·중랑구 등 서울 외곽이나 동탄·파주 등 신도시, 수원 등 수도권 지역에서는 대지면적 200~265m²(60~80평) 정도, 지방에서는 대지면적 200~400m²(80~120평) 정도의 꼬마 빌딩을 구입할 수 있다. 물론 보증금을 높게 받고 대출도 활용해 조건을 잘 맞추면 서울 도심 매매금액 20억 원 이상의 꼬마 빌딩 구입도 가능하다.

투자금액이 10억~20억 원 정도 되면 선택의 폭은 더 넓어진다. 보증금과 대출을 활용하면 서울 도심 대지면적 165~260m²(50~80평) 정도 또는 그 이상 매매가 20억~30억 원 정도 하는 상가주택이나 원룸건물, 상가건물 등 꼬마 빌딩 투자가 충분히 가능하다. 물론 신축건물은 건물가격이 높아져서 매매가격이 더 올라가니 어려울 수도 있고 이면도로, 골목 또는 역세권에서 조금 멀어지는 등 입지가 마음에 안 들 수도 있지만 아무튼 선택의 폭이 넓은 투자금액이다.

자신에게 맞는 투자전략

비슷한 것 같으면서도 또 다른 것이 사람인지라 각자 자신의 성격과 성향에 맞는 선택을 하는 것이 중요하다. 부지런하고 사람 대하는 것을 불편해하지 않는 외향적인 성격을 가진 투자자라면 임차인 관리도 잘할 수 있기 때문에 방 수가 많아서 관리포인트가 좀 늘어나도 높은 임대료를 받을 수 있는 원룸건물 등이 좋다. 반면 사람 만나기를 꺼려하고 임차인에게 연락이 오거나 연락하는 것을 불편해한다면 임대료는 상대적으로 낮지만 관리포인트가 적은 투룸빌딩 또는 상가주택, 상가빌딩(근생빌딩), 오피스빌딩에 투자하는 것이 더 좋을 수 있다.

퇴직을 하거나 하던 일을 그만두는 등 가치 상승보다는 높은 월세 임대수익이 필요한 상황이라면 굳이 서울을 고집하기보다는 수익률이 높은 수도권 또는 지방으로 눈을 돌려보자. 공실 등 관리 리스크가 있지만 1층보다는 2~6층 상가가 더 좋고, 관리포인트는 늘어나지만 수익률이 높은 오피스빌딩보다는 상가주택이나 원룸빌딩이 더 좋다.

반대로 굳이 높은 월세 임대수익이 필요 없고 오히려 가치 상승을 기대하고 싶다면 지가 상승이나 리모델링으로 가치 상승을 할 수 있는 서울 도심 오래된 꼬마 빌딩이나 관리포인트를 줄일 수 있는 1층 상가나 오피스빌딩을 더 추천한다.

수익률의 함정에
빠지지 말자

높은 임대수익률이 꼬마 빌딩 투자의 모든 것이 될 수는 없다.
수익률만 올린 '수익률의 함정'에 빠질 수도 있기 때문이다.

좋은 꼬마 빌딩의 첫째 조건은 높은 수익률이다. 투자금액 대비 임대
료를 높게 받을 수 있다면 이보다 더 좋은 것이 어디 있겠는가? 하지
만 수익률이 꼬마 빌딩 투자의 모든 것이 될 수는 없다. 오히려 높은
수익률만 고집하다가 자칫 수익률의 함정에 빠져서 투자에 실패하는
결과를 낳을 수 있기 때문이다. 수익률은 연 임대료(월 임대료×12)를
실투자금액(매매가－보증금)으로 나눈 것으로 임대료가 높거나 투자
금액이 낮으면 수익률은 올라간다.

$$수익률\uparrow = \frac{연\ 임대료(월\ 임대료 \times 12)\uparrow}{투자금액(매매가-보증금)\downarrow} \times 100$$

수익률이 높으면 좋다는 것은 상식에 가까운 기본이기 때문에 모든 투자자들은 높은 수익률을 원한다. 그런데 이런 투자자들의 수익률 선호 성향을 이용해 임대료를 높이거나 대출을 포함시키는 등 투자금액을 낮춰서 적정가치 이상의 수익률로 뻥튀기하는 '수익률의 함정'을 만드는 경우가 많아서 주의가 필요하다. 다음 사례를 보자.

분자, 임대료 높이기를 통한 수익률 올리기

임대료를 높이는 방법은 도시 인프라가 완성되지 않은 신도시 분양물건에서 많이 볼 수 있는데, 임대료를 시세보다 높게 책정해 수익률을 올리는 경우가 많다.

주변 인프라가 형성되지 않고 공사중이거나 공사도 시작되지 않은 신도시 분양상가는 어느 정도 임대료가 적정수준인지 검증하기 어렵기 때문에 보통 분양가에 기본 수익률 5~6%를 적용해 임대료를 역으로 산정한다. 임차인 역시 주변 상권이 형성되어 있지 않으니 임대료가 적정수준인지 검증 없이 들어온다. 문제는 처음부터 높게 책정된 분양가에서 적용된 수익률로 임대료를 산정했기 때문에 시작부터 특별히 장사가 잘 되는 경우가 아니면 결국 임대료 인하 요구로 이어지게 될 가능성이 높다.

이렇게 임대료가 낮아지면 결국 수익률이 낮아지고, 수익률이 낮아진다는 것은 매매가 하락으로 이어진다. 그렇기 때문에 분양상가의 경우에는 반드시 입점하고 2년 후 임대료 하락가능성은 없는지 꼼꼼하

임대료	수익률
300만 원	4%
400만 원	5.3%
500만 원	6.7%

게 확인해야 한다.

임대료를 높이는 또 다른 방법은 임대료가 높은 업종의 임차인을 구하는 것이다. 은행, 약국, 학원, 노래방, 유흥업소 등은 다른 업종에 비해 임대료가 높은 경향이 있다. 이 업종의 임차인이 들어왔을 경우 계속 장사가 잘 되어 높은 임대료를 받는다면 문제가 없지만 해당 업종이 빠져나간 후 동일한 수준의 임대료를 내는 임차인을 빨리 구하지 못할 수도 있다. 공실기간이 길어지는 만큼 손실이 발생하고 공실기간을 줄이기 위해 임대료가 낮은 업종을 넣으면서 수익률 하락으로 이어진다. 동시에 가치도 하락하는 것이다.

예전에는 은행이 임차인으로 들어가 있으면 가장 좋은 효자상가로 평가를 받았다. 하지만 경기둔화로 은행 통폐합이나 지점폐쇄 등 구조조정이 되면서 주변 시세보다 높은 임대료를 내던 안정적인 효자 임차인인 은행이 빠져나가는 일이 많아지면서 수익률 하락과 매매가격 하락으로 마음고생을 하는 임대인들이 생겼다.

예를 들어 매매가 10억 원, 보증금 1억 원인 꼬마 빌딩의 경우 월 임대료가 300만 원이면 수익률이 4%에 불과하지만, 임대료가 400만 원이면 5.3%, 500만 원이면 6.7%로 임대료가 올라갈수록 수익률이 올라간다.

분모, 투자금액 내리기를 통한
수익률 올리기

분자인 임대료를 높이는 방법 이외에 분모인 투자금액을 줄이는 방법으로도 수익률을 높일 수 있다.

'수익률 15%' 이런 광고를 많이 보게 되는데, 통상적으로 일반 수익률이 4.5~5.5%이고 예금금리가 1.5% 수준임을 감안하면 엄청난 수익률이다. 이 15%의 수익률은 실제로 어떻게 가능한 것일까? 실제 임대료가 이렇게 많이 나온다는 것일까? 이런 의문이 들 수밖에 없는 수익률은 대부분 대출을 이용해 분모인 투자금액을 줄인 뒤 순 수익률 개념을 적용해서 수익률을 뻥튀기한 경우가 많다.

$$순\ 수익률 = \frac{순\ 임대료(연\ 임대료 - 연\ 이자)}{순\ 투자금액(매매가\ 또는\ 분양가 - 보증금 - 대출금)} \times 100$$

순 수익률 개념을 적용하면 대출금이 높아질수록 순 투자금액이 줄어들고, 투자금액이 줄어들수록 수익률은 올라가게 된다. 다음 페이지 표에 나오는 매매가 10억 원, 보증금 1억/월 400만 원을 받는 꼬마 빌딩의 수익률을 예로 들어보자. 대출금액(대출금리 2.8% 가정)에 따라 비교해보면 대출을 받지 않으면 수익률이 5.3%지만, 대출을 2억 원 받으면 순 수익률이 6.1%, 대출을 5억 원 받으면 순 수익률은 8.5%로 높아지게 된다.

순 수익률은 자신이 순수하게 투자한 자금에 대한 수익률로 실질 수익률이라고 할 수는 있다. 하지만 향후 금리 인상이 되면 순 수익률

| 매매가 10억/보증금 1억/월 400만 원의 꼬마 빌딩 대출금에 따른 수익률 비교

대출금	기본 수익률	순 수익률
0원	5.3%	5.3%
2억 원	5.3%	6.1%
5억 원	5.3%	8.5%

＊대출금리 2.8% 가정

은 내려갈 수 있고 또 개인의 신용등급이나 소득에 따라 대출금액 편차가 있기 때문에 객관적인 비교자료로 사용하기에는 부적합하다. 이런 순 수익률을 마치 기본 수익률처럼 광고하는 경우가 상당히 많다. 수익률 8.5%라면 상당히 높은 수익률처럼 보여 눈길이 가지만 조금만 따져보면 우리가 흔히 말하는 기본 수익률에서 크게 벗어나지 않는 물건임을 알 수 있다.

수익률이 높으면 당연히 좋지만 세상에 공짜가 없듯이 시장에서 형성된 적정수준 이상의 높은 수익률은 내재가치가 낮거나 관리가 어렵거나 하는 등 다른 부분에서 마이너스 요인이 있을 가능성이 있다. 오히려 높은 수익률보다 더 중요한 점은 현재의 수익률이 2년 후, 4년 후 꾸준하게 이어질 수 있어야 하고, 공실이 발생하더라도 공실기간이 짧게 비슷한 수준의 임대료를 내는 새로운 임차인을 빨리 구할 수 있어야 한다.

수익률이 낮다면
가치 상승의 가능성을 찾아라

수익률이 낮아도 향후 가치 상승 가능성이 있다면 적극적인 투자가 필요하다.
리모델링이나 신축으로 멋진 꼬마 빌딩의 재탄생이 될 수 있다.

월세를 높게 받아 높은 수익률이 나온다면 그만큼 매매가격을 올릴
수 있어서 유리한 점이 많다. 굳이 높은 수익률은 아니더라도 통상적
인 수익률(4.5~5.5%) 수준만 나와도 좋고, 저금리 상황임을 감안하면
4%대라도 입지나 건물상태가 좋으면 나쁜 꼬마 빌딩은 아니다. 그런
데 수익률이 4%도 안 나오면 세금, 관리비용 등을 감안했을 때 일단
타당성이 낮은 꼬마 빌딩으로 간주된다. 투자자들조차 외면하는 경우
가 많다.

과연 수익률이 4%도 안 나오는 꼬마 빌딩은 무조건 외면해야 할까?
그렇지 않다. 현재의 수익률은 낮지만 향후 가치 상승의 가능성이 있
다면 진흙 속의 숨은 진주가 될 수 있다.

164

꼬마 빌딩의
가치를 높이다

리모델링

TV에서 성형 사실을 거리낌 없이 밝히는, 성형이 보편화된 요즘이다. 성형으로 자신감도 생기고 자신의 가치를 높일 수 있다면 위험하지 않는 범위 내에서 긍정적인 면도 있듯이 꼬마 빌딩 역시 성형으로, 즉 리모델링으로 가치를 상승시킬 수 있다.

성형으로 부족한 부분을 다듬어주면 효과가 커지듯이 꼬마 빌딩 역시 마찬가지다. 건축연도가 오래되어 노후도가 심하고, 관리도 안 되어서 외관이 지저분하고, 엘리베이터도 없어서 임대료가 낮은 경우에는 골격을 두고 전면 공사를 하거나 외관공사와 엘리베이터 설치로 임대료를 높일 수 있다. 높아진 임대료만큼 수익률이 높아지면서 매매가격도 상승한다.

리모델링에 대해서는 305쪽에서 상세히 설명하도록 하겠다.

단독주택 부지 신축

단독주택은 가구 수가 적다 보니 수익률이 낮고 대부분 20~30년 이상된 오래된 경우가 많다. 그래서인지 대부분 건물가격은 인정받기 어렵고 땅값 정도만 인정받는데 최근 이런 단독주택들의 인기가 높아지고 있다. 단독주택 철거 후 부지에 건축을 하면 멋진 꼬마 빌딩으로 재탄생할 수 있기 때문이다. 건축비가 부족하면 대출을 받거나 건축 후 임대보증금으로 충당할 수 있고, 여유자금이 되면 월세비중을 높여서 수익률을 끌어올릴 수도 있다.

| 단독주택 철거 후 부지에 신축

서울시 동대문구 휘경동에 대지 200m²(60평) 단독주택을 가지고 있는 A씨는 알고 지내는 건축사가 설계, 시공까지 다 하고 건축비는 향후 임대보증금으로 충당할 수 있도록 해줄 테니 원룸건물을 짓자는 제안을 해와서 검토중이다.

땅값 10억 원(3.3m²당 1,700만 원)인 제2종 일반주거지역에 건폐율 60%, 용적률 200%를 적용받아 건축한다고 가정해보자. 건평 400m²(120평), 건축비 6억 원(3.3m²당 500만 원)으로 원룸 15호 정도로 건축하면 보증금 1억 5천만/월 750만 원(호당 보증금 500만/월 50만 원)을 받을 수 있다. 주인세대에 거주하더라도 보증금 1억/월 500만 원 정도다. 어쨌든 매매가 16억 원 이상 가치의 꼬마 빌딩 주인이 될 수 있는 것이다.

공사비는 보증금과 대출로 충당할 수 있다. 이 건축으로 수익이 하나도 나오지 않던 단독주택에서 주인세대 거주를 하고 이자를 내고도 월 400만 원의 수입을 얻는 꼬마 빌딩이 된 것이다.

166

재개발지역은
접근방법이 다르다

저금리시대에 은행예금은 논외로 두고 만약 월 고정수입이 있어 굳이 높은 월세가 필요 없다면, 당장 돈이 급하지 않다면 재개발지역에 눈을 돌려보자.

재개발지역은 오래되고 낙후된 건물이 많아서 임대료가 낮은 경우가 많고, 재개발 특성상 상당히 오랜 기간이 소요되어 낮은 임대료를 받으면서 오랜 기간 동안 돈이 묶여야 하는 단점이 있다. 이런 이유로 재개발지역 꼬마 빌딩 투자를 꺼리는 경우가 많은데 재개발지역이라 해도 무조건 피할 필요는 없다.

재개발지역임에도 불구하고 임대수익률이 4% 정도 나오는 물건들이 가끔 나오는데, 일반적인 꼬마 빌딩에서 수익률이 4%면 낮은 수준이지만 향후 개발가능성이 있는 재개발지역에서 수익률 4%면 결코 낮은 수준은 아니다. 은행금리 2배 이상의 수익을 얻으면서 장기적으로 재개발로 인한 가치 상승까지 기대한다면 일석이조 아닐까?

앞에서도 설명했듯이 건축할 때 유리한 반듯한 사각형 모양의 땅이 더 선호되고 그만큼 가격이 더 높은 것이 일반적인데 재개발은 좀 다르다. 다음 페이지의 그림 A와 B를 보자. A는 삐뚤어진 삼각형 모양으로 이런 땅에 건축을 하려면 건폐율을 찾아먹기도 어렵고 건물모양이 잘 나오기도 어려워서 피하는 것이 맞고, B는 반듯한 모양을 하고 있으니 당연히 건축을 하면 모양이 잘 나올 것이고 선호도가 높으니 당연히 땅값이 더 비싸야 정상이다.

하지만 재개발지역이라면 문제가 달라진다. 왜냐하면 향후 재개발

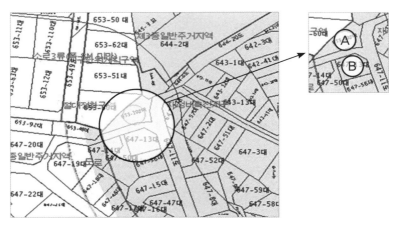

| 재개발지역에서의 토지모양 비교

이 될 지역에 굳이 건축을 할 이유는 없기 때문이다. 재개발지역에서
는 이상한 모양의 땅을 오히려 낮은 가격에 매입할 수 있다면 좋은 기
회가 될 수 있다. 재개발지역이 아니라면 돈을 더 주더라도 A보다는
B를 선택해야 하지만 재개발지역이라면 굳이 돈을 더 주고 B를 선택
할 필요는 없다.

꼬마 빌딩의 가치 분석,
어떻게 할 것인가?

복성식 평가법은 토지가격과 건물의 잔존가치를 합산하는 방법이고,
수익률 평가법은 수익률로 가치를 환산하는 방법이다.

"강남 논현동의 원룸빌딩을 28억 원에 사면 좋을까요?"

이런 식으로 질문하는 분들이 종종 있다. 건물의 정확한 가치를 확인하려면 대지면적, 공시지가, 연면적, 건축연도 등의 기본정보와 현장조사를 통해서 입지, 건물상태, 주변 환경, 임대료 현황, 주변 시세 등을 모두 확인해야만 정확한 가치를 알 수 있다.

아파트는 아파트명과 동, 호수 정도만 알아도 오차범위 5% 이내 수준으로 쉽게 확인이 가능하지만, 꼬마 빌딩은 아파트와 달리 개별성이 강해서 인터넷과 현장조사를 통해서 수집된 정보를 여러 가치분석 방법을 이용해 정확한 가치를 확인할 수 있다. 이제부터 꼬마 빌딩 가치를 분석하는 방법을 알아보도록 하자.

가치를 분석하는
3가지 방법

복성식 평가법

복성식(復成式) 평가법은 부동산 감정평가방법 중 원가방식의 하나로 원가법이라고도 하며, 토지가격과 건물의 잔존가치를 합하는 방법이다. 토지가격은 대지면적에 면적당 토지가격을 곱하면 된다. 면적당 토지가격은 현장조사를 통해 확인한 시세정보 또는 인터넷 매물정보를 참고해 주변 지역 토지의 대략적인 면적당 가격을 산정해도 되고, 어렵다면 공시지가의 1.5~2배 정도 범위 내에서 적당한 반영비율을 곱하면 된다. 일반적으로 농림지역은 이보다 낮지만 서울 등 도심지역은 편차가 있어도 공시지가의 60% 정도를 반영하기 때문에 입지에 따라 공시지가의 1.5배에서 2배 정도 하면 대략적인 가격을 알 수 있다.

건물가격은 연면적에 면적당 건축비와 감가수정(사용연수/40년)을 곱하면 된다. 건축비는 평균 3.3㎡당 450만 원 정도로 생각하면 되고, 잘 지었다면 500만 원 정도로 생각하면 된다.

토지이용계획을 열람하면 대지면적, 공시지가를 확인할 수 있고, 건축물대장에서 연면적 확인이 가능하다.

평가가치 = 토지가격 + 건물가격

토지가격 = 대지면적 × 면적당 토지가격(주변 시세 또는 공시지가×반영비율)

건물가격 = 연면적 × 면적당 건축비 × 감가수정(사용연수/40년)

※ 공시지가 반영비율 = 1.5~2배
※ 감가수정 – 사용연수 / 40년
※ 3.3㎡당 건축비 = 400만~500만 원

예를 들어 대지면적 198m²(60평), 연면적 496m²(150평), 공시지가 3.3m²당 1천만 원인 2000년 건축한 꼬마 빌딩에 대한 가치를 복성식 평가법으로 계산해보자. 토지가격은 반영비율 60%로 가정해 9억 6천만 원(대지면적 60평×공시지가 1천만 원×1.6), 건물가격은 2억 7천만 원(연면적 150평×건축비 450만 원×16년/40년) 정도다. 토지가격과 건물가격을 합산하면 12억 3천만 원 정도로 산정할 수 있다.

이런 복성식 평가법은 토지가격과 건물가격으로 평가하기 때문에 해당 건물의 임대료와 수익률에 대한 평가가 빠져 있다는 단점이 있다. 그러니 수익률 평가법과 병행해서 가치분석 평가를 하도록 하자.

수익률 평가법

수익률 평가법은 매매가 대비 임대료의 수익성을 산출해 가치를 평가하는 방법이다. 많은 투자자들이 이런 수익률 평가법을 선호하기 때문에 수익률이 높을수록 매매가 잘 되고 반대로 수익률이 낮으면 매매가 어렵다. 임대료를 높게 받으면 당연히 좋은 것이지만 꼬마 빌딩의 가치를 수익률로만 평가하는 것은 바람직하지는 않고, 앞서 설명한 복성식 평가법과 병행해 가치를 평가할 필요가 있다.

수익률 평가법 계산방법은 연 임대료를 수익률로 나눈 금액에 보증금을 합산하면 되는데, 수익률 계산을 할 수 있다면 어려울 것이 하나도 없다.

$$평가가치 = \frac{연\ 임대료(월\ 임대료 \times 12)}{수익률(5\%면\ 0.05)} + 보증금$$

| 복성식 평가법과 수익률 평가법 비교

구분	가격	계산법
복성식 평가법	12억 3천만 원	토지: 9억 6천만 원(60×1000×1.6) 건물: 2억 7천만 원(150×450×16/40)
수익률 평가법	13억 원	연 임대료 6,000만 원(500×12)/수익률 5%+보증금 1억

　예를 들어 보증금 1억/월 500만 원을 받고 있는 수익률 5% 꼬마 빌딩의 가치를 수익률 평가법으로 계산해보자. 연 임대료 6천만 원(500만 원×12개월)에 수익률 5%를 나누면 12억 원이 되고, 여기에 보증금 1억 원을 더하면 13억 원의 가치가 된다. 즉 보증금 1억/월 500만 원을 받는 수익률 5%의 꼬마 빌딩의 가치는 13억 원이 되는 것이다.

　이런 수익률 평가법은 임대수익으로만 평가하기 때문에 수익률을 몇 %로 정하느냐에 따라 편차가 발생한다. 통상적으로 서울의 경우 원룸빌딩의 수익률은 4.5~5.5%, 오피스빌딩은 3.5~4.5%, 상가주택은 4~5%, 소형아파트는 3~4%, 오피스텔은 5~6%, 1층 상가는 4~5%, 2층 이상 상가는 5~6% 정도로 보면 무난하다. 서울에서 멀어질수록 수익률은 높아지는 경향이 있어서 수도권은 서울 수익률에서 0.5~1%, 지방은 1~2% 정도 상향조정하면 된다.

　물론 입지, 주변 환경, 주변 시세, 건물상태, 임차업종 등에 따라 개별성이 있어서 일률적으로 몇 %다 정할 수는 없기에 상황에 따라서 적절하게 적용하는 것이 좋다.

　위의 표는 대지면적 198m²(60평), 연면적 496m²(150평), 공시지가 3.3m²당 1천만 원, 보증금 1억/월 500만 원을 받고 있는 2000년 건축한 원룸건물을 복성식 평가법과 수익률 평가법으로 계산한 것이다. 복성식 평가법으로 계산하면 12억 3천만 원, 수익률 평가법으로 계산하면 13억 원으로 10% 정도 편차가 있지만 그래도 대략 12억~13억 정도의 가격이라 추정할 수 있다.

현장조사를 통해서 해당 꼬마 빌딩의 입지, 건물상태, 주변 시세 등을 확인하면 정확도를 더 높일 수 있다.

미래가치평가법

복성식 평가법과 수익률 평가법은 현재의 토지와 건물가격, 수익률을 근거로 꼬마 빌딩의 가치를 평가한 것이라면 미래가치평가법은 개발 호재나 발전방향, 상권변화에 따른 미래가치를 반영한 평가법이라고 할 수 있다.

| 미래가치 분석법 가중치

구분	항목	가중치
플러스	지하철 개통	+5~20%
	도로 개통	
	기업·공공기관 유입	
	상권 활성화	
	개발 계획	
	건물 및 임차인 상태	
마이너스	혐오시설 유입	－5~10%
	기업·공공기관 유출	
	상권 침체	
	건물 및 임차인 상태	

지하철이나 도로의 개통, 기업이나 공공기관의 이전, 대규모 개발계획 등이 예정되어 있거나 상권이 살아나고 있어서 수익률 상승과 지가 상승이 기대되면 현재가치에서 가중치 5~20% 정도를 더해서 평가를 할 필요가 있다. 또한 건물상태나 외관, 임차업종 등 다른 건물과 비교해서 차별화된 부분이 있어도 가중치를 줄 수 있다.

반면 혐오시설이 들어오거나 입주해 있던 기업이나 공공기관이 빠져나가거나 상권이 침체되는 등 수익률과 지가의 하락요인이 있다면 현재가치에서 가중치 5~10% 정도를 마이너스해야 한다.

예를 들어 현재가치가 13억 원 정도인 꼬마 빌딩 주변에 몇 년 후 지하철 9호선이 개통될 예정이라면 가중치 10~20% 정도를 플러스해야 하고, 주변에 있는 관공서나 기업이 다른 지역으로 이전할 예정이라면 현재가치에서 5~10% 정도 마이너스해야 한다.

다만 이런 호재나 악재를 현재가치에 미리 반영해 매매호가를 부르는 경우도 많기 때문에 현장조사를 통해서 주변 시세와 비교하면서 상황에 맞게 적절히 계산해야 할 필요가 있다.

꼬마 빌딩 신축하기 1
_토지매입

부동산은 곧 입지고, 토지매입만 잘한다면 절반은 성공한 셈이다.
좋은 꼬마 빌딩 건축을 위한 토지매입의 노하우와 주의사항을 알아보자.

토지는 주택과 달리 개별성이 강해서 입지, 주변 환경에 따라 차이가
크고, 용도지역 등 정책적인 규제에 영향을 많이 받기 때문에 현장조
사 및 서류검토 등 많은 노력이 필요하다.

　예를 들어보자. 신축을 하기 위해 토지매입을 하려고 하는데 동일
지역에 대지면적 300m² 매매가격이 4억 원인 A와 매매가격이 4억
5천만 원인 B가 있다. 모든 조건이 동일하다면 매매가격이 낮은 A가
유리하겠지만 인접대지경계, 인접도로 상황을 고려하고 실제 사용할
수 있는 토지의 가용면적이 200m²인 A보다 250m²인 B가 더 좋은 땅
이다. 즉 5천만 원을 더 지급하더라도 B를 구입하는 것이 맞다.

　그렇다고 비싼 땅이 무조건 좋은 것도 아니다. 실제 설계를 해보면

법적 연면적 및 건축면적을 최대한 사용하지 못하는 경우가 발생해 재산손실을 보기도 하기 때문이다. 반드시 철저한 조사가 필요하며 비용이 발생하더라도 전문가의 도움을 받는 것이 좋다.

토지매입에 대한
노하우와 주의사항

건축을 위한 토지매입에 대한 노하우를 살펴보도록 하자. 먼저 등기부등본의 소유자 및 권리관계와 토지대장의 면적, 토지이용계획의 용도지역, 용도지구, 용도구역의 건폐율과 용적률, 제한사항을 확인해야 한다.

앞서 강조했듯이 일조권과 사선제한, 건축선, 공지는 매우 중요하기 때문에 반드시 확인하자. 일조권은 토지가격, 건축물의 연면적, 구조, 방향성에 영향을 준다. 대부분 도시가 정북향이지만 신도시 택지개발지구는 정남향으로 일조권을 받는 경우가 있기 때문에 정북방향인지 정남방향인지 확인해야 한다. 공지는 대지 간 불편을 최소화하기 위해 건축선 또는 인접대지 경계선으로부터 6m 이내 범위 안에서 확보해야 하는 공간인데, 각 지자체의 건축조례가 정하도록 하고 있다.

미관지구 규정에 적용되는지도 확인해야 한다. 건축물이나 대지 전부 또는 과반 이상이 미관지구에 해당되면 건축시 각 지자체의 미관지구 도시계획조례에 의해 높이, 규모, 색채, 도로, 건축선 등이 규제받기 때문에 매입할 때 신중한 검토가 필요하다.

어느 정도 규모의 건축물을 신축할지도 고려해야 한다. 오수정화시설은 하수종말처리장이 설치되지 않은 지역의 일정규모 이상의 건축물에 설치하는 소규모 가정하수 처리시설인데 양평, 가평 등 상수원 보호구역에서는 규정이 까다롭고 비용이 많이 들어가기 때문에 주의가 필요하다.

주차시설 관련 사항도 꼭 확인하자. 건축할 때는 주차장법 및 지자체의 주차장 설치 및 관리조례에 따라 용도 및 규모별 주차장과 주차 대수를 확보해야 한다. 신축 다세대주택의 경우 주차 대수는 신축 예정인 세대 수와 밀접한 관계가 있고 결국 수익성으로 연결되기 때문에 매우 중요하다. 다른 조건이 좋더라도 주차장법에 걸리면 다시 검토해야 하니 반드시 관할 시청·구청에 확인해 주차 대수 산정 기준을 확인한 후 건축계획을 세우는 것이 좋다.

현장조사를 할 때는 입지, 주변 환경, 역세권, 수요층 분석뿐만 아니라 주변에 건축된 건물들이 자신이 매입하려는 토지방향과 맞는지 도로관계가 맞는지 고려해 평가하면 좋다. 주변 건물이 신축이라면 외관, 방 수, 높이, 원룸·투룸·쓰리룸 등의 정보를 참고로 활용하고, 현장 중개업소를 방문해 주변 건물들의 수익률과 공실률까지 확인하면 더 좋다.

지금까지 토지매입시 검토해야 할 부분과 노하우에 대해 알아보았다. 이제부터 토지의 종류에 따른 주의사항을 알아보자.

현장조사시 토지가 나대지인 경우에는 농작물이 있는지 확인하는 것이 좋다. 농작물은 경자유전(耕者有田)의 원칙에 따라 토지 소유자의 것이 아니라 경작자의 것이다. 그렇기 때문에 보상을 해주거나 협의가 안 되면 경작물을 수확할 때까지 기다려야 하는 일이 생길 수도 있다. 이렇게 경작물이 있는 경우에는 계약시 특약사항에 양도인이 처리한다는 조건을 넣는 것이 좋다.

　매입하려는 토지가 인접한 도로가 없는 맹지(盲地)인 경우에는 추가로 도로를 확보해야 한다. 매입토지는 폭이 4m 이상인 도로에 2m 이상 접해야 건축이 가능하며, 현황에는 도로가 있다고 하더라도 지적도상 도로가 없다면 건축허가를 받지 못하는 경우도 있다. 관할 시청·구청 관련부서에 확인을 하도록 하자. 현황 도로포장이 되면 허가를 받을 가능성이 높고 현황 도로의 소유자가 시유지나 국유지면 역시 허가가능성이 높아지지만, 개인이면 일반적인 도로로 사용할 수는 있지만 허가받기 까다로운 경향이 있다.

　매입하려는 토지에 주택, 창고 등 건축물이 있는 경우에는 건축물대장을 확인하도록 하자. 무허가 건물이거나 허가는 있으나 준공검사를 받지 않았는지 확인한 후 계약서 특약사항에 거주자 명도 등 문제해결에 대한 내용을 넣는 것이 좋다.

　마지막으로 등기부등본상 토지소유주와 건물소유주가 다르다면 지상권, 법정지상권 등의 문제가 있을 수 있으니 계약 전 미리 확인하는 것이 좋다.

꼬마 빌딩 신축하기 2
_건축

건축을 잘한 건축물은 수익률도 좋고 공실률도 낮고 관리하기도 편하다.
좋은 꼬마 빌딩을 건축하기 위한 절차와 비용, 주의점에 대해 알아보자.

이제 건물을 지어 올려야 한다. 여기에서는 건축 절차와 비용, 도급계
약시 주의점, 외부 자재 등을 알아볼 것이다.

건축주라면 알아야 할
건축 절차

철거

철거예정일 7일 전까지 건축물철거신고서를 석면조사결과서 사본과
함께 특별자치도 도지사나 시장, 군수, 구청장에게 제출해야 한다. 철

거시 먼지와 소음에 대한 주민들의 민원이 발생하면 공사가 늦어지고, 늦어지는 만큼 비용이 증가하기 때문에 미리 주민들과 소통하는 것이 필요하다. 민원이 발생하면 빨리 조치를 취하자. 철거가 끝나면 현장 철거작업사진 및 폐기물처리확인서 등 증빙자료를 제출해 건축물대장 말소신청을 해야 한다.

경계 및 현황 측량
건축부지의 정확한 대지의 경계 및 위치를 측량해야 하며, 사용승인 검사 신청시 필요하다.

기초공사
철거를 끝내고 대지의 경계 및 위치를 측량하고 나면 건물신축을 위해 토지의 기반을 다지는 공사인 기초공사가 진행되는데, 터파기공사와 버림콘크리트공사가 있다. 터파기공사는 건물을 지을 자리를 파는 공사다. 버림콘크리트공사는 표면을 평탄하게 해서 건축물이 올라갈 자리를 표시하고 하중을 분산하기 위해 약 50~60mm가량의 콘크리트 타설작업을 하는 공사다.

가설공사
시공단계마다 임시로 설치한 후 철거하는 공사다. 공사장의 분진을 막기 위해 설치하는 분진방지막이나 콘크리트를 타설하기 위해 만든 기둥 벽 등의 특인 거푸집, 공사가 원활할 수 있도록 설치한 자재 운반 통로 및 발판 등 비계 등이 해당된다.

철근콘크리트공사

골조공사인 철근콘크리트공사는 1층부터 각 층의 골조공사를 할 때마다 거푸집 등 가설재를 활용한다. 각 층 타설을 하기 전에 보온단열과 층간소음 예방을 위해 단열재 시공을 해야 한다.

설비공사

골조공사가 완료되면 전기, 수도, 가스, 보일러, 오수, 소방 등 설비공사를 한다.

조적공사

건축물의 내·외부 벽돌을 쌓는 공정이다. 건물의 이미지를 결정하는 중요한 순간이기 때문에 주택의 규모와 주변 환경에 맞는 마감재를 잘 선택해야 한다. 내부 마감재도 임차인들의 선호도에 영향을 주는 중요한 부분이다. 건축비용을 아끼려고 너무 저렴한 자재만 사용하지 말자. 내구성이 좋고 세련된 자재를 사용하면 결국 임대수익률과 공실률 관리에 도움이 된다. 순간의 선택이 10년을 좌우하듯이 조적공사는 건축물의 10년을 결정하는 매우 중요한 공사다.

미장공사

건축물의 내부 벽이나 천장, 바닥 등을 평평하게 하기 위해 흙이나 시멘트를 사용해 미장작업을 하거나 도배, 타일, 페인트 작업을 한다.

목공사 및 금속 공사

목공사는 건축물의 내부 단열재, 석고보드, 목재합판, 문틀, 몰딩 등 시공을 하는 공사이고, 금속 공사는 주로 옥상난간, 발코니난간, 계단난간, 출입구 등에 안정성과 미관을 고려하는 금속인테리어공사다. 특히 금속공사는 높이, 수직, 수평 등을 모두 체크해야 하며 이런 금속 공사로 조금 더 고급스러운 분위기의 차별화를 둘 수도 있다.

방수 및 지붕 공사

누수에 의한 하자수리 요청이 들어오면 누수 원인을 찾기도 어렵고 하자수리 비용도 추가로 발생하기 때문에 건축할 때 방수공사를 제대로 하는 것이 좋다. 에폭시, 우레탄페인트, 액체방수공사 등이 있다. 외벽에서 빗물이 침수되거나 욕실, 베란다 등에서도 누수가 발생하는 경우가 많아서 꼼꼼한 일 처리가 필요하기 때문에 시공업자 선정이 중요하다. 방수공사 후에는 반드시 물을 채워 방수테스트를 3회 이상 하는 것이 좋다.

옥상계단실이나 옥탑이 있는 경우에는 지붕을 시공해야 한다. 우수 배출 홈통은 건물 내부에도 설치할 수는 있지만 미관을 해치지 않는 범위 내에서 건물 외부에 설치하는 것이 차후 보수 및 결로방지에 유리하다.

기타 공사

마무리 작업인 창호, 타일, 도장, 수장, 인테리어를 하는 단계다. 가장 중요하다고 할 수 있다. 별거 아닌 것 같지만 마무리를 잘하는 집이 하자수리 등 관리하기가 편하고, 문제도 없다.

또한 보통 꼼꼼한 마감처리는 건축주의 성격을 나타낸다고 생각한다. 마감처리가 잘되어 있으면 다른 것은 보이지는 않지만 공사를 잘

했겠구나 추정하는 경우가 많기 때문에 향후 매매를 할 때도 매수자의 마음을 얻는 데 영향을 주기도 한다.

효율적으로 처리해야 하는
건축 비용

잘 짓고 싶지 않은 사람이 어디 있겠는가, 돈이 문제지. 비싸게 지으면 물론 잘 짓기는 하겠지만 과도한 건축비용은 투자원금 증가로 수익성을 악화시키는 원인이 된다. 수익성을 늘리기 위해 임대료를 올릴 경우 공실이 발생할 수도 있기 때문에 건축비용의 효율적인 관리는 매우 중요하다. 그리고 보수적으로 자금계획을 책정해야 향후 문제가 발생하지 않는다.

토지매입비용
건축비용에서 가장 많은 부분을 차지하는 것이 토지매입비용이다. 단순 토지가격의 문제를 떠나 건축면적 및 주택 수에도 영향을 주기 때문에 좋은 토지매입에 가장 큰 노력을 기울여야 한다. 이때 토지가격뿐만 아니라 취득세, 법무사수수료, 중개보수료(중개수수료)도 고려해야 한다.

공사비용
토지매입비용과 더불어 총 사업비 비중이 큰 것이 공사비용이다. 공사 단가 조절뿐만 아니라 도급계약상 공사조건도 신경을 써야 한다.

| 건축비용

구분	단가	비고
건축공사비	3.3m²당 400만~500만 원	면적 기준 및 외장·내장 재료에 따라 증감
철거비	3.3m²당 20만~30만 원	폐기물이 석면이면 증가
주차장 공사비	3.3m²당 10만~20만 원	1층 필로티 주차장 공사비, 재료에 따라 증감
설계비	3.3m²당 5만~10만 원 (감리비 별도)	지역과 설계사에 따라 증감, 통상 서울 10만 원, 경기 5만 원 정도
예비비	건축비용의 1~2%	

다음의 표에서 보듯이 건축공사비, 철거비, 주차장공사비 등이 있고, 예상치 못한 사업비용 발생을 대비하기 위해 건축비용의 1~2% 정도를 예비비로 확보해야 한다. 시공비(공사비) 조건은 지역마다 차이가 있지만 대체적으로 철거비와 주차장공사비 정도는 공사조건 내역에 책정하지 말고 서비스 개념으로 공사비에 포함시켜달라고 협의해보는 것도 좋다.

보존등기비 및 예비비

완공된 신축 건축물의 최초 등기부등본 등재시 발생하는 비용이다. 건물의 시가표준액의 3.16%(취득세 2.8%, 농특세 0.2%, 지방교육세 0.16%)가 적용되며, 증지대 1만~1만 5천 원 정도가 추가된다.

수수료 및 금융비

신축 다세대주택을 분양하는 경우에는 분양 수수료가 발생한다. 지역, 사람, 분양금액에 따라 차이가 있지만 통상적으로 200만~500만 원 정도다. 전세나 월세를 맞출 때 발생하는 임대중개보수료는 법정중개보수료다. 전세의 경우에는 전세금액이 5천만 원 미만 0.5%, 5천만~1억 원 0.4%, 1억~3억 원 0.3%, 3억~6억 원 0.4%, 6억 원 초과 0.8% 협의로 적용되며, 월세의 경우에는 보증금+(월세×100)으로 환산해서 요율을 적용한다. 다만 5천만 원 미만인 경우에는 100이 아니라 70을 월세에 곱한다. 좋은 조건으로 분양이나 임대를 맞춘 경우에는 협의해 수수료를 더 지급해도 상관없다.

꼼꼼하게 챙겨야 할
건축 도급계약

건축시공계약을 할 때 작성하는 도급계약서는 분쟁이 발생했을 때 근거자료가 되기 때문에 매우 중요하다. 설사 시공업체가 지인이라고 하더라도 구두로 계약하지 말고 반드시 도급계약서를 작성하고, 필요한 내용은 특약사항에 꼼꼼하게 기입하는 것이 좋다.

계약서를 작성할 때는 공사명, 공사장소, 착공일자, 준공예정일자, 계약금액, 계약서보증금, 선금금액, 기성금 여부, 지급자재 품목 및 수량, 하자담보책임, 지체상금율, 대기지급 지연 이자율, 잔금시기 등을 명시하는 것이 좋다.

계약금액은 공사비용에 대한 정확한 금액(부가가치세 포함 또는 별도)을 기입해야 하고, 추가공사가 이루어져 공사비용이 변경되면 공사비 변경계약서를 별도로 작성하면 된다. 계약서보증금은 계약금액의 10% 정도로 하고 약정을 한 경우에는 선금금액도 공사비용의 10~20% 정도 기입한다. 귀찮더라도 시공회사로부터 계약보증서(계약이행보증서)와 선급금보증서를 받아두어야 한다.

월 1회 공사비를 지급하는 기성금을 지급할 때도 계약서에 명시하는 것이 좋다. 일반적으로는 터파기공사, 골조공사, 외장마감 후 등 공정별로 지급한다. 지급자재의 품목 및 수량은 계약사항에 '계약특수조건 있음'을 기재한 후 공사계약특수조건에 지급자재 목록을 첨부하는 것이 좋다. 하자담보책임 금액은 총 공사비용의 3% 정도로 하고, 기간은 건축물의 종류에 따라 주택법 또는 건설산업기본법을 적용한다고 쓴다.

건설회사가 준공예정일보다 늦게 준공할 경우 지급하는 지체상금을 산출할 때 필요한 것이 지체상금율인데, 작은 공사현장에서는 약정을 잘 안 하는 경향이 있다. 건축주가 공사비를 늦게 지급한 경우 발생하는 대기지급 지연 이자율은 3% 정도로 책정한다.

특히 향후 발생 가능한 분쟁을 막기 위해 건축도급계약서 작성시 다음과 같은 내용을 특약사항에 기입하면 좋다.

- 계약이행증권, 선급금보증서 제출시기(예: 계약 후 7~10일 이내 제출)
- 공사잔금 비중과 시기, 지급방법(예: 공사잔금은 20%로 하며, 공사완료 후 15일 이내에 현금으로 지급하며, 시공회사는 하도급업체에 어음을 지급하면 안 된다.)
- 철거비, 주차장공사비 등 공사비에 포함하기로 약정한 부분

- 시공 관련 업무비용 및 물가변동(예: 업무비용은 시공회사가 부담하고 공사기간이 1년 이하여서 물가변동은 적용하지 않는다.)
- 도면에 표기된 내역서 품목의 수량 누락이나 부족분에 대한 책임 (예: 내역서 품목과 수량이 누락 또는 부족하면 시공회사가 책임진다.)
- 지급자재 변경 유(예: 승강기, 타일 등은 건축주 지급자재로 변경 가능)
- 골조공사시 각 층 주요 구조부와 철근 배근 후 간격과 본 수 확인 (예: 사진 제출)
- 현장대리인 상주(예: 현장대리인은 현장에 상주해 관리 감독한다.)

건물의 이미지를 결정하는 건축 자재

같은 건물이라도 외벽에 사용된 자재에 따라 이미지가 완전히 달라질 수 있기 때문에 건물에 어울리는 자재를 선택하는 것이 중요하다.

벽돌

가격과 색상이 다양하고 쉽게 구매할 수 있다. 다양한 건물모양을 만들 수 있고 다른 지붕, 바닥자재들과 잘 어울리는 장점이 있지만, 고층 대형주택에 적용이 어렵고 방수·방습·단열을 위한 철저한 시공이 중요하다.

| 벽돌건물(왼쪽)과 전면 화강석건물(가운데), 문경석건물(오른쪽)

화강석

내구성과 화재에 강하고 겨울에도 시공이 가능하며 외벽방수에도 유리하다. 웅장한 느낌을 주어 건물의 이미지를 좋게 할 수도 있다. 다만 강한 햇빛으로 인한 탈색과 백화현상이 생길 수 있고, 수분 흡수율이 좋아서 강도가 약해질 수 있다.

그러나 비싼 비용 때문에 전면은 화강석, 측후면은 벽돌로 건축하는 경우도 많다.

문경석

화강석과 비슷한데 내구성과 화재, 방수에 강하고 겨울에도 시공이 가능하며 고급스러운 외관으로 인기가 높다. 하지만 시공이 어려워서 시공기간이 길어질 수 있고, 실리콘 작업도 주의해야 한다.

현무암

화산암으로 외관이미지가 매우 고급스러워 리모델링을 할 때 많이 사

❘ 현무암건물(왼쪽)과 드라이비트건물(오른쪽)

용된다. 그러나 방수에 취약하고 보온효과가 떨어져서 보온작업을 별
도로 해야 한다.

드라이비트

건물 외벽에 스티로폼을 붙이고 그 위에 드라이비트 시공을 한다. 건
축비용과 건축기간을 줄일 수 있고, 언제든지 색상 및 모양 변경이 가
능하며 단열성도 좋지만, 내구성이 약해 수명이 짧고 오염 및 화재에
취약하며 고급스럽지 않은 이미지다.

꼬마 빌딩 신축하기 3
_가구 수 제한

택지지구 내 단독택지 및 근린생활시설용지를 분양받아 건축하는 경우
가구 수 제한은 수익률에 직접 영향을 주며 불법건축물의 원인이 되기도 한다.

공익사업적 성격이 강한 택지지구 내 단독택지 및 근린생활시설용지
를 분양받고자 할 때는 가구 수 제한을 특별히 주의해야 한다. 불법건
축물의 주 원인이 되는 가구 수 제한을 알아보도록 하자.

지구단위계획지침을
반드시 확인하자

　　　　상암, 세곡, 우면, 판교, 동탄 등 대규모 신도시 개발사업을
포함한 택지지구는 앞서 말했듯이 공익사업적 성격이 강하다. 그렇기

구분	점포주택 (제1, 2종 근린생활시설)	단독주택 (다중주택 제외)
건폐율	60% 이하	50% 이하
용적률	240% 이하	100% 이하
높이	4층 이하	2층 이하
가구 수 제한	5가구(주택만 건축시 8가구)	2가구
주차장	1세대당 1대 이상(전용면적에 따른 예외규정 있음)	

| 판교신도시 지구단위계획지침

구분	점포주택 (제1, 2종 근린생활시설)	단독주택 (다중주택 제외)
건폐율	50% 이하	50% 이하
용적률	150% 이하	80% 이하(인센티브 10~20%)
높이	3층 이하	2층 이하
가구 수 제한	3가구	2가구
주차장	1필지당 2대 이상과 성남시 조례 중 많은 것(최소 2대 이상)	

때문에 택지지구 내 단독택지 및 근린생활시설용지를 분양받고자 할 때는 용적률, 건폐율, 층수 제한, 가구 수 제한 등 건축에 중요한 부분이 규정되어 있는 각 시도별 지구단위계획지침을 확인한 후 참여해야 한다. 분양이 아닌 빌딩매수자들도 마찬가지다. 건축물대장에 불법건축물로 등재가 되어 있지 않더라도 지구단위계획지침에 위반사항이 있으면 언제든지 불법건축물로 지정될 수 있기 때문에 정확하게 알고

| 동탄2신도시 지구단위계획지침

구분	점포주택 (제1, 2종 근린생활시설)	단독주택 (다중주택 제외)
건폐율	60% 이하	50% 이하
용적률	180% 이하	80% 이하
높이	3층 이하	2층 이하
가구 수 제한	3가구(주택만 건축시 5가구)	2가구
주차장	주차장법 및 화성시 조례에 따름	

| 하남 미사강변도시 지구단위계획지침

구분	점포주택 (제1, 2종 근린생활시설)	단독주택 (다중주택 제외)
건폐율	60% 이하	50% 이하
용적률	200% 이하	100% 이하
높이	4층 이하	2층 이하
가구 수 제한	6가구	5가구
주차장	주차장법 및 하남시 조례에 따름	

진행해야 한다.

이런 부분을 인지하지 못하고 매수 후 몇 년이 지나서 원상복구 명령이 나와서 돈 고생, 마음고생을 하는 분들을 많이 있다. 특히 가구 수 제한은 수익률에 직접 영향을 주고 불법건축물의 원인이 되기 때문에 주의가 필요하다.

예를 들어 안산 고잔신도시는 2000년 개발 당시 지구단위계획은 제

2종 일반주거지역의 경우 건폐율 60%, 용적률 240%, 4층 이하 점포 주택 건축이 가능해서 분양택지면적 247m²(75평)에 신축을 하면 바닥평수 1,484m²(44.8평), 연면적 180m²(55평) 1층 상가, 2~4층 주택 (층당 1가구)을 지을 수 있었다. 방 수를 늘려야 임대수익률을 올릴 수 있는데 가구 수 제한으로 3가구밖에 못 넣다 보니 수익률 하락으로 고생하는 임대인이 많아서 불법용도변경으로 가구 수를 늘리는 일이 빈번하게 발생했다. 결국 2011년부터는 주택만 신축할 경우 8가구까지, 근생(상가)과 같이 신축할 경우 5가구로 완화해주었다.

이렇게 불법건축물로 되어 있는 빌딩을 구입하게 되는 경우에는 미리 인지해 조치를 할 필요가 있다. 특히 대규모 신도시에서 이런 일이 많이 일어나니 앞 페이지의 표처럼 각각 확인하도록 하자.

꼬마 빌딩 경매받기 1
_경매절차

꼬마 빌딩을 시세보다 저렴한 가격으로 취득할 수 있는 방법이 경매다.
꼬마 빌딩을 경매받기 위해 필요한 절차와 주의사항에 대해 알아보자.

누구나 조금이라도 더 저렴하게 꼬마 빌딩을 가지고 싶어한다. 투자
금액별 전략을 보면 자신의 종잣돈으로 서울의 꼬마 빌딩을 소유한다
는 것은 택도 없는 일이라며 포기해버린 사람이 있을지도 모른다. 이
렇게 포기해야 할까? 이번에 제안하는 것은 바로 경매다.

경매는 시세보다 저렴한 가격으로 꼬마 빌딩을 취득할 수 있는 좋
은 방법이다. 그러나 매매보다 절차가 복잡하고 권리분석에 대한 막
연한 두려움 때문에 쉽게 다가가지 못하는 분들이 많다. 두려워하지
말자. 아는 것이 힘이다. 여기에 나오는 지식으로 두려움을 극복한다
면 꼬마 빌딩 주인이 되는 길은 한층 더 가까워질 것이다.

꼬마 빌딩 보유를 위해
경매절차를 알아보자

물건 검색 및 서류열람

대법원 법원경매정보사이트(www.courtauction.go.kr)에서 사건번호나 관심 있는 지역에 대한 검색으로 관심 있는 물건을 찾은 후 법원경매 정보, 현황조사서, 감정평가서 등 관련서류를 열람한다. 법원은 매각(입찰)기일 14일 이전에 법원게시판, 법원경매정보사이트 등에 입찰공고를 한다.

인터넷 및 현장 조사

해당 물건의 등기부등본, 건축물대장, 토지이용계획확인서 등 관련 공적장부를 확인해 대지면적, 건축물연면적, 공시지가, 용도지역 등 해당 물건의 정보를 먼저 확인한다. 그런 다음 해당 물건이 위치한 현장을 방문해 입지와 주변 환경, 시세, 물건상태, 임차인 정보 등을 확인한다.

권리분석 및 수익성분석

권리분석을 통해 권리취득과 인수가 불가하다면 대처방안이나 경매참여 여부를 결정해야 한다. 권리분석은 중요하기 때문에 다음 장에서 상세히 설명하도록 한다. 경매참여가 결정되면 인터넷 및 현장 조사를 통해서 확인한 시세와 임차인 보증금, 각종 권리상태를 감안해 수익성분석을 한 후 입찰가격을 산정한다.

입찰 참가

입찰보증금(감정가의 10%), 주민등록증, 도장을 가지고 법원에 가서 입찰을 하면 해당 법원은 최고가 입찰자(최고가 매수신고인)를 선정한다. 입찰자가 1명도 없어 유찰이 되는 경우에는 최저가액에서 20~30% 저감한 금액으로 한 달 후 입찰기일을 다시 정해서 매각한다.

입찰표 작성은 중요하고 실수도 종종 발생하기 때문에 주의사항 몇 가지를 소개하면 다음과 같다.

- 사건번호를 잘못 기재해 다른 물건을 낙찰받을 수도 있다.
- 한 사건에 여러 개의 물건이 개별 입찰된 경우에는 입찰하고자 하는 물건의 번호를 정확하게 확인하고 각각의 입찰표를 작성해야 한다.
- 공동입찰은 입찰 전 사전에 집행관에게 신고 후 참가해야 한다.
- 입찰금액은 수정이 불가하기에 잘못 기재하면 새롭게 작성해야 한다.
- 보증금은 통상 최저입찰가액의 10%이나 특별매각조건의 경우에는 20~30%가 될 수도 있으니 확인이 필요하다. 금액이 조금만 모자라도 무효처리가 되기에 금액은 여유 있게 넣는 것이 좋다.

낙찰 결정

집행법원은 입찰(매각)일 7일 이내 최고가로 입찰한 자를 선정해 해당 부동산 매각허가를 결정한다. 매각허가결정일로부터 7일간의 항소기간 내 이해관계인의 이의신청이나 즉시항고가 없다면 매각허가가 확정된다.

잔금 납부

매각허가결정 확정일 다음 날부터 1개월 이내 잔금 납부가 가능하다. 잔금 납부 전 유치권 등 숨은 권리관계나 임차인 문제 등이 있을 수 있으니 한 번 더 현장조사를 하는 것도 좋다.

만약 매각대금이 미납되면 차순위 매수신고인(최고가 매수신고액에서 입찰보증금을 공제한 금액보다 높은 금액으로 응찰한 사람)에게 매각을 허가하며 차순위 매수신고인이 없으면 법원 직권으로 다시 재매각을 실시한다.

그런데 재매각 물건은 법원에서 입찰자들의 신중한 참여를 유도하기 위해 입찰보증금(20~30%)을 올릴 수 있다. 또한 자신의 입찰보증금을 포기했다는 것은 개인적인 사정이 있을 수도 있지만 낙찰받을 경우 더 큰 손실이 발생할 수 있다고 판단했기 때문에 포기했을 가능성도 있어서 재매각 물건은 신중할 필요가 있다.

소유권이전

잔금이 납부되면 법원은 소유권이전등기를 관할등기소에 촉탁하는데, 실무에서는 낙찰자가 법무사에 위임해 소유권이전등기를 한다. 각종 저당권, 가압류 등 순위에 관계없이 원칙적 말소가 된다.

인도 및 명도

매각대금 완납 후 6개월 이내에 잔금완납증명서를 첨부해 해당 법원에 신청하면 인도명령 신청이 가능하며, 이 기간이 경과되면 명도소송을 통해 집행해야 한다. 점유자가 달라지면 달라진 점유자를 상대로 다시 인도명령 신청을 해야 하기 때문에 인도명령 신청시 점유이

전가처분신청도 함께하는 것이 좋다.

특히 다가구주택의 경우에는 명도비용을 책정해서 각 임차인들과 대화로 명도협의를 하는 것이 우선이다. 그러나 일부 목소리 큰 사람들이 있으면 본보기로 강제집행을 하고 나면 나머지는 협의가 잘되는 경우도 있다.

명도 역시 다음 장에서 조금 더 상세히 설명하도록 하겠다.

꼬마 빌딩 경매받기 2
_권리분석과 명도

권리분석과 명도가 어렵다는 두려움을 극복하면
경매는 절대 어렵지 않다.

앞에서 말한 것처럼 많은 사람들이 부동산 경매를 어렵게 느끼는 이유는 바로 권리분석 때문이다. 명도는 경매에서 낙찰받은 다음의 일이지만 권리분석은 경매를 받기 전 투자를 해도 될지 말지를 결정하는 중요한 과정이다. 자칫 잘못하면 큰 손실을 가져올 수 있기에 사람들이 어려워하는 것이다.

임대차보호법과 민법, 민사집행법 등 부동산 관련법들을 알고 있다면 권리분석은 당연히 쉬워진다. 그렇다고 이 모든 법들을 다 알아야 할까? 그렇지 않다. 자신에게 필요한 부분만 공부하면 된다. 지금부터 권리분석과 명도에 대해 알아보도록 하자.

경매를 두렵게 만드는
2가지를 확실히 알아두자

권리분석

권리분석은 경매물건을 낙찰받기 전 낙찰대금 이외에 추가로 인수해야 하는 권리가 있는지를 확인하는 절차다. 권리분석을 제대로 하지 않으면 수익은 고사하고 손실을 볼 수도 있어서 매우 중요하다.

권리분석의 시작은 말소기준권리를 찾는 것이다. 말소기준권리는 낙찰받은 매수인이 인수해야 할 권리와 인수되지 않고 소멸되는 권리를 구분하는 기준으로, 말소기준권리보다 먼저 등기된 권리들은 소멸되지 않고 낙찰자가 인수해야 한다.

예를 들어 임차인이 말소기준권리 이전에 대항력을 취득한 경우 임차인이 배당절차에서 전액 변제를 받지 못하게 되면 임차인의 보증금 전액 또는 일부를 낙찰받은 매수인이 인수해야 한다.

말소기준권리는 저당권(근저당권), 압류(가압류), 담보가등기, 말소될 전세권, 경매개시결정등기 5가지인데, 말소기준권리가 여러 개 있을 경우에는 순위가 빠른 권리가 말소기준권리가 된다. 다만 유치권, 예고등기, 법정지상권 등은 말소기준권리의 선후 순서와 무관하게 인수가 된다.

예를 들어 다음 페이지 표와 같은 권리관계가 있는 경우 말소기준권리가 될 수 있는 권리는 근저당권인 A와 D, 그리고 임의 경매개시결정기입등기인 E다. 이 중 최선순위는 A의 근저당설정등기이기 때문에 말소기준권리는 A의 근저당권설정등기가 되며, 이후 늦게 등기된 권리들은 낙찰시 소멸된다.

| 말소기준권리의 예

순위	권리 종류	권리자	날짜
1	근저당권	A	2004년 12월 2일
2	처분금지가처분	B	2005년 1월 31일
3	임차권	C	2007년 3월 2일
4	근저당권	D	2007년 6월 28일
5	임의 경매개시결정	E	2007년 8월 15일

참고로 경매개시결정등기 이후 새로운 지상권, 지역권, 전세권, 가등기, 새로 임차한 임차인은 낙찰자에게 대항할 수 없는 소멸대상이다. 압류의 효력은 경매개시결정문이 채무자에게 송달된 때 또는 경매개시결정등기가 기입된 때 중 빠른 날이며, 이후에 설정된 권리나 처분행위 역시 낙찰자에게 대항할 수 없다.

명도

낙찰 후 소유권을 가지고 오는 것으로 끝나는 것이 아니라 해당 부동산의 점유와 사용권까지 넘겨받아야 한다. 하지만 보증금 문제가 걸려 있고 점유중인 임차인이나 경매를 당한 전 소유주가 순수하게 협조를 해줄 가능성은 높지 않아서 실질 경매에서 가장 큰 어려움을 겪는 부분이 명도이기도 하다.

매각허가 결정 후 잔금 납부를 하기 전에 시작해야 한다. 송달방법은 등기로 해야 하는데, 각 지방법원마다 송달기간에 차이가 있으니 관할 법원 담당자에게 문의하는 것이 좋다. 명도라고 해서 처음부터 채찍을 사용하기보다는 대화라는 당근으로 먼저 시작해야 한다.

많은 낙찰자들이 명도에 부담을 느끼고 조급해하거나 두려워하는 경향이 많다. 어차피 소유자는 '나'라는 자신감을 가지고 상대를 대하자. 문전박대를 당할 수도 있지만 상대방을 만나 눈을 보면서 이야기를 듣고 대화하다 보면 협의가 잘 될 수도 있다. 또한 당장 좋은 결과가 나오지는 않더라도 상대의 성향을 파악할 수 있고, 향후 일 진행에 도움이 될 것이다.

명도는 비슷한 것 같아도 사건마다 상황이 다르기 때문에 상대의 의도와 성향을 빨리 파악한 후 자신의 정확한 의도를 전달하는 것이 무엇보다 중요하다.

처음에는 대화로 풀어가야 하겠지만 대화가 모든 해결책이 될 수는 없고 시간을 절약하는 것도 중요하기 때문에 법적 절차도 동시에 진행하는 것이 좋다. 물론 강제집행은 마지막 수단이기는 하지만 법적 절차를 밟는다는 것만으로도 상대방에게 심리적 압박을 주는 효과도 있어서 협상시 좋은 결과를 가져오기도 한다.

그리고 이사비용 정도는 고려하는 것이 좋다. 법적으로 이사비용을 지급해야 할 의무는 없지만 강제집행의 경우 집행비용 및 시간이 소요되기 때문에 집행비용이나 미납관리비, 공과금 등을 고려해서 적당한 이사비용을 제시하는 것을 추천한다. 하지만 필요 이상의 과도한 요구를 하는 경우에는 최후 수단인 강제집행을 해야 할 수도 있다.

돈 되는 꼬마 빌딩,
유망 지역은 어디인가?

좋은 입지만으로도 성공의 절반은 먹고 들어갈 만큼 입지선정은 중요하다.
핵심 프레임 지역, 개발 기대감이 있는 지역, 역세권, 대학생 수요가 많은 지역이 좋다.

부동산은 입지다. 좋은 입지선정이 부동산 투자에서 중요하다는 것은 누구나 알고 있는데 도대체 어느 지역이 좋은 지역일까? 어떤 지역에 관심을 가져야 하고 그 근거가 무엇인지 한번 알아보도록 하자.

핵심 프레임 지역은
1순위다

꼬마 빌딩의 가치 상승을 위해서는 수익률과 가치 상승, 2마리 토끼를 잡아야 하고 깊어가는 경제불황 속에서도 살아남을 수

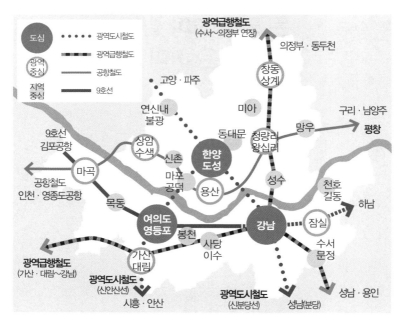

광역급행철도
(수서~의정부 연장)

의정부 · 동두천

도심
광역중심
지역중심

· · · · 광역도시철도
▬ ▬ 광역급행철도
──── 공항철도
──── 9호선

창동
상계

고양 · 파주

미아

구리 · 남양주

평창

연신내
불광

동대문

청량리
왕십리

망우

9호선
김포공항

상암
수색

신촌

한양
도성

마곡

공항철도
인천 · 영종도공항

마포
공덕

용산

성수

천호
길동

하남

목동

여의도
영등포

봉천

강남

잠실

수서
문정

가산
대림

사당
이수

광역급행철도
(가산 · 대림~강남)

광역도시철도
(신안산선)

시흥 · 안산

광역도시철도
(신분당선)

성남(분당)

성남 · 용인

| 2030 서울도시기본계획 공간구조

있는 경쟁력이 있는 지역으로 들어가는 것이 우선이다.

　2030 서울도시기본계획을 보면 서울은 3도심(한양도성, 영등포·여의도, 강남), 7광역중심(용산, 청량리·왕십리, 창동·상계, 상암·수색, 마곡, 가산·대림, 잠실), 12지역중심(동대문, 망우, 미아, 성수, 신촌, 마포·공덕, 연신내·불광, 목동, 봉천, 사당·이수, 수서·문정, 천호·길동)으로 밑그림이 그려져 있다.

　지금도 서울 각 지역의 중심이지만 향후에도 핵심지역의 위치를 이어갈 수 있을 것으로 기대되며 특히 성수, 잠실, 반포, 용산, 공덕, 여의도, 합정, 상암, 마곡 등 서울의 영원한 젖줄인 한강라인은 도시미관적인 측면에서도 정비와 개발을 할 수밖에 없는 지역이다. 서울시장이 바뀌면서 프로젝트 이름은 바뀌지만 항상 한강개발이 빠지지 않는 이유이기도 하다.

이런 핵심 프레임 지역에의 투자는 안정성이 있고 향후 불황이 닥쳐도 조금 더 오래 잘 버틸 수 있다. 상승기에는 투자수요가 먼저 많이 유입되는 곳인 만큼 항상 투자 1순위라고 보면 된다.

역세권

안정적인 임대수요를 확보하기 위해 가장 중요한 것이 지하철역 접근성, 즉 역세권이다. 보통 역세권이라고 하면 성인 걸음 기준 도보 10분 이내 거리를 말하며, 도보 15분 이상 거리가 되면 역세권 프리미엄이 낮다고 할 수 있다.

역세권이 좋은 것은 알지만 좋은 만큼 매매가격이 높다. 그런 이유로 역세권을 우선 조건으로 두더라도 무조건 역세권만 고집하기보다는 자신의 상황에 맞는 최선의 선택을 하는 것도 중요하다.

역세권을 선호하는 이유는 교통이 편리하나 매매 및 임대수요가 많아서 매매가격과 임대료가 강세라는 것이다. 그러나 이미 형성된 역세권은 매매가격과 임대료가 이미 높아진 상황이기 때문에 매매가격과 임대료 상승을 기대하기는 어렵다. 그보다는 오히려 공실이 생겨도 다른 임차인을 빨리 구할 수 있고 공실도 잘 안 생겨서 공실 최소화와 안정적인 임대수익이 역세권의 장점이라고 할 수 있다.

반대로 매매가격 상승을 기대한다면 이미 매매가격이 높은 초역세권보다는 오히려 역 이면지역으로 눈을 돌리는 것도 좋다. 이면지역이다 보니 건물에 들어 있는 임차인 구성이 안 좋거나 관리가 안 되어서 임대료가 낮고 매매가격 역시 낮은 매물들이 있기 마련이다. 이런 매물들을 잘 공략해서 낮은 가격에 매입할 수 있다면 임차인 구성을 바꾸거나 건물 리모델링을 통해서 가치 상승을 할 수 있는 기회가 될 수도 있다.

물론 돈은 돈대로 다 주고 가치 상승 기대도 어려운 역세권이 아닌 지역을 매입하는 것은 최악의 선택이다.

개발 기대감이 있는 지역

이미 형성된 역세권 주변이 어렵다면 아직 개통되지 않은 지하철역 주변을 눈여겨보자. 개발호재에 대한 기대감에 따른 가치 상승을 기대할 수 있어서 선점하는 전략이 필요하다. 통상적으로 지하철역 개통은 '발표 → 착공 → 완공'순으로 가치반영이 되지만 현실은 '소문 → 발표 → 착공'순으로 가치반영이 되는 경향이 많다.

아무튼 지하철역 개통이 호재인 것은 분명한데 소문이 날 때 미리 들어가면 높은 가치 상승을 기대할 수는 있지만 소문으로 그치거나 공사기간이 길어질 경우 오랜 시간 투자자금이 물려 있는 부작용이 생길 수도 있으니 안정성을 감안해 발표가 난 후 매입하는 것이 좋다.

발표 후 매물이 회수되고 가격이 단기간에 급등할 수 있다. 하지만 지하철 공사가 단기간에 끝나는 것이 아니고, 발표가 나더라도 착공까지는 3~4년 길게는 10년이 걸릴 수 있기 때문에 발표 후 시장분위기와 상황을 살피면서 매수타이밍을 노려도 늦지 않다. 발표가 된다는 것은 언젠가는 착공을 한다는 것이고 취소될 가능성은 낮기 때문에 발표단계에서 들어가는 것이 리스크 관리차원에서 좋다.

착공에 들어가면 매매가격과 임대가격이 가장 많이 오른다. 소문,

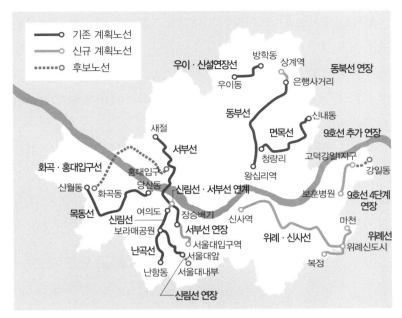

| 서울시 도시철도(경전철) 기본계획 노선

발표가 나더라도 눈에 보이지 않아 느낌이 오지 않았던 많은 사람들
이 착공에 들어가서 공사를 하는 것을 두 눈으로 보게 되면 '진짜 지
하철이 들어오는구나.'라고 실감한다. 주인들은 호가를 더 올리고 매
수자들은 더 적극적으로 뛰어들게 되기 때문에 착공 후 매입하는 것
은 쉽지 않다.

완공해서 개통되면 더 많이 오를 것 같지만 막상 개통하고 나면 개
발기대감이 이미 매매가격과 임대가격에 반영되어 있어 더이상 개발
호재의 기능은 기대하기 어렵다. 그렇기 때문에 안정적인 임대수익과
공실관리 목적으로 전환하는 것이 맞다.

이렇듯 개발호재는 투자자의 기대감을 자극하기 때문에 가치 상승에서 매우 중요하다. 그런데 효과가 낮거나 성격이 다른 개발호재를 마치 대형 개발호재로 착각하는 경우가 많고, 또 부동산시장 분위기에 따라 별 호재도 아닌데 대형 호재로 둔갑하는 경우도 많기 때문에 개발호재의 옥석을 가리는 것도 중요하다.

지하철 개통이나 도로 개통은 상권이든 주택이든 말이 필요 없는 개발호재이지만, 도청 등 대형 공공기관이나 대형 쇼핑몰이 생기는 것은 상권활성화 차원에서는 호재이지만 주택 등 주거시설에는 큰 호재가 아니다. 또한 문화센터 등 지역시설이 생기는 것은 좀 편리해질 뿐 그것 때문에 가격이 오른다고 할 수는 없다.

관심을 가져야 할
도시철도 노선은 어디일까?

그러면 발표가 나고 아직 착공이 들어가지 않은 지하철 중 관심을 가져야 할 곳은 어디일까? 서울은 경전철 10개 노선 지역을 눈여겨볼 필요가 있다. 신림선(여의도~서울대 앞), 동북선(왕십리역~상계역), 면목선(청량리~신내동), 서부선(새절~서울대입구), 우이신설연장선(우이동~방학동), 목동선(신월동~당산역), 난곡선(보라매공원~난향동), 위례신사선(위례~신사), 위례선(마천역~복정), 9호선 4단계 연장선(보훈병원~고덕강일1지구, 하남미사까지 조건부 승인) 등 총 10개 노선이고, 2025년 예정이라고는 하지만 통상적으로 더 늦어질 가능성이 크다.

이 중 여의도와 서울대를 잇고 사업속도가 빠른 신림선은 보라매공원역과 대방역 주변 지역을, 교통요지인 왕십리와 수요가 풍부한 상계를 잇는 동북선은 왕십리, 제기, 고려대, 미아사거리, 월계, 하계, 상계 7개 환승역 주변 지역을, 새절~서울대입구역을 잇는 서부선은 안정단계에 들어간 신촌과 서울대입구역 구간보다는 광화문 도심과 가까우면서도 교통여건으로 저평가가 된 은평구의 신설예정역 주변 지역을, 신월동과 당산역을 잇는 목동선은 신월동 남부순환도로 주변 신설 예정역이나 당산역 주변 유동정비구역이 해지된 지역을, 위례신도시와 삼성, 신사역을 잇는 위례신사선과 골드라인인 9호선 4단계 연장구간 지역을 관심 있게 보는 것이 좋다.

기존 골드라인인 지하철 2호선을 넘어 최강 골드라인으로 떠오른 지하철 9호선 연장구간은 특히 관심을 더 가져야 하는 곳이다. 2015년 3월 2단계 구간(신논현~종합운동장)이 개통되었고, 3단계 구간(종합운동장~보훈병원)이 2017년 말 개통예정이다. 지금 상황에서 저평가 구간은 찾기 어렵지만 그나마 삼전사거리, 배명사거리, 보훈병원 주변 지역이 그래도 관심을 가져볼 만하다. 그러나 이미 도로변의 경우에는 3.3m²당 3천만~4천만 원까지도 호가하고 있다.

3구간 개통이 임박한 만큼 4단계 연장선(보훈병원~고덕·강일지구) 구간에도 관심이 높아지고 있다. 4구간에서 보훈병원, 생태공원역, 한영외고 주변은 상업시설이 좀 약한 편이어서 환승역세권이 될 고덕역 주변 지역에 관심을 가져보는 것도 좋다. 또한 조건부 승인이기는 하지만 하남미사까지도 연결될 가능성이 높아졌기 때문에 미사지구도 투자지역에 포함하도록 하자.

신설되는 역세권은 이미 발표되어 선 반영된 부분도 있지만 고정인

구뿐만 아니라 유동인구 증가에 따른 상권확장으로 지가 상승과 임대료 상승이 동반되고 용도지역 종 상향 가능성도 있기 때문에 매력적이다. 강남은 제2종 일반주거지역의 경우 3.3m²당 3천만 원 이하 물건을 찾기 쉽지 않고, 강남이 아닌 강북 역세권 지역도 3.3m²당 2천만 원이 넘는 상황이다. 따라서 신설 역세권 지역도 입지에 따라서 3.3m²당 2천만~3천만 원 정도, 골드라인 역세권이면 3천만 원 이상 형성되어 있다.

수도권 지역에서는 광역급행철도인 GTX라인도 눈여겨볼 필요가 있다. GTX는 A, B, C의 3개 노선이 있는데, A노선은 경기 일산신도시 킨텍스에서 강남을 통해 화성 동탄2신도시까지 총 74.8km 구간이다. 이 노선은 강남 접근성이 아쉬운 일산신도시와 동탄신도시의 많은 수요층을 흡수할 수 있고, 고속철도 KTX라인을 함께 사용하기 때문에 사업성이 높고 개통시기도 다른 노선보다 빠를 것으로 기대가 된다. GTX가 개통되면 강남까지 1시간이 더 걸리던 일산과 동탄은 15~20분 정도로 단축되기 때문에 파급효과가 아주 크다. 또한 용인 신갈, 대곡과 은평구 연신내, 불광동 주변 지역들도 호재가 될 수 있다.

B노선은 인천 송도국제도시와 서울 청량리를 연결하는 49.9km구간이다. C노선은 경기 의정부에서 강남을 통해 경기 군포 금정을 연결하는 49.3km구간으로, 군포 금정과 송도와 부평, 창동, 상계, 의정부 지역들에 호재가 될 수 있다. 대학교 주변 지역의 경우 대학생들의 임대수요와 상권이 발달해서 좋은 투자처가 될 수 있다. 너무나 유명한 홍대는 유명세만큼 매매가격이 평균 이상으로 올라 신중한 접근이 필요하다. 서울대 주변 신림 지역은 수요와 공급 모두가 풍부한 지역으로 매매가격도 상대적으로 저렴하고 수익률도 괜찮은 편이다. 하지

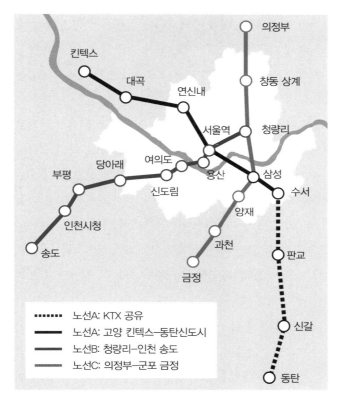

| GTX 예정 노선

만 진입장벽도 낮아서 공급물량도 많고 경쟁도 치열해서 차별점이 있
거나 관리가 잘 되어 경쟁력을 갖춘 매물 위주로 선별투자를 할 필요
가 있다.

　연대는 2호선 신촌역에서 이대역 상권인데 홍대 상권이 뜬 만큼 신
촌 상권은 영광의 빛은 많이 바랜 상황이지만, 매매가격은 입지에 따
라서 3.3m²당 3천~4천만 원 정도 또는 그 이상 형성되어 있어 만만

한 수준은 아니다. 다만 다른 대학 주변보다는 임대료 수준이 조금 높아서 수익률은 좋게 나오는 편이고, 최근 중국 관광객 증가와 신촌 상권을 살리기 위한 노력을 하고 있기 때문에 조심스럽게 회복가능성을 기대할 수도 있다.

고대는 연대와 이대의 신촌보다는 상권의 규모가 작고 역시 과거보다는 생기가 덜하지만, 그래도 주변에 카이스트, 경희대, 외대가 있어서 안정적인 수요를 확보하고 있고 임대수익률도 잘 나오는 편이다. 그런 임대수익률에 힘입어 가치평가를 해보면 매매가격이 다소 아쉬운 점도 있어 물건별 가치분석을 하면서 접근해야 한다.

건대는 2호선·7호선 더블역세권과 광진구의 대표적인 대형 상권으로 성장하면서 인근 한양대, 세종대 수요뿐만 아니라 일반인 수요까지 흡수하면서 대학 상권 수준을 넘어섰다. 임대수익도 잘 나오지만 그만큼 매매가격이 높아서 쉽게 접근할 수 있는 수준은 아니다.

성균관대, 서울대병원, 가톨릭대, 한성대, 성신여대가 있는 혜화동·명륜동 대학로 주변 지역은 대학 수요뿐만 아니라 문화·예술 수요의 해방구가 되면서 대형 상권으로 성장했다. 임대수요도 잘 맞춰지는 좋은 지역이지만 매매가격이 3.3m²당 3천만 원 이상으로 형성되어 있어서 역 접근성, 입지, 건물상태 등을 종합적으로 따져보아야 한다. 가격이 부담스러우면 4호선 혜화역 다음 역인 한성대입구역과 성신여대입구역(돈암) 주변 지역들도 같이 알아보는 것도 좋다.

다만 요즘 대학교들이 기숙사를 신축하면서 원룸 임대수요 감소를 우려하는 주변 원룸임대인들과 충돌이 발생하고 있기 때문에 대학 주변 지역에 투자할 때는 대학교의 기숙사 신축 움직임도 확인할 필요가 있다.

꼬마 빌딩 관련
인터넷조사는 이렇게 하자

발품팔기 이전에 손품부터 팔아야 한다.
인터넷을 이용해 공적장부와 실거래가, 주변 환경과 매물정보까지 확인해보자.

수익률이 좋다는 꼬마 빌딩을 추천받고 현장에 간 A씨, 막상 보니 땅이 작고 건물 모양도 반듯하지 않았지만 외관이 깨끗하고 이만한 물건이 없다는 말에 덥석 계약했다. 그런데 집에 와서 등기부등본과 토지이용계획을 보니 소유권자가 6명이나 있었고, 땅도 90m²(27평) 정도로 향후 신축이 불가한 수준이었다. 계약해제를 요청하니 이미 계약서에 도장을 찍어서 계약해제는 어렵다는 답변만 들었다. 누구를 원망하겠는가? 제대로 조사하지 않고 계약한 본인 과실이다. 인터넷조사만 제대로 했더라도 이런 낭패를 보지는 않았을 것이다.

현장조사를 나가기 전에 인터넷을 통한 사전조사를 먼저 하는 것이 좋다. 인터넷조사로 해당 물건의 가치를 100% 다 확인할 수는 없지만 물건의 정확한 가치평가를 위해 반드시 필요하다. 어느 정도 경험이 축적된 분들이라면 인터넷조사만 해도 80% 이상의 타당성을 확인할 수 있다. 현장조사는 비용과 시간이 들어가기 때문에 인터넷조사 결과 타당성이 있는 물건만 현장조사를 나가도 된다.

인터넷조사로
알아보아야 할 사항

등기부등본

등기부등본(63쪽)은 권리관계를 확인하기 위한 가장 기본적이고 필수적인 공적장부다. 양도인과 소유권리자의 이름, 주소 등을 비교해 동일인 여부를 확인하고 압류나 근저당 등 권리관계를 확인한다. 대출을 받기 위해 설정된 근저당은 계약시 특약사항에 말소조건임을 명시하는 것이 좋다. 특히 압류 등 권리관계가 복잡하거나 소유권이 한 사람이나 부부가 아닌 여러 사람이 복잡하게 엮여 있다면 한 사람 말만 듣지 말고 계약 전에 여러 명의자들이 모두 매매에 동의를 하는지 확인이 필요하다. 계약시 특약사항에 잔금일 전에 권리관계나 소유권 문제가 해결되지 않을 시 그 책임은 양도인에게 있다는 내용을 특약사항에 명시하는 것이 좋다.

건축물관리대장

건축물관리대장(66쪽)을 열람해 건폐율(예: 59%), 용적률(예: 210%), 용도지역(예: 제2종 일반주거지역), 건축물 주용도(예: 다세대주택, 다가구주택, 단독주택 등), 승강기 유무 및 대수, 준공일, 위반건축물 등의 정보를 확인해야 한다. 특히 변동사항에 기입된 위반건축물(109쪽)은 반드시 현장조사시 철저하게 검증할 필요가 있다. 예를 들어 대지면적 250m²의 4층 건축물인 경우 건폐율이 59.3%면 대지면적에서 59.3% 만큼 건축했다는 의미이고, 용적률이 211%면 연면적(용적률산정용)은 528m²로 각 층당 132m² 정도 건축되어 있다고 볼 수 있다.

토지이용계획

먼저 토지이용계획(70쪽)을 열람해 대지면적(예: 250m²), 공시지가(예: 22억 원), 용도지역(예: 제2종 일반주거지역) 등의 정보를 확인한다. 공시지가는 현장조사시 다른 물건과 비교하기 위해 3.3m²당 가격으로 환산해 기록해두자. 예를 들어 대지면적 250m², 공시지가 22억 원이면 3.3m²당 가격은 2,900만 원 정도다. 확인도면에 나오는 대지 모양도 반드시 확인해야 한다. 재개발지역을 제외하고는 반듯한 사각형 모양 땅일수록 좋고, 도로가 인접해 있어야 좋다.

실거래가

PC나 스마트폰으로 실거래가를 확인할 수 있다. 아파트의 경우에는 동일 아파트에 여러 세대가 있으니 동일 면적의 비슷한 층수 물건의 실거래가를 확인하면 되지만, 단독주택이나 다가구주택 등은 물건주소지 인근 면적이 비슷한 여러 개 물건의 실거래가 정보를 확인해서 면적 3.3m²당 가격과 면적, 주소정보를 메모해두자. 현장조사시 해당 물건과 비교분석을 하면 도움이 되기 때문이다.

　하지만 인터넷으로 확인하는 실거래가격은 원칙적으로는 실거래 신고를 한 금액이기에 100% 정확해야 하지만 현실은 현장에서 불법으로 다운계약이나 업계약을 하는 경우도 있다. 그래서 신뢰도는 떨어질 수 있기 때문에 절대 기준으로 삼기보다는 참고용으로 생각하는 것이 좋다. 참고로 실거래가격은 국토교통부 실거래가공개시스템(rt.molit. go.kr)에서 확인 가능하다.

부동산 포털사이트 활용

네이버, 다음 등 인터넷 포털사이트 부동산이나 닥터아파트, 조인스랜드, 부동산뱅크 등 전문부동산 포털사이트에 접속하면 다양한 매물정보를 지도와 함께 확인할 수 있다. 실거래가 확인과 같이 해당 물건의 주변 지역에 매물로 등록된 물건의 면적, 가격정보를 확인해 면적 3.3m²당 가격과 면적, 주소정보를 메모해두면 현장조사시 자료로서 가치가 있다.

지도를 볼 때는 해당 물건의 지하철역 접근성, 버스정류장 접근성, 도로와 횡단보도 유무, 주변 환경(아파트 단지 상권이냐 오피스 상권이냐 공장지역이냐 등) 등을 사전에 확인하고, 현장조사를 위해 해당 물건 주변이 나온 지도를 프린트하는 것도 좋다.

또한 요즘 인터넷 지도는 길을 따라 연속된 현장사진을 볼 수 있는 기능(네이버의 거리뷰, 다음의 로드뷰)이 있다. 이런 기능을 이용해 현장사진을 미리 확인하면 직접 현장조사를 하지 않더라도 어느 정도 현장 분위기와 모습은 확인할 수 있어서 큰 도움이 된다.

꼬마 빌딩 관련
현장조사는 이렇게 하자

발품을 팔아야 완벽한 물건분석을 할 수 있다.
상권 및 입지 분석, 건물분석, 중개사 등 현장조사의 노하우를 알아보자.

대학로 근처 물건을 조사해달라는 의뢰를 받고 현장조사를 나간 적이 있었다. 지도를 보아도 찾기 어렵고 더군다나 오르막길이어서 힘들게 올라가서 겨우 물건을 조사했다. 그러다 과연 이런 힘든 오르막길을 감수하고 들어오려는 임차인이 있을까 하는 생각과 공실이 생기면 다른 임차인을 구하는 것도 쉽지 않아 보여서 부정적인 검토의견을 주니까 의뢰인이 말했다.

"전 매일 등산을 다녀서 그 정도 경사는 하나도 힘들지 않던데요!"

그렇다. 이 의뢰인은 상대방이 어떻게 느낄지 생각하지 못한 것이다. 내 마음도 중요하지만 다른 많은 사람들이 선호하고 좋다고 인정하는 물건이 좋은 물건이다. 다수의 의견이 흐름이 되고 가치를 형성하기 때문이다. 그래서 현장조사를 할 때는 반드시 자신의 주관적인 견해보다는 다수의 입장에서 객관적으로 조사하는 것이 중요하다.

현장조사에서
확인해야 할 사항

상권 및 입지 분석

임대수익률이 안정적으로 높게 잘 나오고 공실률이 낮으며 공실이 발생하더라도 빨리 공실이 채워질 수 있는 좋은 물건이 되려면 안정적인 수요가 뒷받침되어야 하기에 상권 및 입지 분석이 중요하다.

상권은 유동인구와 고정인구가 결합된 수요공간으로, 상가는 유동인구흐름이 중요하고 주택은 고정인구가 중요하다. 물론 상권이 좋으면 그만큼 매매가격이 높기 때문에 5억~20억 원대 자금으로 꼬마 빌딩을 구입하려는 투자자라면 무조건 최고 상권만 고집할 필요는 없다. 투자자금에 맞고, 수익률이 유지될 수 있도록 안정적인 임대수요가 확보되고, 상권이 안정적으로 유지되거나 혹은 살아나는 상권이 오히려 더 좋다. 반대로 상권이 10년 전과 비교해서 쇠락하거나 향후 주변 5km이내 새로운 상권이 형성되어 수요층을 빼앗길 가능성이 있는 상권은 주의가 필요하다.

입지는 상권에 비해서는 좁은 개념으로 해당 물건의 주변 상황이라 이해하면 되겠다. 지하철역 접근성은 말이 필요 없을 정도로 중요하다. 도보로 5~10분 거리면 좋고, 도보 10분 이상 걸리면 버스정류장이라도 가까이 있는 것이 좋다. 버스정류장은 도보 3~5분 이내 거리에, 버스노선이 많을수록, 운행간격이 짧을수록 좋다. 신도시의 경우 강남이나 서울역 도심으로 운행하는 광역버스정류장이 가까울수록 유리하다.

꼬마 빌딩 주변 도로가 확보되는 것도 좋은 입지다. 가급적 차량운행이 불편하지 않게 도로 폭이 최소 6m, 보통 8m 이상이면 좋고, 횡단보도가 해당 물건 바로 앞이나 인접해 있으면 금상첨화다. 도로가 있고 도로 폭도 넓으며 통행량이 많으면 좋지만 통행차량 속도가 빨라서 흘러가는 자리는 주의가 필요하며, 오히려 차량속도가 느리고 잠깐 주차도 할 수 있는 도로가 더 좋다. 그리고 차량과 유동인구까지 함께 흐르는 자리는 주의가 필요하다.

유동인구 흐름이 많은 보행로도 좋지만, 단순히 눈에 보이는 유동인구가 많다고 무조건 좋다고 생각하면 큰 오산이다. 단순히 유동인구의 흐름이 중요한 것이 아니라 자신의 건물에 유입될 수 있는 유동인구가 많은 것이 중요하다. 만약 차량속도나 도보속도가 지나치게 빠르고 지하철역 등 어떤 목적성이 있는 유동인구가 많다면 흘러가는 자리일 가능성이 높다.

안 그래도 바쁜 아침 출근시간에 지하철역에서 내려서 기웃거리는 사람이 많지 않을 것이고, 또 퇴근시간에 모처럼 약속이 있어서 나간 지하철역이 아니라 집에 가기 위해 내린 지하철역이라면 바로 집으로 발걸음을 옮길 가능성이 높다. 이렇듯 아침 출근시간과 저녁 퇴근시간에 지하철역으로 가는 길목이라면 출퇴근 이외 시간의 유동인구 흐름을 체크하는 것이 흘러가는 자리를 피할 수 있는 방법이다.

땅의 경사도도 중요하다. 오르막과 내리막의 경사도가 가팔라서 걸어서 다니기 힘든 경우라면 마이너스 요인이 될 수 있다. 대부분 사람들은 굳이 오르막 내리막 급경사를 감내하면서까지 이용할 만한 가치가 있는 특별한 곳이 아니라면 경사가 있는 곳을 꺼려하기 때문에 가급적 경사도가 심한 곳은 피하는 것이 좋다. 같은 임대료를 내고 오르막을 걷고 싶은 임차인은 없을 것이기에 대부분 임대인들은 임대료를 낮출 수밖에 없고, 임대료가 낮아지면 수익률이 감소한다. 또한 수요자들이 꺼리는 곳은 공실이 생길 경우 공실기간이 길어질 수도 있다.

마지막으로 인터넷조사시 체크한 주변의 다른 물건도 같이 확인해 주변 물건 대비 경쟁력이 있는지 비교하는 것도 큰 도움이 된다.

건물분석

건물상태를 확인할 때 가장 중요하게 보아야 할 것은 하자수리와 개선가능성이다. 지금 당장 파손되거나 하자가 있다면 잔금 전까지 수리를 해주는 조건으로 계약하면 된다. 하지만 보유하는 동안 지속적으로 문제가 발생할 수 있는 누수, 난방, 수도 등의 문제는 눈으로 확인하기 어렵기 때문에 계약 전에 반드시 임차인들에게 확인을 해보는 것이 좋다.

반면 지금 문제가 있더라도 개선이 가능한 문제는 오히려 장점으로 전화위복할 수 있는 기회가 될 수 있다. 현재 임대료가 주변 시세보다 낮은데 건물 관리만 더 신경 쓰면 계약갱신시 임대료 인상이 가능한 단순한 문제라면 당연히 긍정적인 검토가 필요하다. 그러나 현재 건물상태가 너무 노후화되거나 안 좋아서 단순 관리만으로 해결이 안 될 문제라면 건물외관상태, 관리상태, 엘리베이터 유무, 주차장 등 건물상태를 꼼꼼하게 확인한 후 개선이 필요한 부분을 체크한다. 공사비 견적과 공사 후 예상 임대료 상승분을 비교해서 타당성이 있다고 판단되면 매입가치가 있다고 할 수 있으며, 오히려 이런 경우에는 노후화된 외관 등 문제점을 지적하며 매입가격을 더 낮추는 협상카드로 활용하는 것도 좋다. 건물분석 후 리모델링과 관련해서 305쪽에서 상세히 설명하도록 하겠다. 하지만 개선이 어려운 문제가 있는 물건은 저평가가 아닌 저가일 뿐 매입가치는 없다.

그리고 인터넷으로 확인한 토지이용계획상 땅 모양과 현장의 땅 모양을 비교해보아야 한다. 실제로 보는 것이 다를 수도 있기 때문이다. 땅 모양이 이상하거나 주차장법이 강화되기 전 지어진 건축물이라 현재 건물상태로는 주차장법을 충족시킬 수 없는 등 구조적인 문제가 있을 수 있다. 만약 개선이나 신축이 불가능한 매물이라면 재개발지역이거나 특별히 주변 시세보다 아주 낮은 가격조건이 아닌 이상 매입가치는 낮다고 할 수 있다.

사전 인터넷조사에서 위반건축물을 발견했거나 의심스러운 부분이 있다면 반드시 현장조사에서 두 눈으로 확인해야 한다. 그런 부분을 확인한 후 계약을 진행한다면 계약 전에 이슈화해서 해결을 하거나 매입가격에서 할인을 받거나 하는 조치를 취할 필요가 있다.

현장 공인중개사 방문

현장 공인중개사 방문은 현장조사를 할 때 필수코스다. 현장에서 중개업을 하는 공인중개사는 물건이 있는 지역의 분위기, 매매시세, 임대시세, 개발호재 등을 가장 잘 알고 있는 전문가이기 때문이다. 전문지식과 경험이 풍부한 우수한 전문 중개사도 많은 반면 양심을 속이고 오직 물건만 팔려고 하는 장사치 같은 중개사들도 가끔 있기 때문에 2~3곳 정도 방문해서 다양한 의견을 수렴하는 것이 좋다.

아무래도 현장 공인중개사들은 거래를 성사시켜야 존재의 이유가 있는 직업이기 때문에 물건을 사려는 양수인에게는 다소 긍정적으로, 물건을 팔려는 양도인에게는 다소 부정적인 의견을 말하는 경향이 있다. 이런 점을 감안해서 판단하는 것이 좋다.

의견수렴을 할 때 대상 물건을 직접 중개하는 중개사는 거래 당사자이다 보니 조금 더 객관적인 정보를 얻기 위해 다른 중개사의 의견을 들어보는 경우가 있다. 당연히 필요한 과정이지만 지켜야 할 에티켓이 있으니 주의하자.

주변 지역의 일반적인 물건들의 매매와 임대시세, 공실, 개발호재, 최근 분위기 등에 대한 정보 정도는 의견을 들어보는 것은 좋지만 같은 물건정보를 흘려서 경쟁을 유도시키는 것은 상도에도 어긋난다. 자칫 여러 중개사들이 한 명의 양도인에게 연락하면서 오히려 호가를 올리거나 매물을 회수하는 경우도 많이 발생하기 때문이다. 한번 믿고 의뢰해서 계약을 진행하는 중개사에 대한 신뢰와 믿음은 지켜주는 것이 좋고 본인에게도 유리하다.

꼬마 빌딩 관련
계약은 이렇게 하자

계약은 돈과 소유권의 문제이기 때문에 매우 중요하다.
꼬마 빌딩 주인이 되기 위한 마지막 관문, 계약 노하우를 공개한다.

현금 10억 원으로 서울에 있는 수익률 좋은 꼬마 빌딩을 구입하고 싶다
는 A씨. 여러 물건을 보았지만 만족스러운 것이 없다. 매매가 13억 원,
수익률 4.8%의 중랑구 상가주택은 지역이 마음에 안 들어서 싫고, 매
매가 18억 원, 수익률 4.5%의 송파구 삼전동 원룸빌딩은 오래되어서
싫고, 매매가 20억 원, 수익률 4.7%의 강동구 천호동 신축 상가주택
은 미래가치가 없을 것 같아서 싫고, 매매가 23억 원, 수익률 4.8%의
강남구 역삼동에 위치한 원룸·투룸이 혼합된 다가구주택은 돈이 부
담스러워서 싫고, 신사동 상가주택은 전봇대가 있어서 싫다고 한다.
과연 A씨는 꼬마 빌딩을 구입할 수 있을까?

A씨와 같이 100% 만족하는 파랑새를 찾는 투자자는 결코 꼬마 빌

딩 주인이 될 수 없다. 그런 부동산은 현실에 없기 때문이다. 입지 좋고 수익률 좋고 건물상태 좋고 미래가치까지 있는 물건이라면 당연히 매매가격이 높을 것이다. 그렇게 조건이 좋은 물건이 저렴한 급매물로 나올 리가 없고, 정말 운이 좋아서 나온다고 해도 그 운이 자신에게 올 가능성은 거의 없다. 100%를 찾기보다는 자신이 정말 중요하게 생각하는 우선순위를 80% 만족하는 물건이면 된다.

충분한 조사와
빠른 결정이 중요하다

대기업에 다니는 B씨는 점심을 먹다가 옆 부서 박 부장이 강남구 역삼동에 꼬마 빌딩을 구입했다는 이야기를 듣고 귀가 솔깃해져서 퇴근 후 역삼동의 한 부동산 중개업소를 방문했다. 바로 그날 마침 좋은 급매물이 나왔는데 빨리 계약하지 않으면 안 된다는 말에 계약금을 입금해버렸다. 그런데 다음 날 혹시나 하는 마음에 다른 부동산 중개업소를 방문하니 더 좋은 입지에 매매가격은 비슷한 물건이 있는 걸 알고 땅을 치며 후회하고 있다.

꼬마 빌딩을 구입하고자 마음먹고 시간이 날 때마다 현장조사를 다니고 있는 C씨는 2주일 전 수익률은 다소 낮지만 코너자리 입지가 좋고 매매가격도 주변 시세보다 낮게 나온 상가주택을 추천받고 고민에 빠졌다. 수익률이 낮기는 하지만 리모델링 공사를 하면 임대료 인상이 가능해 보였기 때문에 낮은 수익률은 문제가 되지는 않을 것 같았다. 그런데 '더 좋은 물건이 또 나오지 않을까?' '내가 너무 무리하는 것은 아닐까?' '내가 관리를 잘 할 수 있을까?' 하는 고민을 일주일간 하다가 드디어 계약하기로 마음먹었지만 어제 계약이 되어버렸다는 연락에 후회를 하고 있다.

B씨는 제대로 알아보지도 않고 너무 빨리 쉽게 계약을 했고, C씨는 반대로 너무 고민을 오래해서 기회를 놓쳐버렸다. 이렇듯 충분한 조사와 빠른 결정이라는 2마리 토끼를 모두 잡아야 좋은 꼬마 빌딩 주인이 될 수 있다.

좋은 물건은 오래 기다려주지 않기 때문에 가급적 빨리 일주일 이내에 계약 유무에 대한 결정을 내리는 것이 좋다. 물건 정보를 입수 후 2~3일 내 인터넷을 통한 사전조사와 현장조사를 해서 타당성이 있다고 판단되면 계약 의사가 있음을 부동산에 알려준다. 그리고 부동산에서 양도인과 계약에 대한 협의를 하는 동안 추가조사와 고민을 한 후 계약을 진행하면 된다.

놓치기 아까운 좋은 물건이고 다른 양수인이 붙어서 경쟁하는 상황이라면 계약 전에 먼저 가계약금을 입금하는 것도 좋다. 가계약금으로 너무 큰 금액을 걸어둘 필요는 없다. 우선권을 잡는 취지이기 때문에 정말 놓치기 아까운 특별히 좋은 물건이라면 1천만 원 이상 가계약금을 걸어도 되지만 그런 경우가 아니라면 500만 원 이내가 적당하다.

다만 일부 부동산 중개업소에서 계약을 성사시키기 위해 마치 다른 양수인이 있는 것처럼 과장 허위정보를 알려주고 가계약금 입금을 종용하는 경우도 있는데 이런 분위기에 흔들리지 말고 반드시 본인이 타당성이 있다고 판단할 때 가계약금을 입금해야 할 것이다.

계약금을 입금하면
돌이키기 어렵다

계약서를 작성하기 전에 계약금을 먼저 입금하는 경우 혹은 계약서 작성 후 24시간 이내 계약해제를 요구하는 경우에는 계약무효가 된다고 쉽게 생각하는 투자자들이 많다. 하지만 계약해제는 그렇게 간단한 문제가 아니다.

계약서를 작성하기 전이라도 계약금 명목으로 입금했다면 이미 계약이 성립된 것이다. 또 계약서를 작성하더라도 24시간 이내 해제 요구를 하면 계약무효가 된다는 것은 근거 없는 이야기로, 계약해제를 하려면 위약금이 발생하며 이미 낸 계약금은 돌려받기 어렵다. 그리고 계약서를 작성하고 나면 계약금을 포기한다 하더라도 추가 위약금이 발생할 수도 있다.

예를 들어보자. 20억 원의 상가주택을 계약하기 위해 계약서를 작성하기 전 가계약금 명목으로 5천만 원을 입금했다. 계약서를 이틀 후에 쓰기로 했다가 쓰기 전 계약해제를 하고 싶은 경우에는 이미 입금한 5천만 원을 위약금으로 간주하고 계약해제를 할 수 있다. 하지만 계약금 10%, 2억 원으로 계약서를 작성한 뒤 5천만 원을 입금해주고 나머지 계약금 1억 5천만 원을 이틀 후에 주기로 했다가 마음이 바뀌어서 계약해제를 하고 싶은 경우에는 어떻게 될까? 이미 입금한 5천만 원 외 나머지 1억 5천만 원까지 위약금이 될 수 있다. 이런 분쟁이 자주 발생하고 있으니 주의가 필요하다.

확신이 없거나 제대로 타당성 확인을 못 한 상황에서 엉겁결에 계약을 하게 되는 경우에는 특약사항에 계약 후 24시간 이내 또는 언제까지 계약해제 요구시 본 계약은 무효로 한다라는 내용을 명시하는 것이 좋다. 반대로 놓치기 아까운 너무 좋은 물건이어서 반드시 계약이 행하고 싶은 경우에는 계약금을 많이 걸거나 중도금을 빨리 입금하는 것이 좋다. 계약금이 많으면 양도인 입장에서는 위약금이 부담스러워서 쉽게 계약해제를 못하는 경우가 많고, 중도금이 지불되면 위약금을 떠나 일방적 계약해제가 불가하기 때문이다.

계약이 무사히 끝났다면 중개보수료는 가급적 잔금일에 지급하는 것이 좋다. 본래 중개보수료는 계약에 대한 수수료이기 때문에 계약시 지불하는 것이 원칙이다. 하지만 계약을 진행하면서 요구해야 하는 일이 있고 양도인과 양수인 간 협상시 중개사의 역할이 중요하기 때문에 중개보수료를 미리 지급하기보다는 계약이 마무리된 후 지급하는 것이 좋다. 만약 중개사가 보수료 선지급을 요청한다면 전액을 잔금일에 주겠다고 하거나 보수료 절반은 선지급하고 나머지 절반은 잔금일에 주겠다고 하면 된다.

중개보수료는 법정보수료이기 때문에 당연히 정해진 요율을 넘어서는 과도한 보수료 요구는 거부해야 한다. 하지만 좋은 물건을 계약하는 데 중개사의 역할이 컸고 고생을 많이 했다면 법정보수료 외 추가로 더 줄 수도 있다. 이렇게 보너스 개념으로 더 줄 거라면 미리 중개사에게 이야기를 하는 것이 좋다. 왜냐하면 보수료를 더 준다고 하면 인지상정인지라 더 친절하고 더 열심히 일을 처리해줄 것이기 때문이다.

세금문제는 계약 전에
미리 점검해야 한다

　　　　　3개월 전 15억 원의 상가주택을 구입하게 된 D씨는 분양받은 강남 아파트에 입주하면서 10년 동안 살았던 목동 아파트를 일시적 2주택양도세 비과세로 7억 원에 양도했다. 그런데 며칠 전 친구에게서 상가주택이 주택 부분에 대해서는 상가가 아니라 주택으로 간주된다는 말을 들었다. 깜짝 놀라 세무사를 찾아갔지만 이미 계약이 마무리된 상황에서 세무사도 어떻게 할 수가 없었고, 일시적 2주택에 해당되지 않은 D씨는 양도세 폭탄을 맞게 되었다. 계약 전 세무사를 만났더라면 목동 아파트 양도를 늦추거나 다른 방법을 찾았을 텐데, 이미 끝난 상황에서 뒤늦게 후회해도 소용없었다.

　　계약시 공인중개사가 계약 관련 일을 맡아서 진행하지만 전문 중개사도 직접 계약 외 세금부분에 대해서는 미처 인지하지 못하거나 놓치는 경우가 있어서 낭패를 볼 때가 있다. 세금문제는 순전히 본인 책임이기 때문에 반드시 계약 전에 세무사를 찾아가서 본인의 자산 상황을 알리고 계약시 발생하는 세금에 대해 상세 계산과 세무 컨설팅을 받아보는 것이 좋다.

　　세금은 한번 잘못하면 돌이킬 수도 없다. 잘못하다 세금폭탄을 맞을 수도 있고, 실제로 많은 피해사례들이 발생하고 있다. 반드시 계약 전에 세무사의 세무상담을 받고 진행하기를 추천한다.

공동명의가
유리할까, 불리할까?

요즘은 부부 공동명의가 대세다.
단독명의와 공동명의일 때 세금을 계산해보고 유리한 선택을 해야 한다.

요즘은 부동산 공동명의가 대세다. 많은 분들이 별 고민 없이 공동명의를 하고 있는데, 과연 공동명의가 유리할까? 꼬마 빌딩이라면 꼭 그렇지만도 않다. 지금부터 함께 알아보자.

결정하기 전
계산해보아야 할 세금

주택을 구입할 때는 양도세 누진공제나 재산공동분할 차원에서 공동명의가 유리하다. 하지만 꼬마 빌딩의 경우에는 조금 더 따져볼 필요가 있다. 주택과 달리 양도소득세뿐만 아니라 종합소득세와 건강보험료도 고려대상이 되기 때문이다.

종합소득세

종합소득세는 소득에 대해 발생하는 세금으로, 근로소득 등 다른 소득과 합산해 다음 해 5월에 신고 납부해야 한다. 임대소득만 있다면 간단하겠지만 그렇지 않을 때가 문제다. 만약 배우자가 직장을 다닌다면 근로소득이 발생하고, 이 근로소득과 임대소득을 합산해 계산하면 세율이 올라가면서 종합소득세를 더 많이 내야 할 수도 있기 때문이다. 이렇게 종합소득세만 보면 소득이 없는 배우자 명의로 하는 것이 유리할 수도 있다.

예를 들어보자. 다음 페이지 표는 근로소득이 4천만 원이 있는 남편과 전업주부인 부인이 꼬마 빌딩을 구입해 임대소득 4천만 원이 발생했을 때 남편 단독명의로 했을 경우와 부부 공동명의로 했을 경우 종합소득공제를 1천만 원으로 가정해 종합소득세를 비교 계산한 것이다. 남편 단독명의로 하면 1,158만 원의 종합소득세가 발생하는 반면 부부 공동명의로 하면 888만 원으로, 270만 원이 줄어든 것을 알 수 있다.

하지만 이런 단순계산만으로 무조건 공동명의가 유리하다고 할 수는 없다. 건강보험료와 양도소득세도 고려해야 하고, 종합소득세 대출이자의 비용처리 부분도 논란이 될 수 있기 때문이다.

부동산 취득시 대출을 받은 경우 이자비용은 임대시 전액 비용으로 인정을 받고, 임대보증금 반환을 위한 대출이자도 경비로 인정받을 수 있다. 그런데 공동사업자의 경우에는 대출이자에 대해 논란이 있는 것이 사실이다. 세무서에서는 공동명의는 이자비용을 필요경비로 인정

구분	단독명의	공동명의	
	남편	남편	부인
임대소득	4천만 원	2천만 원	2천만 원
+근로소득	4천만 원	4천만 원	0원
종합소득금액	8천만 원	6천만 원	2천만 원
−종합소득공제	1천만 원	800만 원	200만 원
과세표준	7천만 원	5,200만 원	1,800만 원
×세율	24%	24%	15%
−누진공제	522만 원	522만 원	108만 원
=산출세액	1,158만 원	726만 원	162만 원
계	1,158만 원	888만 원	

ㅣ 단독명의와 공동명의일 때 종합소득세 비교

을 하지 않기 때문에 절세를 위해 부부 공동명의로 했다가 낭패를 보는 경우가 있다. 많은 세무사들도 세무서 지침에 따라 공동명의의 이자비용을 필요경비에서 빼고 안전하게 신고를 한다. 이렇게 이자비용을 필요경비로 인정받지 못하면 오히려 공동명의가 더 손해가 될 수도 있다.

다만 대출금의 지급이자도 필요경비에 해당된다는 판례가 나왔고, 필요경비로 포함시켜 신고를 하더라도 세무서에 따라 인정이 되는 경우가 더 많다. 그래서 알선 현장 부동산이나 세무사들은 일단 필요경비에 포함시켜 신고하지만 세무서에서 인정이 안 되거나 논란이 될 수도 있다는 점을 미리 공지하기도 한다.

이렇듯 공동명의시 이자에 대한 비용처리 부분은 반드시 확인하는 것이 좋다.

의료보험료

임대소득이 없었을 때는 근로소득자인 남편의 직장의료보험에 같이 올라가 있어서 건강보험료에 대한 걱정을 할 필요가 없었는데, 임대수입이 발생하고 사업자등록을 하면 지역건강보험으로 전환되면서 보험료가 부과되기 때문에 주의가 필요하다.

근로소득자인 배우자는 근로소득금액 외 임대소득금액이 연 7,200만 원 이하라면 추가되는 건강보험료가 없다. 하지만 근로소득자가 아닌 사람은 사업자등록을 하면 지역건강보험료가 부과되는데, 공동명의 임대수익 2천만 원 정도라고 가정하면 지역건강보험료로 월 10만~20만 원 정도가 부과될 수 있다.

양도소득세

양도소득세는 양도차익에 대한 세금으로, 양도차익 구간에 따라 6~38% 누진세율이 적용된다. 공동명의를 통해 누진세율이 낮은 단계를 적용받으면 공동명의가 당연히 더 유리하고, 같은 누진세율 구간이라고 하더라도 기본공제 250만 원을 각각 적용받기 때문에 단독명의보다 공동명의가 더 유리하기는 하다.

다음 페이지 표에서 보듯이 양도가액 15억 원, 취득가액 10억 원의 양도세를 남편 단독명의와 부부 공동명의로 했을 경우 양도소득세를 비교해보면 부부 공동명의가 조금 더 유리함을 알 수 있다.

| 단독명의와 공동명의일 때 양도소득세 비교

구분	단독명의	공동명의	
	남편	남편	부인
양도가액	15억 원	7억 5천만 원	7억 5천만 원
− 취득가액	10억 원	5억 원	5억 원
양도차익	5억 원	2억 5천만 원	2억 5천만 원
− 장기보유특별공제	15%	15%	15%
− 기본공제	250만 원	250만 원	250만 원
과세표준	4억 2,250만 원	2억 1천만 원	2억 1천만 원
× 세율	38%	38%	38%
− 누진공제	1,940만 원	1,940만 원	1,940만 원
= 산출세액	1억 4,115만 원	6,040만 원	6,040만 원
계	1억 4,115만 원	1억 2,080만 원	

　이렇게 종합소득세, 의료보험료, 양도소득세를 계산해보면 단독명의보다는 공동명의가 유리한 부분이 많고, 재산 공동책임 및 공동분할 차원에서도 공동명의가 좋은 것은 맞다. 하지만 앞서 설명했듯이 종합소득세 비용처리에서 공동명의시 세무서에서 인정이 안 될 수도 있기 때문에 반드시 세무사와 심도 있는 검토를 한 후 유리하다고 판단되는 단독명의 혹은 공동명의로 하는 것이 좋다.

사업자등록,
어떻게 할 것인가?

사업개시일 20일 이내 관할 세무서에 가서
사업자신고를 하지 않으면 가산세가 부과된다.

꼬마 빌딩 주인이 되면 부가세 환급을 위해서라도 사업자등록을 해야
한다. 필요한 서류를 갖춰 관할 세무서에 가서 신청하면 된다.

임대인이라면 해야 할
사업자등록

임대인이 되면 사업자등록을 해서 사업자가 되어야 한다.
사업자등록은 사업자가 관할 세무서에 사업을 하겠다고 신고하는 것으
로, 사업자는 사업장마다 사업개시일부터 20일 이내에 사업자 관할 세

| 사업자등록 신청시 필요 서류

제출 서류	비고
사업자등록신청서 2부	
임대차계약서 사본	사업장을 임차하는 경우
허가증 사본(해당 사업자), 허가신청서 사본 또는 사업계획서	해당 사업자 허가 전에 등록하는 경우
동업계약서	동업사업일 경우
여권 사본 또는 외국인등록증 사본, 납세관리인 설정 신고서	재외국민 또는 외국인, 국내 주재하지 않는 경우
위임장	대리인 신청의 경우
임대차계약서 원본, 해당부분 도면	상가건물임대차보호법 확정일자를 받는 경우(임차한 사업장이 건물 일부인 경우)

무서장에 사업자등록을 신청하는 것이 원칙이다. 신규로 사업을 시작하는 경우에는 사업개시일 이전이라도 사업자등록을 신청할 수 있다.

사업자가 사업개시일로부터 20일 내에 사업자등록을 신청하지 않는 경우에는 미등록기간에 발생한 공급가액의 1%를 미등록가산세로 부과하며, 이 가산세가 적용되는 경우 매출세금계산서 관련 가산세는 적용되지 않는다.

부동산임대업의 사업장은 원칙적으로 부동산 등기부등본상 소재지가 되며, 여러 지역에서 임대업을 하면 사업장이 여러 개가 되는 것이다. 각 사업장별로 등록하는 것이 원칙이지만 하나의 건물에 있는 경우에는 통합해 하나로 등록할 수 있다. 그 중 하나를 양도하는 경우 포괄양수도 계약을 적용받을 수도 있다. 여러 군데 나누어져 있는 경우에는 사업자단위과세제도를 이용하면 부가가치세 업무 등을 한곳에서 할 수 있다.

부가가치세 환급을 위한 사업자등록시점은 공급일이 속하는 과세기간 종료일로부터 20일 이내다. 만약 공동사업자가 사업자등록을 할 때는 동업계약서상에 소득분배비율을 표시해 세무서에 제출하면 된다.

사업자가 사업자등록 전에 사업과 관련해 일반사업자로부터 주민등록번호로 세금계산서를 발급받고 과세기간 종료 후 20일 이내에 사업자등록을 신청한 경우에는 공급시기가 속한 과세기간의 부가가치세 신고시 환급받을 수 있다.

예를 들어, 상가를 취득해 계약일 2016년 3월 1일, 중도금 4월 1일, 잔금일이 5월 1일이고, 임대개시일이 6월 1일이면 사업개시일은 6월 1일이 된다. 제1과세기간(1월 1일~6월 30일)이 종료한 달의 말일부터 20일 이내인 2016년 7월 20일 이내 사업자등록을 신청하면 3월 이후 발생한 부가가치세 환급이 가능하다.

꼬마 빌딩 취득시 발생하는 세금 1
_취득세

취득세는 꼬마 빌딩 취득시 발생하는 세금으로 농어촌특별세와 교육세가 추가된다.
취득일 60일 이내 납부하지 않으면 가산세가 발생한다.

강남의 지하상가를 8억 원에 취득한 A씨는 취득세를 내려고 확인하다 깜짝 놀랐다. 취득세 과세표준이 8억 원이 아니라 10억 원이었고, 늘어난 과세표준만큼 취득세를 더 내야 했기 때문이다. 왜 과세표준이 10억 원이 되었을까? 취득세의 과세표준은 대부분 매매가격이 되지만 시가표준액이 매매가격보다 높은 경우에는 매매가격이 아닌 시가표준액이 취득세 과세표준이 되기 때문이다. A씨가 구입한 상가의 시가표준액은 매매가격보다 높았던 것이다. 이렇듯 간단해 보이는 취득세도 알아야 힘이 되는 부분이 많다.

꼬마 빌딩을 취득할 때 발생하는 세금은 취득세와 부가가치세인데, 이 장에서는 취득세를, 부가가치세는 다음 장에서 설명하도록 하겠다.

구분	취득일
정상 거래	잔금지급일
계약상 잔금지급일 불명시	계약일로부터 60일 경과
무상승계	계약일
상속	상속개시일
증여	계약일 전 등기 등기일 계약일 전 등록 등록일

취득세는 자산 취득시 발생하는 세금으로, 취득세와 농어촌특별세(취득세 1/2의 10%), 교육세(취득세 1/2의 20%)가 추가된다. 취득세는 취득일로부터 60일 이내에 물건지가 있는 시·군·구청에 납부해야 하며, 취득일로부터 30일 이내 등기를 하는 경우에는 취득세를 50%로 분납할 수 있다.

납부 기한을 넘기면 신고불성실가산세(20%)와 납부불성실가산세(1일당 3/10,000)를 추가 납부해야 하기 때문에 반드시 기한 내 납부를 해야 한다. 법무사를 통해서 등기를 진행하면 법무사가 취득세 대납까지 해주는데 영수증은 향후 양도세 필요경비 자료로 사용할 수 있기 때문에 보관하는 것이 좋다.

취득시기는 위의 표에서 보듯이 잔금지급일이 원칙이며 계약상 잔금지급일이 명시되지 않은 경우에는 계약일로부터 60일 경과한 날을 취득일로 볼 수 있다. 또한 무상승계 취득의 경우에는 계약일이 취득일이 되고, 상속은 상속개시일, 즉 피상속인이 사망한 날이 취득일이 되며, 증여는 계약일 전에 등기 또는 등록을 한 경우에는 등기일 또는 등록일이 취득일이 된다.

취득세,
제대로 파악하자

취득세 과세표준은 실제 신고거래가액을 기준으로 하는 것이 원칙이고, 신고가액이 시가표준액(기준시가)보다 낮은 경우에는 시가표준액이 과세표준이 된다.

대부분은 시가표준액이 매매가격보다 낮기 때문에 당연하게 매매가격이 과세표준이 된다고 생각하지만, 앞에서 말한 A씨와 같이 가끔씩 시가표준액이 매매가격보다 높은 경우가 있다. 하지만 시가표준액이 매매가격보다 높아서 생각보다 취득세를 더 냈다고 너무 속상해할 필요는 없다. 시가표준액보다 더 낮은 가격으로 취득했다는 것은 물건을 저렴하게 잘 샀다고 할 수 있기 때문이다.

A씨의 취득세로 다시 이야기해보자. 시가표준액이 매매가격보다

| A씨의 취득세 계산

구분	매매가격	시가표준액
과세표준	8억 원	10억 원
세율	4.6%	4.6%
취득세	3,680만 원	4,600만 원

구분		취득세	농어촌특별세 (전용면적 85m²)	교육세	합계 (전용면적 85m²)
주택	6억 원 이하	1%	(0.2%)	0.1%	1.1%(1.3%)
	6억~9억 원	2%	(0.2%)	0.2%	2.2%(2.4%)
	9억 원 초과	3%	(0.2%)	0.3%	3.3%(3.5%)
건물 토지	일반세율	4%	0.2%	0.4%	4.6%
	중과세율	12%	0.2%	1.2%	13.4%
신축		2.8%	0.2%	0.4%	3.16%
상속		2.8%	0.2%	0.16%	3.16%
증여		3.5%	0.2%	0.3%	4.0%

낮았다면 매매가격인 8억 원에 대한 취득세율 4.6%를 적용해서 3,680만 원의 세금을 내면 되었겠지만, 시가표준액이 매매가격보다 높아지면서 10억 원에 대한 취득세율 4.6%가 적용되어 4,600만 원의 취득세를 내야 한다.

A씨의 취득세가 높았던 이유는 취득가액 기준도 있지만 주택이 아닌 상가여서 취득세율이 높았던 것이다. 이렇듯 취득세율은 위의 표에서 보듯이 주택과 주택 외 건물 토지에 따라 다르고 신축이냐, 상속이냐, 증여냐에 따라 다르다.

주택은 취득세가 상대적으로 낮기는 하지만 6억 원 이하 1.1%, 6억~9억 원 2.2%, 9억 원 초과 3.3%로 구간에 따라서 취득세율이 달라진다. 주택 외 건물 토지 역시 일반세율 4.6%(농어촌특별세·교육세 포함)가 적용되지만 유흥주점, 고급오락장 등 중과세가 적용되는 경우에는

13.4%(농어촌특별세·교육세 포함)로 취득세율이 높아진다. 특히 취득 후 5년 내에 취득세 중과세대상 자산에 해당되면 취득세에 중과세율이 적용되며 추징당할 수도 있기 때문에 주의가 필요하다.

예를 들어 현재 2층 상가를 음식점으로 임대를 주고 있는데 음식점을 하는 임차인이 사정상 폐업을 하면서 이 장소를 유흥주점을 하는 임차인에게 임대를 주었다고 하자. 취득 후 5년이 지나지 않았다면 취득세 중과세율을 적용받아 추징될 수 있다. 이렇게 임차인의 업종에 따른 중과세가 발생하는 경우에는 재산세는 임차인이 부담하기로 한다는 특약사항을 기재하고 임대계약을 하는 것이 좋으며, 이런 전가 특약은 법적인 효력이 있다.

꼬마 빌딩 취득시 발생하는 세금 2
_부가가치세

건물공급가액의 10%만큼의 부가가치세를 납부하지만
일반사업자로 등록하면 환급을 받을 수 있다.

취득세는 아파트 거래를 할 때도 부과되는 세금이니 잘 알고 있지만, 부가가치세는 좀 낯설기도 하고 자신이 내는 것이 맞나 싶어 분쟁이 생기기도 한다. 파는 사람인 양도인이 일반과세자면 사는 사람인 양수인은 건물공급가액의 10%만큼의 부가가치세를 납부해야 한다.

그렇다고 너무 억울해할 필요는 없다. 건물공급가액의 10%만큼 징수당한 부가가치세는 양도인으로부터 세금계산서를 발급받고 양수인도 일반사업자로 등록하면 부가가치세를 환급받을 수 있기 때문이다. 그래서 상가나 오피스텔을 분양받을 때 부가가치세를 환급받을 수 있다고 말하는 것이다. 이런 부가가치세를 생략하고 싶으면 포괄양수도 계약으로 진행하면 된다.

242

구분	날짜	건물공급가	건물부가가치세	환급액
계약금	2016년 3월 1일	1억 원	1천만 원	1천만 원
중도금	2016년 5월 1일	2억 원	2천만 원	2천만 원
잔금	2016년 8월 1일	3억 원	3천만 원	3천만 원
일반과세 등록	2016년 7월 5일	6억 원	6천만 원	6천만 원

＊ 2016년 7월 20일 이내 일반과세자 등록을 하는 경우 모두 환급 가능

| 2017년 1월 20일 이내 일반과세자 등록을 하는 경우

구분	날짜	건물공급가	건물부가가치세	환급액
계약금	2016년 3월 1일	1억 원	1천만 원	0원
중도금	2016년 5월 1일	2억 원	2천만 원	0원
잔금	2016년 8월 1일	3억 원	3천만 원	3천만 원
일반과세 등록	2017년 1월 5일	6억 원	6천만 원	3천만 원

＊ 2017년 1월 20일 이내 일반과세자 등록을 하는 경우 제1과세기간인 계약금, 중도금의 부가가치세는 환급 불가

주택은 부가가치세가 부과되지 않고 상가만 부과되기 때문에 상가와 주택이 혼합된 상가주택을 취득하는 경우에는 주택을 제외한 상가 부분에 대해서 부가가치세가 발생한다.

일반과세자가 공급하는 경우 건물공급가액의 10%만큼 부가가치세가 발생하며, 세금계산서는 세법상 공급시기에 맞춰 정확하게 수취되어야 한다. 혹시라도 양도인이 간이과세자면 부가가치세 환급을 받을 수 없다. 취득시 발생한 부가가치세 환급을 받기 위해서는 양수인은 일반과세자로 등록해야 하며, 사업자등록 신청은 늦어도 과세기간

종료일로부터 20일까지 해야 한다.

예를 들어 총 분양가 6억 원의 상가를 분양받은 경우 제1과세기간 (1월 1일~6월 30일), 제2과세기간(7월 1일~12월 31일)과 계약일, 중도금, 잔금일과 사업자등록일에 따라 건물분 부가가치세 환급액이 달라진다. 243쪽의 표를 보자.

만약 상가를 취득해 계약일 2016년 3월 1일, 중도금 5월 1일, 잔금일이 8월 1일인 경우 제1과세기간(1월 1일~6월 30일)이 종료한 달의 말일부터 20일 이내인 2016년 7월 20일 이내 사업자등록을 신청하면 3월 이후 발생한 모든 부가가치세 환급이 가능하지만 제2과세기간(7월 1일~12월 31일) 이후 2017년 1월 20일 이내 일반과세자 신청을 하면 제1과세기간에 포함되는 계약금, 중도금에 대한 부가가치세는 환급받을 수 없다.

부가가치세,
정확히 이해하자

환급신청을 한다고 무조건 환급해주는 것은 아니다. 실제 거래가 있었는지 자금증빙을 통해 검증하는 경우가 있고, 현장방문을 통해 확인하는 경우도 있다.

일반과세자에서 간이과세자로 과세유형이 변경된다면 10년 중 잔여기간에 해당하는 부가가치세 중과환급분을 반환해야 한다. 간이과세자로 임대를 하면 임대료의 3%만 부가가치세가 들어오기 때문에 잔여기간의 부가가치세 중 7% 상당액의 부가가치세를 반환해야 하는

| 사업자 변경에 따른 부가가치세

구분	내용
일반에서 간이로 변경	• 부가가치세 10% → 3% 변경 • 10년 중 미경과기간에 해당하는 부가가치세 7% 반환
면세로 변경	• 부가가치세 발생하지 않음 • 10년 중 미경과기간에 해당하는 부가가치세 반환
폐업	• 10년 중 미경과기간에 해당하는 부가가치세 반환

것이다.

또한 면세사업자로 과세유형이 변경되면 환급받은 매입세액 중 일부를 추징당한다. 면세사업자가 되면 더이상 부가가치세 세수가 발생하지 않기 때문에 국가 입장에서는 10년 중 나머지 기간에 대해 이미 환급해준 부분을 추징하는 것이다. 이렇게 반환하게 되면 초과환급신고가산세(통상 10%)와 납부불성실가산세가 부과될 수 있다. 그리고 임대업을 10년이 경과하기 전에 임의로 폐업하면 폐업시 잔존재화에 대한 부가가치세가 과세된다.

일반 매매와 달리 경매로 꼬마 빌딩을 취득하는 경우에는 부가가치세가 부과되지 않는다. 또한 세금계산서를 수취할 수 없다.

만약 취득하는 양수인이 일반과세자로 등록해 부가가치세 환급요건을 갖추었지만 파는 양도인이 일반과세자가 아니어서 세금계산서를 받지 못하는 경우는 어떻게 해야 할까? 이때는 부가가치세 환급을 받지 못하기 때문에 양도인이 일반과세자인지, 세금계산서 발급이 가능한지, 계약 전에 반드시 확인하는 것이 좋다.

그러면 부가가치세의 건물공급가액은 어떻게 정해질까? 계약서에

| 건물과 토지에 대한 부가가치세 계산

구분	실지거래가	감정평가	기준시가
건물 공급가액	2억 원	5억 원 = 20억 원×5/(5+15)	8억 원 = 20억 원×6/(6+9)
건물 부가가치세	2천만 원 = 2억 원×10%	5천만 원 = 5억 원×10%	8천만 원 = 8억 원×10%
토지 공급가액	18억 원	15억 원 = 20억 원×15/(5+15)	12억 원 = 20억 원−8억 원
합계	20억 2천만 원	20억 5천만 원	20억 8천만 원

건물가액과 토지가액의 구분이 정상적으로 되어 있는 경우에는 실지 거래가액을 공급가액으로 한다. 하지만 건물가액과 토지가액의 구분 이 정상적이지 못하거나 불분명한 경우에는 '감정가액 > 기준시가 > 장부가액 > 취득가액'을 순차적으로 적용해 안분계산을 한다. 일반적 으로 감정평가를 받는 경우가 많지 않으므로 기준시가 비율로 안분하 는 것이 사후 문제 예방차원에서 좋다.

예를 들어 총 매매금액 20억 원, 부가가치세 별도(양수인 부담)의 경 우 부가가치세를 계산해보자. 건물실지가로 계산하면 건물공급가액 은 2억 원, 토지공급가액은 18억 원, 건물부가가치세는 2천만 원이 되 지만, 감정평가로 계산하면 건물공급가액은 5억 원, 토지공급가액은 15억 원, 건물부가가치세는 5천만 원이 된다. 기준시가로 계산하면 건 물공급가액 8억 원, 토지공급가액 12억 원, 건물부가가치세는 8천만 원이다. 이를 보아도 차이가 있음을 알 수 있다.

세법에서 계약서상의 금액을 시가로 인정은 하지만 불합리한 경우

| 부가가치세 별도와 합산 차이

구분	부가가치세 별도	부가가치세 포함
건물공급가액	8억 원 = 20억 원×6/(6+9)	7억 6,923만 769원 = 20억 원×6/(6+9+6×10%)
건물부가가치세	8천만 원 = 8억 원×10%	7,692만 3,076원 = 7억 6,923만 769원×10%
토지공급가액	12억 원 = 20억 원 − 8억 원	11억 5,384만 6,155원
합계	20억 8천만 원	20억 원

라 판단되면 인정하지 않을 수 있다. 이런 경우에는 기준시가를 기준으로 안분계산을 하고, 1년 내 감정평가액이 있는 경우에는 감정평가액을 우선 적용해 안분계산을 한다.

　마지막으로 부가가치세 별도와 환급에 대해 대수롭지 않게 생각하는 분들이 많다. 부가가치세가 포함되어 있느냐 별도냐에 따라 부담해야 하는 부가가치세액이 달라지기 때문에 계약할 때 반드시 부가가치세가 별도인지 포함인지 확인해야 한다.

　예를 들어 총 매매금액 20억 원, 건물기준시가 6억 원, 토지공시지가 9억 원의 꼬마 빌딩을 구입하는 경우를 보자. 위의 표에서 보듯이 부가가치세 별도의 경우에는 총 20억 8천만 원을 지불해야 하지만 부가가치세 포함의 경우에는 20억 원을 지불하면 된다.

100%를 만족시키는
완벽한 투자는 없다

2년 전 강남에서 한 중년 여성 고객을 만났다. 대기업 임원인 남편의 퇴직이 2~3년 정도 남은 것 같아서 은퇴준비를 하는 차원에서 상담을 받은 것이다. 거주하는 아파트를 팔고 10억 원 정도에 주인세대가 거주할 수 있고 월세도 나오는 상가주택이나 다가구주택을 구입하고 싶다고 했다.

먼저 강남구 역삼동에 수익률 4.5%가 나오는 매매가 25억 원의 원룸빌딩을 추천하니 대출이 부담스럽다고 한다. 동대문구 회기동 매매가 12억 원의 상가주택을 추천하니 이번에는 대지면적이 작고 동네가 마음에 들지 않는단다. 다시 강남으로 와서 준공연도가 20년이 넘어 매매가격이 18억 원으로 낮지만 당시 지하철 9호선 공사로 개발을 기대할 수 있었던 논현동 원룸빌딩을 추천하니 이번에는 건물이 너무 오래되어 싫다고 했다. 9호선 연장 예정인 송파구 삼전동 매매가 17억 원의 원룸빌딩은 앞에 전봇대가 있어서 싫고, 강동구 고덕동 매매가 10억 원의 단독주택은 수익률이 낮아서 싫고, 수익률 6%가 나오는 수원 삼성전자 주변 원룸빌딩은 수원이어서 싫단다.

싫은 이유는 왜 이렇게 많은지 이 정도 되면 하겠다는 건지 말겠다는 건지 상담하는 입장에서는 포기하게 된다. 이런 분들은 결국 꼬마빌딩 주인이 될 수 없을 것이다. 물론 이해는 된다. 남편의 은퇴를 앞두고 전 재산이나 다름없는 돈으로 지금까지 투자하던 아파트와 다르게 꼬마 빌딩에 투자하려니 얼마나 고민되고 조심스럽겠는가? 하지만 현실에서는 100% 만족스러운 답을 찾을 수 없다. 100% 완벽한 만족을 찾는 것은 안 하겠다는 의미와 같다.

지역과 입지가 좋으면서 수익률이 높으면 당연히 매매가격이 높고, 매매가격은 낮은데 수익률이 좋으면 지역과 입지가 마음에 들지 않을 것이다. 관리가 편한 신축건물은 매매가격이 높고, 건물이 노후하면 매매가격은 낮지만 관리 포인트가 늘어날 것이다. 이렇듯 완벽하게 만족할 수 있는 꼬마 빌딩은 없기 때문에 자신의 우선순위에 최대한 부합하는 물건을 선택하는 것이 중요하다.

투자금액이 부족하지만 수익률이 중요하면 서울보다는 수도권이나 지방으로 눈을 돌리는 것이 좋다. 미래가치를 더 중요하게 생각한다면 수익률은 낮더라도 개발가능성이 있거나 개발호재가 있는 물건을 추천한다. 투자금액이 충분하다면 지역, 입지, 수익률, 미래가치가 있고 매매가격도 높은 꼬마 빌딩을 사면 된다.

이 중년 고객처럼 투자금액은 적게 들어가고, 입지가 좋고 수익률이 좋은데 건물상태도 좋고 미래가치까지 있는 꼬마 빌딩의 주인이 내가 될 가능성은 아주 운이 좋지 않는 한 어렵다. 아주 특별하게 좋은 물건이 가끔 나오지만 이런 물건들은 순식간에 거래가 되거나 현장 부동산에서 찍어서 선점해버리는 경우가 많다. 현실적으로 나한테 기회가 올 가능성은 매우 낮아서 완벽한 물건을 찾기보다는 우선순위에 부합하는 물건을 잡는 것이 최선이다.

이 중년 고객은 아직까지도 이상적인 물건을 찾아다니고 있을 것 같다. 왜냐하면 2년 전보다 매매가격이 최소 1억~2억 원 이상은 올라서 예전 가격과 비교가 되며 판단하기 더 어려워졌을 테니까 말이다.

◇◇◇◇◇

꼬마 빌딩을 사는 것만큼 관리를 잘 하는 것도 중요하다. 꼬마 빌딩은 장사를 하거나 1~2인 숙박을 하는 등 여러 임차인들이 들어온다. 임대차계약과 갱신을 하고 임대료를 받고 인상하고 또는 계약해지에 따른 새로운 임차인을 구하는 등 많은 관리가 필요한데 그에 따른 스트레스도 동반되기 때문에 관리를 잘 하는 노하우가 필요하다. 임대료는 그냥 놀면서 받는 것이 아니라 관리의 노력에 대한 대가다. 파트 4에서는 좀더 계획적이고 전략적인 꼬마 빌딩 관리에 대한 노하우를 알아보도록 하자.

Part 4

돈 되는 꼬마 빌딩을
만드는 것은
관리다

임대료 관리가
중요하다

수익률에 직접 영향을 미치는 임대료 인상이나 인하는 중요하다.
공실의 원인이 되기도 하고, 가치 하락의 원인이 되기도 한다.

메르스로 우리나라 경제가 마비되었던 2015년 여름, 보증금 5천만/월
150만 원을 받고 있던 임대인 A씨와 B씨는 임차인으로부터 메르스 때
문에 너무 장사가 안 되니 임대료를 좀 내려달라는 연락을 받았다. 마음
같아서는 안 된다고 거절하고 싶었지만 다른 것도 아니고 메르스 때
문에 사람들이 집 밖에 나오지 않아서라는데 임차인들 잘못도 아니고
무작정 거절만 할 수 없었다. 결국 30만 원 내려 임대료를 120만 원으
로 하기로 했다.

　그런데 임대료를 30만 원 낮춰주기는 했는데 A씨와 B씨의 임대료
인하에는 차이가 있었다. A씨는 6개월 한정 조건으로 인하를 해주었
고, B씨는 그런 조건 없이 그냥 30만 원을 인하해주면서 그저 착한 임

대인이 된 것이다. 같은 조건이었던 임대인 A씨와 B씨에게 앞으로 어떤 일이 벌어질까?

임대차계약을 하고 임대를 주게 되면 임대료를 인상하거나 인하하는 경우가 반드시 생긴다. 임대료 인상은 수익률 상승을 가져오고 수익률이 높아진다는 것은 가치가 높아진다는 의미이기 때문에 임대료 인상은 매우 중요하다. 예를 들어 4억 원으로 구입한 상가의 임대료로 보증금 5천만/월 150만 원을 받고 있는데, 2년 계약이 만료되어 180만 원으로 임대료를 인상했다. 임대료 인상 전 수익률은 5.14%였는데 30만 원을 인상하니 수익률이 6.17%로 높아졌고, 통상적인 수익률 5%로 가치 환산하면 4억 8천만 원으로 상가의 가치가 올라가면서 향후 매도를 하면 8천만 원이라는 투자수익까지 가능해진다.

이렇듯 임대인 입장에서는 임대료를 많이 받으면 좋은 것이지만 임차인 입장에서는 장사가 잘 되어도 임대료를 올려주는 것이 쉽지 않다. 장사도 잘 안 되는 상황에서 임대료가 인상되면 본인의 수익 감소로 이어지기 때문에 임대인은 임차인의 강력한 인상 저항선에 부딪히게 된다. 이렇듯 임대료 인상은 결코 쉬운 문제는 아니다.

임대인과 임차인 입장이 정반대이고 첨예하게 대립하는 경우가 많으니 주변 시세와 비교해 합리적인 수준에서 협의해 임대료 인상 폭을 결정하도록 하자. 임차인의 영업상황도 고려해서 장사가 잘되어 권리금이 많이 붙은 상황이면 임대료 인상을 요구하는 것도 좋지만, 장사가 잘 안 되는데 너무 과도한 인상 요구는 오히려 공실의 빌미를 제공할 수도 있기 때문에 지양하는 것이 좋다.

임대료 인하를 해주어야 하는
상황이 온다면?

그런데 인상이 아닌 인하를 해주어야 하는 상황이 생기면 어떻게 해야 할까? A씨와 B씨의 사례에서처럼 임차인이 장사가 안 되어 도저히 현 임대료를 맞출 수 없다고 인하를 요구하는 경우가 종종 발생하는데, 임대인 입장에서는 정말 신중하게 생각해야 한다. 인하해주는 것은 쉽지만 한 번 임대료를 인하하면 다시 인상하는 것이 너무 힘들기 때문이다.

예를 들어 월 150만 원의 임대료를 받다가 120만 원으로 30만 원을 인하해주었다고 하자. 수익률이 5.14%에서 3.6%로 떨어지게 되고, 이렇게 떨어진 3.6% 수익률은 통상적인 수익률 5%로 가치 환산하면 3억 4천만 원 정도 된다. 팔 때 3억 4천만 원 정도로 팔 수 있다는 의미로, 6천만 원 정도의 가치 하락이 예상된다.

그렇다고 임차인의 이런 임대료 인하 요구에 대해 무조건 거부만 할 경우에도 문제가 생긴다. 계속된 인하 요구에 시달리기도 하고 도저히 견딜 수 없는 임차인은 임대료를 입금하지 않거나 계약만기시 연장을 포기하고 폐업하게 된다. 다른 임차인을 쉽게 구하면 다행이지만 빨리 구해지지 않으면 공실기간이 길어지고, 구하더라도 임대료를 낮춰야 하면 그것도 손실이다.

임차인이 계속해서 임대료 인하를 요구한다면 어떻게 해야 할까? 먼저 주변 시세와 분위기를 확인해서 현재 임대료 수준과 동일한 수준으로 다른 임차인을 구하는 데 문제가 없다면 군이 인하 요구를 들어줄 필요는 없으나 현 임차인이 계속 영업하는 것이 더 유리하다면

| 임대료를 인상했을 때와 인하했을 때 비교

구분	현재	인상 후	인하 후	비고
매매가	4억 원	4억 원	4억 원	
보증금	5천만 원	5천만 원	5천만 원	
월세	150만 원	180만 원	120만 원	
수익률	5.14%	6.17%	3.6%	
환산가치	4억 1천만 원	4억 8,200만 원	3억 3,800만 원	수익률 5% 기준

임대료를 인하해주는 것이 좋다. 인하 폭은 임차인의 요구를 그대로 수용하기보다는 서로 협의해 절반 수준으로 인하해주거나, 6개월이나 1년같이 기간을 정해 한시적으로 임대료를 인하해주는 것이 좋다.

다시 A씨와 B씨의 이야기로 돌아가보자. 결국 A씨는 한시적으로 임대료를 인하해주었기 때문에 6개월 동안 180만 원의 비용 손실을 보았지만 다시 원래의 임대료를 받음으로써 수익률을 유지했다. 하지만 B씨는 영구적으로 인하해줌으로써 매월 30만 원씩 손실을 보고 있으며, 5.14%였던 수익률이 3.6%로 낮아졌다. 그래서 B씨가 향후 매매 시 5% 수익률을 맞추려고 한다면 월세를 다시 인상하거나 매매가격을 3억 4천만 원으로 낮춰야 하는 곤란한 상황이다.

월세 인상이 유리할까,
보증금 인상이 유리할까?

전·월세전환율 상한선과 간주임대료 2배의 기준으로 계산한 후
보증금 인상과 월세 인상 중 어떤 것이 유리할지 판단하면 된다.

임대인 A씨는 최근 임차인 B씨로부터 보증금 1억 원을 인상 조건으로 임대차계약 2년 연장을 제안받았다. 하지만 저금리시대에 1억 원을 받아서 은행에 예금해도 월 이자가 10만 원 정도로 낮으니 보증금 1억 원 인상보다는 월세를 올리는 것이 나을 것 같았다. 그래서 월세를 은행이자의 2배인 20만 원 정도 인상하는 조건으로 계약을 연장하자고 역제안하려고 한다.

과연 보증금 1억 원 인상과 맞바꿔 월세 20만 원을 인상하려는 임대인 A씨의 결정은 잘한 것일까? A씨처럼 임대료를 인상하게 된다면 보증금과 월세 중 무엇을 인상하는 것이 더 유리할까 고민하는 임대인들이 많다. 저금리시대에는 월세 인상이 당연히 유리하겠지만 의외

로 보증금 인상이 유리한 경우도 생길 수 있기 때문에 하나하나 따져보고 판단해야 한다.

꼼꼼히 따져보고
선택하자

먼저 주택에서 사용되는 전·월세전환율(연 임대료/전세금×100)로 따져보자. 전·월세전환율 상한선은 10% 또는 기준금리+4(기존 '×4'에서 '+4'로 변경됨) 가운데 낮은 하나를 선택하게 된다. 현재 기준금리가 1.25%(2016년 10월 1일 기준)이니 전·월세전환율 상한선은 5.25%가 된다.

예를 들어 보증금 1억 원에 대한 전·월세전환율 5.25%를 적용하면 연 525만 원(월 43만 7,500원)이 된다. 즉 보증금 1억 원 인상보다 월 43만 7,500원 이상 월세를 인상받는 것이 임대인에게는 유리하다고 할 수 있다.

또 하나의 방법은 간주임대료 계산시 적용되는 1년 정기예금이자율(2016년 기준 1.8%, 변동 가능)의 2배 정도를 기준으로 삼는 방법이다. 인상된 보증금을 받아서 예금을 할 수도 있고 기존 대출을 상환할 수도 있는데 예금금리와 대출금리의 차이가 2배 정도 벌어져 있다. 그리고 보증금의 간주임대료에 대한 부가가치세는 임차인에게 징수할 수 없고 임대인이 부담해야 하기 때문에 이런 점까지 감안하면 정기예금이자율의 2배 정도를 기준으로 한다.

예를 들어 2016년 기준 정기예금이자율 1.8%의 2배인 3.6%를 보

구분	전·월세전환율	1년 정기예금이자율	비고
계산법	기준금리+4	1년 정기예금이자율×2	
계산값	5.25%(1.25%+4)	3.6%(1.8%×2)	2016년 기준
기준		3.6%	5.25% 〉 3.6%

증금 인상액의 1억 원에 대입해 계산하면 된다. 연 360만 원(월 30만 원)보다 높은 월세를 받으면 월세 인상이 유리하고 낮은 월세를 받으면 보증금 인상이 유리할 수 있다.

이렇듯 전·월세전환율 상한선 기준과 간주임대료의 1년 정기예금 이자율 2배 중 낮은 수치를 기준으로 삼아서 보증금 인상이 유리한지 월세 인상이 유리한지 판단하면 된다. 2016년 10월 1일 기준금리 1.25%로 계산한 전·월세전환율 5.25%와 1년 정기예금이자율 1.8% 의 2배로 계산한 3.6% 중 작은 값인 3.6%를 기준으로 하면 된다. 기준금리와 1년 정기예금이자율은 정책에 따라 언제든지 변경되는 값인 만큼 필요할 때 확인한 후 계산하도록 하자.

예를 들어 보증금과 월세 인상 비교 기준이 3.6%가 되면 보증금 1억 원을 인상하는 경우 월세 연 360만 원(월 30만 원)이 기준이 되며, 월세 30만 원보다 높은 월세 인상이면 보증금 1억 원 인상보다는 월세 인상이 유리하고, 월세 30만 원보다 낮은 월세 인상이면 보증금 1억 원 인상이 유리하다고 할 수 있다.

결국 임대인 A씨의 결정, 즉 보증금 1억 원 인상 대신 선택한 월세 20만 원 인상은 좀 아쉬운 판단이라고 할 수도 있다. 하지만 은행예금

구분	내용	판단
인상 보증금	1억 원	
기준 월세	연 360만 원(월 30만 원)	
월세 40만 원으로 인상	연 480만 원(월 40만 원)	월세 인상 유리
월세 20만 원으로 인하	연 240만 원(월 20만 원)	보증금 인상 유리

금리보다는 높게 받으니 20만 원 인상도 손해라고 할 수는 없다.

이런 기준은 참고용이지 절대 기준이 될 수는 없으며 기준금리와 간주임대료 1년 정기예금이자율은 상황에 따라 언제든지 변동되기 때문에 상황에 맞춰서 적절한 판단을 하는 것이 중요하다.

꼬마 빌딩,
공실 관리는 정말 중요하다

공실은 수익률 하락보다 더 위험하다.
공실이 생기지 않도록 건물 관리, 임차인 관리에 더욱 신경을 써야 한다.

은행이 입점해 있는 2기 신도시 상가를 보유중인 A씨는 요즘 고민에
빠졌다. 은행과 맺은 임대차계약 만료가 1년 정도 남았는데 만료 후
계약을 연장하지 않고 지점을 폐쇄할 수 있다는 이야기를 들었기 때
문이다.

공실(空室)은 임차인을 구하지 못해 빈 방이나 빈 사무실이 되면서
임대료를 받지 못하는 상태가 된다는 것을 의미한다. 수익률이 낮은
것보다 더 최악의 상황이 공실이 발생하고 그 공실기간이 길어지는
것이다.

은행이 입점한 A씨 상가의 현재 수익률과 공실, 은행이 아닌 다른
업종의 임차인을 구했을 때의 수익률을 한번 비교해보도록 하자. A씨

상가의 매매가격은 15억 원, 은행 임대료는 보증금 3억/월 800만 원으로 수익률이 8%나 나오며 수도권 2층 상가의 통상적인 수익률 6%로 가치 환산하면 그 가치는 19억 원 정도였다. 하지만 은행이 계약연장을 하지 않아 공실이 되면 당장 임대료는 0원이 되고 수익률 역시 0%가 된다.

매월 800만 원씩 월세가 들어오다가 갑자기 뚝 끊기면 A씨는 재정적으로 엄청난 타격을 받는다. 그 충격을 줄이려면 최대한 빨리 다른 임차인을 구해야 한다. 기존 은행에서 내던 임대료와 비슷한 수준의 임대료를 내는 임차인을 구할 수 있으면 좋겠지만, 이런 고임대료 임차인이 빠져나간 다음 비슷한 수준의 임대료를 낼 수 있는 업종의 임차인을 찾기는 매우 어렵다. 그렇기 때문에 공실을 감수하면서 높은 임대료를 내는 임차인을 계속 찾을지 아니면 임대료 하락을 감수하더라도 빨리 임차인을 구할지 하는 선택의 기로에 서는 것이다.

보증금 1억/월 600만 원을 내는 다른 임차인을 구하면 수익률이 5.1%로 떨어지고 수익률 6%로 가치 환산하면 상가는 13억 원 정도의 가치로 떨어지게 된다. 은행이 계속 있었으면 19억 원에 매매를 할 수도 있던 상가였지만 은행이 나가면서 13억 원에 매매될 수 있는 상가가 된 것이다. 그래서 가끔씩 이런 가치 하락을 막기 위해 높은 임대료를 받던 업종이 빠져나가버리면 일부러 공실로 비워둔 채로 매매하는 경우도 종종 볼 수 있다.

임대료가 낮은 임차인을 받으면 수익률 하락에 따른 가치 하락이 현실화되지만 공실이면 임대료 손실은 있겠지만 예전 임대료를 기준으로 매매를 진행할 수도 있기 때문이다. 양수인 입장에서는 새로운 임차인을 빨리 구하는 것이 유리하지만 임대료 하락에 따른 매매가격

구분	현 임차인	새 임차인	공실
매매가	15억 원	15억 원	15억 원
보증금	3억 원	1억 원	0원
월세	800만 원	600만 원	0원
수익률	8%	5.1%	0%
환산가치 (수익률 6% 기준)	19억 원	13억 원	15억 원

하락 가능성도 있어서 주변 임대 시세와 분위기를 확인해보고 판단하는 것이 좋다.

공실을 없애는
꼬마 빌딩 관리 노하우

공실이 생겨 고정적으로 받던 임대료를 못 받게 되는 임대인들은 자금적으로도, 심리적으로도 굉장히 부담이 크다. 그러니 가급적 공실이 안 생기도록 예방하는 것이 좋다.

건물 관리
임대료를 받는 임대인과 임차료를 내는 임차인은 공존의 관계다. 임차인이 장사가 잘 되어야 월세를 잘 내고 공실도 안 생기기 때문에 임대인은 임차인이 영업을 잘 할 수 있도록 최대한 지원해주어야 한다.

기본적으로 건물 외관과 복도, 화장실 등 내부 공용시설의 청소 청결 상태를 최상급 수준으로 유지하는 것이 좋다. 관리비를 내면 청소업체에서 기본적인 청소는 하겠지만 임대인이 신경을 더 써주면 확실히 건물의 청결상태가 좋아진다. 이것이 타 건물과 차별점이 되면서 손님들의 재방문으로 이어질 수 있다.

이런 건물 관리는 건물의 노후화 속도를 늦추면서 건물의 가치를 높이는 수단이 될 수도 있다. 임차인들 역시 임대인이 신경을 쓰고 관리하는 건물에 대한 충성도도 높아지기 때문에 건물 관리는 꼬마 빌딩 유지에 상당히 중요한 부분이다. 건물 관리에 대해서는 다음 장에서 다시 설명하도록 하겠다.

임차인 관리

임차인은 을이 아니라 동반자적 관계이고, 임대인에게 안정적인 임대료를 주는 고마운 고객이다. 또한 임차인이 임대료 지급을 연체하거나 계약연장을 하지 않고 공실이 된다면 임대인은 금전적 손실과 스트레스를 받기 때문에 임차인 관리는 너무나 중요하다.

임대료는 가급적 주변 시세와 비슷한 수준으로 맞추는 것이 좋다. 임대료의 균형이 깨지면 임대인과 임차인 어느 한쪽은 피해를 보기 때문에 분쟁이 생길 수밖에 없다. 어느 한쪽이 손해를 보기보다는 주변 시세대로 받는 것이 가장 공평하고 분쟁을 줄이는 방법이다.

욕심을 내서 과도한 임대료 인상을 요구하면 임차인 입장에서는 수익악화로 이어질 수 있다. 그뿐만 아니라 감정까지 나빠지면서 계약연장을 거부하면서 공실이 생기는 빌미를 제공하거나 임대료 납부를 늦추면서 속을 썩일 수도 있다.

임차인이 장사가 잘 되면 월세를 더 올려 받는 경우가 많다. 물론 장사가 잘 되니 월세를 더 낼 수도 있다. 그러나 상가 입지가 좋거나 건물 관리를 잘 해서 매출 증대에 직간접적으로 영향을 준 것이라면 모를까, 임차인이 열심히 노력해서 매출을 늘리고 장사가 잘 되는 것인데 무조건 임대료를 올려달라는 것은 바람직하지 않다. 다만 주변 시세를 감안해서 낮은 수준이라면 영업상황에 따라 계약갱신 시점에 임대료 인상을 요구해도 좋다.

반대로 너무 무신경해서 예전에 받던 낮은 임대료를 그대로 유지하는 경우도 있다. 임차인 입장에서는 좋지만 주변 시세 대비 지나치게 낮은 임대료는 수익률 하락에 따른 건물가치 하락으로 이어질 수 있음을 명심하자. 그렇다고 한꺼번에 많이 올리면 큰 부담이 될 수 있기 때문에 계약갱신 시점이 다가오면 주변 임대료 시세와 임차인의 영업 현황, 주변 상권 변화 등을 면밀히 검토해서 합리적으로 인상 폭을 협의하는 것이 좋다.

그리고 임대를 준 매장에서 지인들과 모임을 하는 등 손님 자격으로 자주 이용하거나 지인들에게 홍보해주는 것이 좋다. 임차인의 매출 상승에도 조금이나마 도움이 되고 임대인이 월세만 받는 것이 아니라 임차인에게도 도움을 주려고 노력하는 모습을 보이면 결국 임차인은 안정적인 임대료 납부로 보답할 것이기 때문이다.

인테리어 비용과 권리금은 높게
임차인이 장사를 하기 위해 인테리어 비용을 많이 투자하거나 권리금을 많이 주고 들어온 경우에는 계약해지를 당하면 큰 손실이 발생한다. 그렇기 때문에 계약기간이 만료되더라도 계약갱신을 원하는 경우가 많고, 임대인의 요구에 협조적이며, 계약해지 사유가 될 수 있는 임대료 연체를 하지 않으려고 노력한다. 임대인 입장에서는 초기 인테리어 비용이 높거나 권리금을 높게 주고 들어온 임차인을 관리하는 것이 더 수월하다.

건물 관리를
잘하는 것이 경쟁력이다

차별화된 외관과 시설, 정리정돈, 하자수리 등 건물 관리가 경쟁력이다.
직접 또는 위탁 관리할 수 있으니 건물주의 성향에 따라 선택한다.

대기업을 퇴직하고 평소 꿈이었던 꼬마 빌딩을 구입해 본격적인 임대인이 된 A씨와 B씨, 그 시작은 같았지만 2년 후 결과는 달랐다. A씨는 처음 구입했던 때보다 임대료를 올려 받아 수익률을 더 올린 반면, B씨는 오히려 공실이 생기면서 수익이 떨어졌다. 2년 동안 A씨와 B씨에게 무슨 일이 있었던 것일까?

활발한 성격에 부지런한 A씨는 수시로 꼬마 빌딩을 찾아 청소를 하거나 외관을 조금씩 꾸미고, 임차인들이 고장이 났다고 연락해오면 바로 와서 확인하고 수리를 해주었다. 그러나 B씨는 그냥 월세만 받을 뿐 꼬마 빌딩에는 한 달에 한 번도 와보지도 않고, 임차인이 수리를 해달라고 하면 알았다고만 하고는 수리를 차일피일 미루다가 여러 번 연락을 받고 나서야 해주거나 아예 연락을 받지 않는 일도 다 반사였다.

그렇게 2년이 지나고 나니 A씨의 원룸빌딩 임차인들은 대부분 계약연장을 하거나 건물주가 관리를 잘 한다는 입소문이 나면서 월세를 소폭 인상한 원룸도 생겼다. 이와 달리 B씨의 꼬마 빌딩은 계약만료 후 연장을 하지 않고 보증금을 빼서 나가는 임차인들이 많아져 공실이 늘어나고, 빨리 다른 임차인을 구하려다 보니 오히려 월세를 낮춰야 하는 상황이다.

이렇듯 건물 관리는 공실률을 줄이고 수익률을 높일 수 있는 중요한 관리 포인트다. 1~2인 가구 수요가 늘어나는 만큼 원룸빌딩, 상가주택 등 꼬마 빌딩 공급도 점점 증가하고 있으며, 공급이 늘어난다는 것은 경쟁이 그만큼 치열해진다는 의미다. 매년 새로운 신축빌딩들이 쏟아지고 있다. 예전처럼 관리해서는 살아남기 힘들고 차별화된 경쟁력을 갖추어야만 수익률과 공실률의 전쟁에서 살아남을 수 있다.

수익률을 올리고 공실률은 줄이는
꼬마 빌딩 관리법

첫인상을 결정하는 외관

사람도 첫인상이 80%를 결정하듯이 꼬마 빌딩도 첫인상이 임대시 임차인들의 마음과 매매시 양수인의 마음을 80% 이상 결정한다고 해도 과언이 아니다. 신축을 하는 경우라면 독특한 디자인보다는 유행을 타지 않는 무난한 디자인으로, 건축비용이 다소 늘어나더라도 벽돌보다

| 외관에 대리석과 붉은 타일로 포인트를 준 신촌 상가주택(왼쪽)과 차별화된 옥상의 휴게공간(오른쪽)

는 대리석 등 고급자재를 사용하는 것이 좋다. 부분적으로 눈에 띄는 자재를 사용해 다른 건물과 차별화된 포인트를 주는 것도 좋다.

오래된 구축이라면 외관만 보더라도 오래된 느낌의 벽돌인 경우가 많다. 외관만이라도 대리석 등 고급자재로 리모델링하면 신축건물 같은 효과를 주면서 첫인상이 달라질 수 있다.

차별화된 시설

공급물량이 늘어나면서 꼬마 빌딩 간 경쟁이 날로 치열해지고 있다. 모든 임차인들이 입점하고 싶어하는 뜨는 상권이 아니라면 이런 경쟁을 피할 수는 없기에 수많은 꼬마 빌딩 속에서 살아남기 위해 외관과 더불어 출입문, 명칭, 옥상 휴게공간 설치 등 임차인들의 눈길을 끌기 위해 차별화 시설을 가진 꼬마 빌딩이 늘어나고 있다. 주인세대가 거주하는 빌딩이라면 옥상에 텃밭을 조성해서 임차인들과 함께 싱싱한 채소를 나누어 먹는 것도 아주 좋은 방법이다.

| 고급스러운 출입문의 신촌 상가주택(왼쪽)과 분리수거 쓰레기통(오른쪽)

5S는 기본

세계적인 일본 자동차기업 토요타에서 시작한 5S(정리·정돈·청소·청결·습관화)는 쾌적한 환경을 조성함으로써 생산성 향상에도 도움이 된다는 혁신운동이다. 이는 회사에서만 필요한 것이 아니라 꼬마 빌딩 관리에서도 필요하다. 외관이나 차별화된 시설, 하자수리는 비용이 발생하지만 5S는 큰돈이 들어가지 않아도 노력만으로 큰 효과를 얻을 수 있는 상당히 효율적인 관리기법이라고 할 수 있다.

보통 관리비를 받고 위탁업체에게 의뢰해 기본 청소만 하는데 청소하시는 분에 따라서 편차가 발생할 수밖에 없다. 청소업체에 일임할 것이 아니라 임대인이 직접 일주일에 1~2회 정도 주기적으로 방문해서 정리, 정돈, 청소, 청결 상태를 점검해 조치하거나 청소업체에 피드백을 주면 된다.

청소는 매일 또는 적어도 일주일에 2~3회는 필요하지만 정리, 정돈은 주 1회 또는 월 1~2회 정도만 해도 충분하다. 그리고 세입자인 임차인의 마음이 주인인 임대인 마음과 같을 수는 없는데, 특히 쓰레기

분리수거는 조금만 불편해도 아무데나 버려 쉽게 지저분해질 수 있다. 그래서 분리수거 전용 쓰레기통을 설치하는 것이 좋다.

출입문 외부에 설치하면 지나가는 외부인들이 쓰레기를 투척하면서 동네 쓰레기통이 될 수 있기에 가급적 출입문 안쪽에 설치하도록 하자. 또한 분리수거 쓰레기통은 뚜껑이 없는 오픈형이 좋다. 뚜껑을 열기가 싫어 주변에 무단으로 버리는 사람들이 있기 때문이다. 한두 명이 그렇게 버리면 나머지 사람들도 뒤따라 마구 버리면서 쓰레기통 주변이 엉망이 되기도 한다.

이렇게 임대인이 직접 주기적으로 관리하는 꼬마 빌딩은 결국 관리가 안 되는 다른 꼬마 빌딩과 차이가 난다. 그리고 이런 사소한 차이가 입소문이 나면서 현 임차인은 계약을 연장할 확률이 높아지고, 공실이 생겨도 다른 임차인이 빨리 들어오면서 공실을 줄이는 큰 효과를 볼 수 있다.

빠른 하자수리

모든 시설물은 하자가 발생하기 마련이기에 임대인에게 임차인들의 하자수리 요구는 피할 수 없는 현실이다. 솔직히 임차인들이 하자수리를 해달라고 연락했을 때 기분 좋은 임대인은 없을 것이다. 귀찮기도 하고 짜증이 나지만 입장을 바꿔놓고 생각하면 가장 귀찮고 짜증 나는 사람은 사용하다가 고장이 나서 불편한 임차인이다.

그리고 임차인은 하자수리를 해달라고 임대인에게 나름 크게 마음 먹고 연락하는 것일 텐데 임대인이 빨리 대응을 안 해주거나 무시한다면 임차인들의 마음은 떠날 수밖에 없다. 이 지역에 건물이 여기밖에 없는 것도 아니고 계약만기가 되면 다른 곳으로 알아보리라 마음

먹는 계기가 될 수 있기에 하자수리 요청이 접수되면 최대한 빨리 대응해주자. 어차피 내 건물의 시설물이고 수리해야 다음에라도 다른 임차인을 구할 수 있는 것이기에 가급적 최대한 신속하게 하자수리를 해주는 것이 좋다.

혹시라도 사용자의 고의나 과실에 따른 파손이 명백한 경우라면 임차인에게 확인한 후 수리비를 청구해도 되지만, 하자 원인이 불분명한 경우라면 건물주인 임대인이 해주는 것이 맞다.

임차인의 협조가 필요한 관리비 절약

보통 일반 관리비를 받고 전기료, 수도료 등은 계량기를 통해 사용한 양만큼 임차인에게 부과해 받는다. 그런데 일괄적으로 전기세, 수도료까지 포함해 정액으로, 예를 들어 월 10만 원 정도를 정해 받는 경우가 많다. 이렇게 정액으로 받는 경우에는 실사용량이 받은 금액을 초과하지 않게 관리할 필요가 있다. 정액을 내는 임차인은 이미 사용료를 지불했다는 이유로 전기와 수도를 공짜처럼 사용하는 경우가 많기 때문에다.

실제로 대학가에 월 10만 원씩 관리비를 받는 원룸빌딩 주인을 만난 적이 있었는데, 임차인인 대학생들이 학교 수업을 갈 때도 에어컨과 TV를 끄지 않고 가는 경우가 허다하고 가끔씩 수도도 틀어놓는 경우도 있어서, 여름과 겨울철에는 받은 관리비보다 실사용료가 더 나와서 힘들다고 하소연하기도 했다.

내 집처럼 절약하고 아껴서 사용하면 좋으련만 현실은 그렇지 않다. 월 정액으로 전기·수도료까지 포함해서 받는 경우에는 공지게시판이나 현관문에 절약 협조문을 붙이거나 사용량이 많은 여름과 겨울철에는 절약 협조를 부탁하는 문자를 보내는 등 임차인들이 절약을 할 수 있도록 노력해서 관리비 손실을 줄일 필요가 있다.

직접 관리 vs.
위탁 관리

건물 관리는 건물주인 임대인이 직접 하는 것이 가장 좋다. 관리인이 아무리 잘해도 주인 마음 같을 수는 없기 때문이다. 그런데 직접 관리를 하는 것이 생각만큼 쉬운 일은 아니다. '돈 있으면 건물 사서 월세나 받지.'라고 임대업을 쉽게 생각하는 분들이 많은데, 막상 해보면 남의 돈 벌기가 쉽지 않고 세입자에게 월세를 받는 것 역시 쉽지 않다는 것을 깨닫게 된다.

방 20개의 원룸빌딩을 보유하고 있다고 생각해보자. 임차인 한 명이 한 달에 한 번씩 전화를 해도 임대인은 20번의 연락을 받아야 한다. 특히 계약기간이 만료되어 보증금을 빼주어야 하는데 다른 임차인이 안 구해져서 보증금을 돌려주지 못하는 등 임차인에게 클레임을 받는 경우에는 그 스트레스가 훨씬 더 심해진다. 예전 안산에서 보증금을 제때 돌려주지 못해서 손자뻘 되는 임차인에게 욕설을 듣고 눈물을 흘리는 임대인을 만난 적이 있는데 정말 남의 돈인 월세받기가 어렵구나 하는 것을 다시 한 번 느꼈다.

주인인 임대인이 직접 관리를 하려면 성격이 임대업과 맞아야 한다. 부지런해서 수시로 현장을 방문해서 건물상태를 점검하고, 하자보수 수리를 하거나 정리정돈을 하고, 임차인들을 만나면서 불만사항을 들고 개선할 수 있는 임대인이라면 본인이 직접 관리를 하는 것이 좋다.

반면 사람을 만나고 연락하는 데 불편함을 느끼거나 꺼려하거나 게으르거나 신경 쓰기 귀찮아하는 임대인들은 직접 관리가 맞지 않는다. 건물 관리까지 해주는 현장 부동산중개사에게 위임하거나 건물 관리 전문업체에게 일정비용을 지불하고 관리를 맡기는 것도 고려할 만하다. 비록 비용은 발생하지만 건물 관리를 하면서 받는 스트레스에서 벗어난 자유로움이 비용보다 더 큰 가치로 여겨질 수 있기 때문이다. 이런 사람들이 많아져서인지 최근에는 빌딩을 전문으로 관리해주는 전문관리회사들이 많이 생겨나고 있는 추세다.

임대차계약 또는 갱신시 주의점은 무엇인가?

계약기간이 만료되면 임차인과 계약해지를 하거나 계약갱신을 해야 한다.
묵시적 갱신은 임대인에게 불리하기 때문에 계약만기시점에 주의해야 한다.

임대인은 계약기간이 만료될 때마다 갱신하거나 해지 후 다른 임차인을 구해야 한다. 묵시적 갱신이 되면 임대인 입장에서는 유리할 것이 없기에 계약만기시점이 다가오면 신경 써야 할 일이 많아진다.

분쟁 없는
임대차계약을 위해

임대차계약기간은 따로 명시하지 않는 한 2년이며, 계약기간을 다 채우고 만기가 되면 계약연장 유무를 임차인과 협의해야 한다.

　원룸이나 투룸의 경우 계약기간을 1년으로 하는 경우도 많은데 주택임대차보호법상 2년 미만의 계약은 2년으로 인정해주기 때문에 1년 계약을 하더라도 임차인이 2년을 요구하면 임대인은 2년까지 계약기간을 인정해주어야 한다. 이런 이유로 계약서 특약사항에 1년 계약을 명시하기도 하지만 이 특약사항은 심리적인 압박을 주는 효과만 있을 뿐 주택임대차보호법상 2년 보장을 하지 않아도 되는 건 아니다. 그렇기 때문에 1년 계약을 하더라도 2년까지도 생각하는 것이 좋다.

계약해지

임대차계약기간은 법으로 보호되는 기간이지만 예외적으로 임대차기간중이라도 임차인이 차임(월세) 연체액이 2기 이상(주택·상가 공통)이면 계약해지를 할 수 있다.

　물론 계약해지 요건이 된다고 해서 바로 계약해지가 되는 것은 아니다. 임차인에게 연체 이유를 먼저 확인한 후 단기간에 해결이 될 수 있으면 기다려주고, 안 될 것 같으면 관련 내용을 정리한 내용증명을 먼저 보낸다. 그래도 해결이 안 되면 보낸 1차 내용증명을 근거로 계약해지 내용증명을 보내야 하고, 임차인이 거부하면 명도소송까지도 진행될 수 있다.

묵시적 갱신

임대인은 임대차계약만기 6개월 전부터 1개월 전까지 계약연장 유무, 계약갱신 거절 또는 임대료 인상 등 계약조건 변경에 대한 내용을 임차인에게 통지해야만 한다. 만약 이 기간을 넘겨버리면 묵시적 갱신이 되는데, 임대인 입장에서는 참으로 곤란한 상황이다.

묵시적 갱신이 되면 임차인은 주택의 경우 2년, 주택 외 상가의 경우에는 1년 동안 임대차조건 변경 없이 연장이 되고, 묵시적 갱신기간중 임차인이 계약해지를 요구하면 3개월 후 효력이 발생하면서 임대인은 계약해지 요구를 받아주고 보증금을 반환해주어야 한다. 반면 임대인은 묵시적 갱신기간중 임차인에게 계약해지를 요구할 수 없기 때문에 묵시적 갱신은 임차인에게 절대적으로 유리하고 임대인에게 불리한 규정이다. 그러니까 계약갱신을 거절하거나 임대료 인상을 생각중인 임대인이라면 묵시적 갱신이 되지 않도록 반드시 계약만기 6개월 전부터 1개월 전까지는 임차인에게 통보하기 바란다.

임대료 인상

주택의 경우에는 임대차계약기간중이라면 연 5% 이내 협의해 임대료 인상을 요구할 수 있다. 계약기간이 만료되어 갱신한다면 인상에 대한 상한은 없지만 상가의 경우 임대료 인상에 대해 연 9%를 초과할 수 없는 제한이 있고, 인상을 하고 나서 1년 이내에 또 인상하지는 못한다. 다만 환산임차보증금 기준금액(서울 기준 4억 원, 인천·경기 3억원, 지방광역시 2억 4천만 원, 기타 지역 1억 8천만 원 이하)을 초과하면 이 규정은 적용되지 않는다.

그러나 너무 지나친 임대료 인상은 임차인의 이익을 감소시키면서 공실 가능성을 키우는 것이다. 상한 제한이 없다고 해서 터무니없이 올리기보다는 임대료를 올릴 만한 타당한 이유를 설명하고 임차인과 충분히 협의한 후 결정하는 것이 좋다.

계약갱신요구권

한 상가 임차인이 인테리어와 시설공사를 하고 장사를 시작했다. 그런데 2년 계약이 끝나고 임대인이 계약갱신을 거부한다면 어떻게 될까? 투자한 돈을 회수할 시간도 없이 손실을 떠안아야 할 것이다. 이런 피해를 막기 위해 상가임대차보호법에서는 최초 계약 후 5년 동안은 임차인의 계약갱신 요구를 받아주도록 해서 임차인을 보호하고 있다.

이전에는 환산임차보증금(월세×100)이 서울 기준 4억 원, 인천·경기 3억 원, 지방광역시 2억 4천만 원, 기타 지역 1억 8천만 원 이하인 경우에만 해당되었지만, 이제는 임대차기간 만료 6개월 전부터 1개월 전까지 사이에 임차인의 계약갱신 요구를 정당한 사유 없이 거절하지 못한다. 이는 2013년 8월 13일 이후 계약이 체결되거나 계약갱신이 된 것부터 적용된다.

임대인의 입장에서 최초 계약 후 5년 동안 무조건 임차인의 계약갱신 요구를 들어주는 것이 불합리하다고 생각할 수도 있다. 이런 임대인의 입장을 고려해서 임차인이 3기의 차임(월세)을 연체하거나 임차한 건물을 고의로 파손하는 등 정당한 사유가 있다면 임대인은 임차인의 계약갱신 요구를 거절할 수 있다.

권리금 회수 방해

그동안 임차인이 주선한 신규 임차인에게 권리금을 요구하거나, 신규 임차인이 기존 임차인에게 권리금을 주지 못하게 하거나, 신규 임차인이 임대료를 지급할 능력이 없는 등 정당한 사유 없이 신규 임차인과 임대차계약을 거절하는 등 기존 임차인의 권리금 회수를 방해하는 사례가 많았다. 이제는 임대차계약 만료 3개월 전부터 종료 때까지 권리금계약에 따라 기존 임차인이 신규 임차인에게 권리금을 받는 것을 방해하면 안 된다.

앞서 이야기한 계약갱신요구권은 5년이라는 제한이 있지만 권리금 회수 방해는 5년이 지나도 보호되기 때문에 임대인이라면 임차인의 권리금을 인정해주고 가급적 협조해주는 것이 좋다. 임차인이 고생해서 만든 영업권과 시설비에 대한 권리금을 인정해주는 것은 새로운 임차인에게도 신뢰와 믿음을 줄 수 있어서 긍정적인 효과도 기대할 수 있다. 권리금 관련 내용은 141쪽을 참고하기 바란다.

꼬마 빌딩 보유시 발생하는 세금 1
_재산세와 종합부동산세

매년 6월 1일 기준 재산세는 7월과 9월에 지방교육세와 함께 부과된다.
종합부동산세는 12월에 농어촌특별세와 함께 부과된다.

꼬마 빌딩을 취득할 때 취득세와 부가가치세를 내고 한숨 돌렸는데, 이제 매년 재산세와 종합부동산세, 임대료에 대한 부가가치세와 종합소득세를 내야 한다. 먼저 재산세와 종합부동산세를 알아보자.

보유세의 대표적 세금
재산세

재산세는 보유세의 대표적인 세금으로, 건물과 토지를 보유한 경우 매년 6월 1일을 기준으로 7월과 9월 전년도 납부한 재산세

구분	기준	납기
주택		매년 7월 16일~7월 31일, 9월 16일~9월 30일
토지	매년 6월 1일	매년 9월 16일~9월 30일
건물		매년 7월 16일~7월 31일

| 재산세 계산

구분		계산
재산세	건물	과세표준×재산세율
	토지	과세표준×재산세율
과세표준		기준시가×공정시장가액비율
공정시장가액비율		건물 70%, 토지 70%, 주택 60%

액 1.5배 한도로 부과되며, 지방교육세(20%)와 함께 부과된다. 아파트만 보유하고 있어도 매년 재산세를 납부하기 때문에 일반인들에게 낯설지도 않고 거부감도 별로 없다.

재산세는 과세표준에 재산세율을 곱해서 계산한다. 건물의 경우 고급오락장용 건물 등 사치성 재산에 해당되면 규제하는 차원에서 취득세와 같이 중과세를 적용한다. 하지만 5년 사후관리가 되는 취득세와 달리 재산세는 5년 사후관리가 적용되지 않는다.

예를 들어 임대를 주고 있는 상가의 임차인이 변경되어 음식점에서 유흥주점으로 업종이 변경될 경우 재산세율이 0.25%에서 4%로 껑충 올라갈 수 있으니 주의가 필요하지만, 취득세와 같이 납부 후 5년 내

| 부동산 종류별 재산세

구분			재산세		
			과세표준	세율	누진공제
주택	주택		6천만 원 이하	0.1%	
			6천만~1억 5천만 원	0.15%	3만 원
			1억 5천만~3억 원	0.25%	18만 원
			3억 원 초과	0.4%	63만 원
	별장			4%	
토지	종합합산	나대지 등	5천만 원 이하	0.2%	
			5천만~1억 원	0.3%	5만 원
			1억 원 초과	0.5%	25만 원
	별도합산	영업용 건물 등	2억 원 이하	0.2%	
			2억~10억 원	0.3%	20만 원
			10억 원 초과	0.4%	120만 원
	분리과세	전·답·임야 등		0.07%	
		골프장 등		4%	
		그 외 토지		0.2%	
건물	골프장, 고급오락장			4%	
	공장			0.5%	
	그 외 건물			0.25%	

| 꼬마 빌딩 A의 재산세 계산

구분	건물	토지	합계
기준시가	10억 원	100억 원	
× 공정시장가액비율	70%	70%	
과세표준	7억 원	70억 원	
× 세율	0.25%	0.4%	
− 누진공제		120만 원	
= 산출세액	175만 원	2,680만 원	2,855만 원

업종변경에 따른 중과세는 발생하지 않는다.

만약 임차인의 업종에 따른 중과세가 발생한다면 어떻게 해야 할까? '재산세는 임차인이 부담하기로 한다.'라는 특약사항을 임대차계약서에 기재하고 임차인과 임대계약을 하는 것이 좋다. 이런 전가특약은 법적인 효력이 발생한다. 이렇게 재산세를 임대차계약에 의해 임차인이 부담하기로 한 경우에는 부동산 임대대가에 포함되어 부가가치세가 과세되며, 임대인은 임차인에게 세금계산서를 발급하는 것이 원칙이다.

재산세는 과세표준에 재산세율을 곱해서 계산한다. 과세표준은 기준시가에 공정시장가액비율을 곱해서 계산하며, 건물과 토지는 70%, 주택은 60%로 적용된다.

부동산 종류별 과세표준 구간과 재산세 세율은 왼쪽(282쪽) 표를 참고하자. 예를 들어 건물 기준시가 10억 원, 토지 공시시가 100억 원인 꼬마 빌딩 A의 재산세를 계산하면 위의 표와 같다. 건물의 재산세율

구분	과세 기준금액
주택(주택부속토지 포함)	주택공시가격 6억 원 1세대 1주택자 9억 원
종합합산 토지(나대지 등)	토지공시가격 5억 원
별도합산 토지(상가 등)	토지공시가격 80억 원
분리과세 토지	과세 안 됨

| 종합부동산세 계산

구분		계산
종합부동산세	건물	없음
	토지	과세표준×종합부동산세율
과세표준		기준시가×공정시장가액비율
공정시장가액비율		80%

은 0.25%가 적용되며, 토지는 별도합산 10억 원 초과 0.4%가 적용되어 총 2,855만 원의 재산세가 발생한다.

토지와 주택에만 부과되는
종합부동산세

종합부동산세는 재산세와 더불어 대표적인 보유세인데, 재산세와 달리 건물에는 부과되지 않고 토지(분리과세 토지는 과세 안

Ⅰ 부동산 종류별 종합부동산세

구분		종합부동산세		
		과세표준	세율	누진공제
주택	주택	6억 원 이하	0.5%	
		6억~12억 원	0.75%	150만 원
		12억~50억 원	1%	450만 원
		50억~94억 원	1.5%	2,950만 원
		94억 원 초과	2%	7,650만 원
	별장	과세대상 아님		
토지	종합합산 나대지 등	15억 원 이하	0.75%	
		15억~45억 원	1.5%	1,125만 원
		45억 원 초과	2%	3,375만 원
	별도합산 영업용 건물 등	200억 원 이하	0.5%	
		200억~400억 원	0.6%	2천만 원
		400억 원 초과	0.7%	6천만 원
	분리과세 전·답·임야 등	과세대상 아님		
	골프장 등			
	그 외 토지			
건물	골프장, 고급오락장	과세대상 아님		
	공장			
	그 외 건물			

구분	건물	토지	합계
기준시가	10억 원	100억 원	
− 과세 기준금액		80억 원	
×공정시장가액비율		80%	
과세표준	과세 제외	16억 원	
×세율		0.5%	
− 누진공제			
=산출세액		800만 원	800만 원

됨)와 주택에만 부과된다. 건물과 토지에 한해 매년 6월 1일을 기준으로 12월 1일부터 12월 15일까지 15일간 전년도 납부한 종합부동산세액의 1.5배 한도 내에서 부과되며, 농어촌특별세(20%)가 함께 부과된다.

　토지든 건물이든, 금액이 크든 작든 무조건 부과되는 재산세와 달리 종합부동산세는 과세 기준금액에 따라 대상이 정해진다. 주택은 주택공시가격 6억 원(1세대 1주택은 9억 원)을 넘어야 대상이 된다. 건물과 분리과세 토지는 대상이 아니지만 나대지 등 종합합산 토지는 토지공시가격 5억 원, 상가 등 별도합산 토지는 토지공시가격 80억 원을 넘어야 대상이 되니 기준금액에 해당되지 않는 분들이라면 걱정할 필요는 없다.

　종합부동산세 계산은 재산세와 비슷한데, 과세표준에 종합부동산세율을 곱하면 된다. 과세표준은 재산세와 같이 기준시가에 공정시장가액비율을 곱한다.

부동산 종류별 종합부동산세 과세표준 구간과 세율은 285쪽 표를
참고하자. 예를 들어 건물기준시가 10억 원, 토지 공시시가 100억 원
인 꼬마 빌딩 B의 종합부동산세를 계산하면 옆 페이지의 표와 같다.
건물은 과세제외가 되고, 토지는 별도합산 200억 원 이하 0.5%가 적
용되어, 총 800만 원의 종합부동산세가 발생한다.

꼬마 빌딩 보유시 발생하는 세금 2
_부가가치세

임대료와 임대보증금 이자에 대해서도 부가가치세가 발생한다.
일반과세자는 연 2회, 간이과세자는 연 1회 과세기간 종료일 후 25일 이내 신고하면 된다.

임대보증금의 이자 상당액(간주임대료) 및 임대료에 대해 부가가치세가 발생한다. 일반과세자는 연 2회 제2과세기간(1월 1일~6월 30일, 7월 2일~12월 31일) 종료일 후 25일 이내 신고해야 하고, 간이과세자는 연 1회 제1과세기간(1월 1일~12월 31일) 종료일 후 다음 해 1월 25일까지 신고 납부하면 된다.

사업자 종류에 따라 부가가치세 납부세액이 달라진다. 일반과세자는 임대료의 10%에 상당하는 부가가치세가 발생하지만 간이과세자는 3%의 부가가치세가 발생한다. 매입세액 공제를 통해 부가가치세를 줄일 수는 있지만 부동산임대업에서 매입세액으로 잡을 만한 항목은 크지 않다.

구분		실적기간	신고 납부기간
일반과세자	신규취득자	사업개시일~6월 30일	7월 25일까지
		사업개시일~12월 31일	다음 해 1월 25일까지
	계속사업자	1월 1일~6월 30일	7월 25일까지
		7월 1일~12월 31일	다음 해 1월 25일까지
간이과세자	신규취득자	사업개시일~12월 31일	다음 해 1월 25일까지
	계속사업자	1월 1일~12월 31일	다음 해 1월 25일까지

| 사업자별 부가가치세

구분	부가가치세
일반과세자	과세표준×10%－매입세액
간이과세자	과세표준×3%－공제세액

* 간이과세자 3%＝업종별부가가치율(부동산임대업 30%)×10%
* 공제세액＝매입세액×업종별부가가치율(부동산임대업 30%)

　　부가가치세 세율이 10%인 일반과세자보다 3%인 간이과세자가 부가가치세를 더 적게 납부하니 유리한 것 아니냐고 물어볼 수 있다. 하지만 간이과세자는 세금계산서를 발급할 수 없기 때문에 임차인으로부터 부가가치세를 받아서 납부할 수 없어서 오히려 불리하기도 하다. 각 상황에 맞는 적절한 선택을 할 필요가 있다.

　　그리고 일반과세자는 과세표준 금액에 상관없이 과세가 되지만, 간이과세자는 2,400만 원 이하면 납부가 면제되며 4,800만 원 초과가

구분	과세표준 구간		
	2,400만 원 이하	2,400만~4,800만 원	4,800만 원 초과
일반과세자	과세	과세	과세
간이과세자	납부 면제	과세	해당 없음

되면 일반과세자로 전환된다.

임대료와 부가가치세를 징수한 일반과세자 임대인은 임차인에게 임대료를 지급받기로 한 날을 기준으로 세금계산서를 발급해야 한다. 만약 25일에 임대료를 받기로 했다면 30일에 받았다 하더라도 25일을 기준으로 세금계산서를 발급해야 하는 것이다. 임차인이 비사업자여서 사업자번호가 없으면 어떻게 하나 걱정하는 분들이 있는데, 사업자번호가 없으면 주민등록번호를 기재해서 세금계산서를 발급하면 된다. 그리고 생각하기 싫은 경우지만 취득 후 임대차계약이 되지 않아 공실로 실적이 없어도 부가가치세는 신고하는 것이 원칙이다.

임대인이 임차인으로부터 월세를 받지 못했더라도 세금계산서를 발급하고, 그 공급시기가 속하는 과세기간에 부가가치세를 신고 납부해야 한다. 예를 들어 임대기간이 2016년 12월까지인데 11월, 12월 월세가 미납되어 보증금에서 제할 예정일 경우, 2개월을 빼고 신고하는 것이 아니라 12개월의 임대수익에 대해 부가가치세를 신고해야 한다.

만약 1년치 임대료를 선불로 한 번에 받은 경우에는 한 과세기간에 귀속시켜 부가가치세를 납부하면 세 부담이 될 수 있으므로 일정기간에 나누어 안분해 신고 납부할 수 있다.

구분	부가가치세 별도	부가가치세 포함
월 임대료	100만 원	100만 원
부가가치세 계산	월 임대료×10/100(10%)	월 임대료×10/110
공급가액	100만 원	90만 9,091원
부가가치세	10만 원	9만 909원
영수 금액	110만 원	100만 원

임차인이 임대인의 동의를 얻어 또 다른 임차인을 구하는 전대차를 하기도 한다. 이런 전대차의 경우 임대인은 임차인에게 세금계산서를 주고 임차인은 월차임에 부가가치세 10%를 포함해 임대인에게 지급 해야 하며 임차인은 전차인(또 다른 임차인)에게 세금계산서를 발급해 주고 전차인은 임차인에게 부가가치세 10%를 지급해야 한다.

임대차계약서에
임대로의 부가가치세를 명시하라

부가가치세에서 특히 강조하고 싶은 것이 부동산임대계 약시 월 임대료에 대해 부가가치세 별도인지 포함인지를 명확히 명시 해야 한다는 것이다.

당연히 부가가치세를 별도라 생각하고 임대차계약서에 부가가치세 와 관련 별도로 기재하지 않으면 월 임대료에 부가가치세가 포함되어 영수할 금액의 10/110에 상당하는 금액을 당해 공급에 대한 부가가치세로 거래징수한 것으로 보기 때문이다. 이로 인해 실질 임대료가 줄어들 수 있으니 반드시 명시해두어야 한다. 예를 들어 월 임대료 100만 원으로 임대차계약을 하는 경우 부가가치세가 별도인지 포함인지에 따라서 영수금액이 110만 원과 100만 원으로 차이가 난다.

보증금에 대해서도 부가가치세가 발생한다. 간주임대료라고 1년 정기예금이자율을 곱해서 계산한 기준을 적용하며, 간주임대료 계산은 다음과 같다. 1년 정기예금이자율은 2016년 기준 1.8%이며, 예정신고기간 또는 과세기간 종료일 현재 기준으로 적용한다.

$$간주임대료 = 임대보증금 \times 1년\ 정기예금이자율 \times \frac{과세대상\ 기간의\ 일수}{365일(윤년\ 366일)}$$

월 임대료에 대해서는 임대인(일반과세자)이 세금계산서를 발급하지만 간주임대료는 세금계산서를 발급할 수 없기에 임대보증금의 이자 상당액인 간주임대료는 원칙적으로 임대인이 부담한다. 다만 특약사항에 임차인이 부담하는 것으로 할 수는 있다.

월세와 보증금에 대한 간주임대료에 대한 부가가치세를 한번 계산해보도록 하자. 보증금 1억 원, 월세 200만 원(부가가치세 별도), 과세기간에 초 임대차계약을 했을 때 제1과세기간(6개월) 부가가치세, 간주임대료 이자율 1.8%(2016년 기준)로 가정해 계산하면 제1과세기간의 월세 부가가치세는 120만 원, 간주임대료의 부가가치세는 89,260원으로 총 1,289,260원의 부가가치세가 발생하게 된다.

월 임대료와 간주임대료를 합친 연간 총 임대료 합계가 4,800만 원

| 간주임대료 부가가치세 계산

구분	부가가치세
제1과세기간 월세	1,200만 원=200만 원×6개월
월세 부가가치세	120만 원=1,200만 원×10%
제1과세기간 간주임대료	892,603원=1억 원×1.8%×181/365
간주임대료 부가가치세	89,260원=892,603×10%
합계	1,289,260원=120만 원+89,260원

에 미달되면 간이과세자 수준에 해당됨으로 일반과세자에서 간이과세자로 과세유형이 변경될 수 있다. 다만 상가 매입시 부가가치세를 환급받은 지 10년이 지나지 않았다면 환급받은 부가가치세 일부를 추징당할 수 있다. 또한 임대인이 간이과세자가 되면 세금계산서를 발급할 수 없으니 당연히 10%의 부가가치세를 별도로 징수할 수 없게 되고, 임차인은 임대인으로부터 세금계산서를 받지 못하니 10%의 부가가치세를 공제받지 못하게 된다. 그렇기 때문에 과세유형 변경은 쉽게 생각할 문제는 아니고 반드시 세무사 상담을 통해 따져보고 결정하는 것이 좋다.

마지막으로 가족 등 특수관계인 간에 저가나 무상으로 임대시에는 시가인 임대료를 기준으로 부가가치세와 종합소득세가 부과될 수 있으니 주의해야 한다.

꼬마 빌딩 보유시 발생하는 세금 3
_종합소득세

임대소득은 다른 종합소득과 합산해 구간별로 종합소득세를 납부해야 한다.
일반과세자뿐만 아니라 간이과세자도 종합소득세를 신고 납부해야 한다.

소득이 발생하는 곳에 세금이 붙는 것이 당연하지만 재산세, 종합부동산세, 부가가치세에 이어 임대소득에 대해서 종합소득세도 발생한다. 다른 종합소득이 발생하면 합산해 구간별로 6~38% 과세되는데, 다음 해 5월중 종합소득세 신고기간에 신고 납부해야 한다. 부가가치세를 면제받은 간이과세자도 마찬가지다. 다만 소득이 발생하지 않아 무실적인 경우에는 신고의무가 없다. 비용이 발생한 경우에는 장부를 작성해 신고해두면 향후 10년간 이월해서 결손금공제를 받을 수 있다.

근로소득이 있는 경우에는 임대소득에 합산해서 계산하기 때문에 본인의 근로소득을 감안해 종합소득세를 미리 계산해보아야 다음 해

| 종합소득세 신고 납부기간

수입	실적기간	신고 납부기간
발생	1월 1일~12월 31일	다음 해 5월
미발생	신고 의무 없음	

| 근로소득 합산과 비합산 종합소득세 계산

구분	임대소득	임대소득 + 근로소득
임대소득금액	1천만 원	1천만 원
+근로소득금액	0원	3천만 원
종합소득금액	1천만 원	4천만 원
-소득공제	400만 원	400만 원
과세표준	600만 원	3,600만 원
×세율	6%(1,200만 원 이하)	15%(1,200만~4,600만 원)
-누진공제	0원	108만 원
=산출세액	36만 원	432만 원

5월 예상하지 못한 종합소득세 폭탄을 피할 수 있다. 위의 표에서 임대소득만 있는 경우와 임대소득과 근로소득 둘 다 있는 경우를 비교한 예를 보면 합산과세가 얼마나 무서운지 알 수 있다.

임대소득이 1천만 원만 있는 경우에는 36만 원의 종합소득세가 발생하지만, 근로소득이 3천만 원 추가되는 경우에는 종합소득세가 432만 원으로 늘어난다. 무려 12배 차이다. 그렇기 때문에 임대소득만 생각하지 말고 반드시 본인의 근로소득 등 다른 소득까지 고려한 종합

구분(과세표준 기준)	세율	누진공제액
1,200만 원 이하	6%	
1,200만~4,600만 원 이하	15%	108만 원
4,600만~8,800만 원 이하	24%	522만 원
8,800만~1억 5천만 원 이하	35%	1,490만 원
1억 5천만 원 초과	38%	1,940만 원

소득세 예상 계산을 미리 해보는 것이 좋다. 참고로 소득세율 구간 및 세율은 위의 표와 같다.

종합소득세, 명확히 파악하자

종합소득세 신고방법에는 장부로 신고하는 방법과 장부 없이 무기장으로 신고하는 방법이 있다. 장부로 신고하는 방법은 장부기장을 근거로 신고하는 방법으로, 모든 사업자가 대상이다. 실질에 맞게 세금을 납부할 수 있고 결손금을 인정받을 수 있는 장점이 있지만, 장부를 작성해야 하고 관리비용이 드는 단점이 있다.

장부를 사용하지 않는 무기장 방법은 소규모 사업자가 대상으로, 단순경비율로 신고하는 방법과 기준경비율로 신고하는 방법으로 나뉜다. 단순경비율로 신고하는 방법은 신규사업자 수입금액이 7,500만

신고 방법		적용대상	내용
장부		모든 사업자	소득금액 = 수입금액 − 필요경비 (필요경비는 이자, 감가상각비 등)
무기장	단순 경비율	신규사업자 7,500만 원 미만 계속사업자 2,400만 원 미만	소득금액 = 수입금액 − 수입금액×단순경비율 (부동산임대업일 경우 단순경비율 38.4%)
	기준 경비율	단순경비율 적용 이외	소득금액 = 수입금액 − 3대 주요경비 − 수입금액×기준경비율 (부동산임대업일 경우 단순경비율 21.1%)

원(임대업) 미만이거나 계속사업자 수입금액이 2,400만 원(임대업) 미만인 경우가 대상이며 단순경비율 38.4%(임대업)을 적용해 계산하는 방법이다. 간편하고 일반적으로 세금이 낮게 나오는 장점이 있지만, 이용할 수 있는 상황이 제한적이라는 단점이 있다.

기준경비율로 신고하는 방법은 단순경비율 적용 이외의 사업자가 대상이며 인건비, 매입비, 임차료 등 영수증으로 확인이 가능한 3대 주요비용과 기준경비율 21.1%(임대업)로 계산하는 방법이다. 3대 주요비용이 큰 경우 간편하게 신고하는 장점이 있지만, 세금이 많이 나오는 경우가 많고 가산세가 부과될 수 있다는 단점이 있다.

임대수입금액에서 필요경비를 제해 소득금액을 산출하기 때문에 필요경비를 잘 활용하면 소득세를 줄일 수 있다. 그러므로 인건비, 접대비, 세금과 공과금, 보험료, 감가상각비, 건물수선비, 건물 관리비, 차량유지비, 이자비용 등의 경비를 잘 챙길 필요가 있다. 특히 취득시

대출받은 경우 이자비용은 임대시 전액 비용으로 인정을 받고 임대보증금 반환을 위한 대출이자도 경비로 인정받을 수 있지만, 공동사업자의 경우에는 대출이자에 대해 다소 논란이 있다. 이 부분은 230쪽을 다시 참고하기 바란다.

임대소득세 신고에 반영된 감가상각비는 양도소득세 신고 때는 제외되기 때문에 건물에 대한 감가상각비를 계상해(계산해 올림) 임대소득세를 신고할 것인지 아니면 이를 계상하지 않고 추후 양도시 양도소득세에서 공제할 것인지는 상황에 따라 판단해야 한다.

임대차계약을 허위로 작성하거나 간주임대료를 무신고, 특수관계인에게 무상 또는 저가로 임대, 임대료와 관리비의 비율 조작 등 수입을 누락하는 경우, 차량유지비나 이자비용 과다 계상 등 비용 관련 문제, 종합소득세 신고 관련 문제가 발견될 때 세무조사를 받을 수 있다. 그렇기 때문에 전체적인 내용을 이해하고 알고 있어야 하지만, 세금 신고는 세무사의 도움을 받는 것이 좋다.

상가주택의 경우에는 재산세와 종합부동산세는 양도세와 같이 상가 부분은 일반건축물로 주택 부분은 주택으로 구분해 부과되며, 부가가치세는 상가의 임대 부분에 대해서만 발생한다. 동일한 임차인에게 상가와 주택을 모두 임대한 경우에는 주택의 연면적이 상가면적보다 더 크면 전체를 주택임대로 간주해서 임대료에 대해서 면세한다. 임대소득세는 다른 소득과 합산해 종합과세가 되지만 주택에서 발생한 임대소득은 다른 주택과 합산해 연간 임대료가 2천만 원 미만이면 비과세가 적용된다.

빌딩 관리가 적합한 사람 vs.
적합하지 않은 사람

평소 알고 지내던 선배가 임대사업자가 되었다. 선배는 대기업 고위 간부로 있다가 퇴직한 후 꼬마 빌딩을 구입했다. 평소 꼼꼼한 성격으로 업무 능력이 뛰어나 꼬마 빌딩 관리도 잘할 것 같았는데 역시 부지런하게 관리를 잘해서 몇 년 후 주변의 다른 빌딩에는 공실이 생겨도 선배가 관리하는 꼬마 빌딩은 공실이 생기지 않았다. 월세도 조금씩 올려 받으면서 완전히 성공한 임대사업자로 자리를 잡았다는 소식을 들을 수 있었다.

반면 몇 달 전 만난 한 고객은 상가주택을 작년에 구입했는데 관리가 너무 힘들어서 팔고 싶다고 했다. 이유를 물어보니 고장이 났다거나 계약기간중에 나가고 싶다는 등 임차인들의 연락을 받는 것이 싫고 계약기간이 만료되면 갱신을 하지 않아 새로운 임차인을 구하는 것도 너무 힘들고 스트레스라는 것이다. 같은 임대인인데 왜 이렇게 다른 걸까? 그 이유는 임대인들의 성향과 습관에 있다.

선배는 부지런하고 사람을 만나기 좋아해서 자주 꼬마 빌딩을 방문했다. 고장이 났을 때 신속한 수리, 정리 정돈, 불편한 점을 물어보고 바로 개선해주니 임차인들 입장에서는 살기 편하고 기분 좋은 것이 당연하다. 계약만기시 갱신을 안 할 이유가 없는 것이다. 이와 달리 그 고객은 움직이는 것과 사람 만나는 것을 싫어하니 임차인들과 소통이 어려웠다. 그뿐만 아니라 고장이 나서 불편한데 신속한 조치도 안 해주고 건물은 지저분하니 불만이 쌓일 수밖에 없다. 어느 임차인이 계약갱신을 하고 싶겠는가?

자신의 성격과 성향을 잘 파악하고 꼬마 빌딩의 종류를 선택해야 한다. 그 후에 직접 관리를 할 것인가 외주 관리를 할 것인가를 판단해야 한다. 앞서 말한 선배처럼 부지런하고 적극적인 성격이라면 직접 관리가 적합하다. 반면에 관리 자체가 스트레스가 되는 분들이라면 직접 관리보다는 전문업체에게 위임하는 간접 관리가 좋다. 또한 임차인으로 인한 관리 포인트가 많은 원룸빌딩보다는 오피스빌딩이나 투룸이 들어간 상가주택이 더 좋을 것이다.

예전에 고시원을 직접 운영하는 분을 만난 적이 있다. 관리인을 두지 않고 본인이 직접 운영하며 항상 양복을 입는다고 했다. 운영은 직접 할 수 있지만 왜 양복을 입고 있을까 궁금했다. 이유를 물어보니 고시원에 있는 임차인들 모두 소중한 고객이고 방을 구하기 위해 찾아오는 분들도 중요한 고객인지라 항상 깔끔하고 좋은 인상을 주기 위해 양복을 입는다고 했다. 임차인들에게 이 정도 정성과 열정을 보인다면 다른 건물 관리는 볼 필요도 없다. 아니나 다를까, 공실이 거의 없고 수익률도 주변 고시원에 비해 높다고 했다. 당연한 결과다. 보통 고시원들은 임차인 중 한 명을 지정해 월세를 안 받는 조건으로 기본 관리를 맡기는 경우가 많아 제대로 관리되기가 힘들다. 또한 후줄근한 체육복 차림의 관리인과 깔끔한 양복을 차려입은 관리인이 있는 곳 중 어느 고시원에 방을 구하고 싶겠는가?

임대인들은 자신의 생각보다 먼저 임차인들 입장에서 생각하는 자세가 필요하다. 고객을 존중하는 마음으로 관리한다면 분명 공실률은 낮고 수익률이 좋은 우수한 꼬마 빌딩의 주인이 될 것이다.

◇◇◇◇◇

지금까지 꼬마 빌딩과 관련된 필수 상식과 취득할 때와 보유할 때 필요한 노하우 등을 알아보았다. 마지막으로 꼬마 빌딩을 팔 때 필요한 전략과 노하우, 지식에 대해 알아보도록 하자. 아무리 좋은 꼬마 빌딩을 구입하고 관리를 잘했더라도 팔 때 제값을 받지 못하면 그저 남 좋은 일 시켜준 것밖에는 안 된다. 반면 가치를 극대화해서 잘 판다면 투자수익이 올라가고 종잣돈을 확보할 수 있다. 더 나아가 자신감 회복으로 한 단계 업그레이드되어 다음 투자로 넘어갈 수 있는 발판을 마련할 수 있다. 보유중인 꼬마 빌딩을 잘 팔아서 유종의 미를 거두어보자.

Part 5

꼬마 빌딩,
잘 파는 비결은
이것이다

꼬마 빌딩 가치 상승시키는 법 1
_리모델링으로 거듭나기

노후된 꼬마 빌딩은 리모델링으로 가치 상승을 할 수 있다.
필요한 부분만 공사하는 리모델링은 비용절감과 강화된 주차장법 규제에서 자유롭다.

건축연도가 오래되고 건물이 노후화되었다는 이유로 임대수익률이 낮아서 저평가된 꼬마 빌딩은 리모델링으로 가치를 상승시킬 수 있다. 내부구조나 외관을 원하는 대로 건축할 수는 없지만 필요한 부분만 공사하기 때문에 비용절감의 효과가 있고, 최근 강화된 주차장법 등 규제에서 자유롭기 때문에 1층 상가면적이 감소될 수 있는 신축과 달리 이로 인한 손해를 보지 않아도 된다.

외관, 내부, 엘리베이터 등 완전 리모델링 공사(터파기·골조·정화조·오수 등 제외)를 하는 경우에는 3.3m²당 200만~300만 원 정도의 비용이 발생한다. 외관만 공사하는 경우에는 자재에 따라 차이가 있지만 3.3m²당 50만~100만 원 정도이고, 창호, 내부마감, 전기설비 등

| 리모델링 전후 모습

내부 인테리어 공사는 3.3m²당 50만~100만 원 정도다.

　이 밖에 엘리베이터를 교체만 하는 경우에는 3천만~5천만 원 정도, 신규로 설치하는 경우에는 대략 1억 원 정도 발생하지만 공법과 현장 상황에 따라서 비용 증감이 있을 수 있다. 물론 면적이 크면 3.3m²당 가격은 낮아질 수 있고 반대로 면적이 작으면 인건비, 자재비용 등 절감할 수 있는 부분이 적어지기 때문에 가격이 높아질 수 있다.

투자 대비 효율을
고려해야 하는 리모델링

　　　　이렇게 리모델링으로 임대수익률을 올리는 것은 좋지만 공사비용이 과도하게 들어가면 오히려 투자 대비 효율이 떨어질 수도 있다. 그렇기 때문에 목표 임대료를 달성하기 위해 필요한 수준 정도의 공사를 따져보고 시행하는 것이 좋다. 예를 들어 매매가 17억 원,

| 리모델링 효율 비교

구분	항목	A	B
공사 전	매입가	17억 원	17억 원
	연 면적	500m²(150평)	500m²(150평)
	임대료	보증금 1억/월 500만 원	보증금 1억/월 500만 원
	수익률	3.75%	3.75%
공사 후	총 공사비	1억 5천만 원	3억 원
	임대료	보증금 1억/월 700만 원	보증금 1억/월 760만 원
	수익률	4.8%	4.8%

수익률 3.75%가 나오는 빌딩을 리모델링한다고 가정해보자. 1억 5천만 원으로 외벽 일부와 엘리베이터, 내부 일부를 공사해서 수익률 4.8%가 나온 A와 공사비 3억 원으로 전면 리모델링 공사를 해서 수익률 4.8%가 나온 B가 있다면 둘 중 더 효율적인 리모델링을 한 사람은 A다.

B처럼 A보다 공사비 1억 5천만 원을 더 투입했다면 수익률도 A보다 더 높아야 하고, 지금처럼 같은 수익률이라면 굳이 지나치게 많은 공사비용을 지출할 필요는 없다. 다만 전면 리모델링 공사로 건물의 가치가 크게 개선되어 매매가격에까지 반영되었다면 건물가치 상승의 효과도 있기 때문에 B의 선택이 나빴다고만은 할 수 없을 것이다.

꼬마 빌딩 가치 상승시키는 법 2
_임대업종 변경

임대료가 높거나 시너지 효과가 있는 임차업종 변경으로
수익률 상승에 따른 가치 상승 효과까지 볼 수 있다.

수천만 원에서 수억 원의 비용이 발생하는 리모델링이 부담스럽다면
임대업종 변경을 통해 수익률을 올려 가치 상승을 시켜보자.

추가 공사 비용 없이
가치 상승시키기

임대료가 높은 업종으로 변경

업종에 따라서 임대료를 높게 내는 업종이 있다. 현재 임대료가 낮다
면 임차인과 계약만기가 될 때 임대료를 높게 내는 업종의 임차인을

구하면 자연스럽게 임대료 상승의 효과를 얻을 수 있다.

보통 수익률이 잘 나오는 업종이 임대료 또한 높게 내는 경향이 있는데, 이에 속하는 업종으로는 은행, 약국, 학원 유흥업소, 유명 프랜차이즈, 원룸 등이 있다. 이렇게 타 업종 대비 임대료를 높게 내는 업종이 임차인으로 있는 동안에는 수익률이 높지만, 계약만기시 계약갱신이 안 되면 비슷한 수준의 임대료를 내는 임차인을 빨리 구하는 것이 쉽지는 않아 어려움을 겪을 수도 있다.

특히 유흥업소는 당장 임대료는 높게 받을 수 있지만 업종 특성상 건물의 이미지가 떨어지는 마이너스 영향이 있고, 주변 업종들에도 제약이 있기 때문에 득보다 실이 더 많을 수도 있어서 주의가 필요하다.

반대로 유명 프랜차이즈가 임차인으로 들어오면 높은 임대료의 안정적인 확보 이외에 건물의 이미지가 좋아지는 플러스 효과까지 기대할 수 있다. 건물의 이미지가 좋아지면 건물의 가치 상승뿐만 아니라 건물 내 다른 업종들에도 같이 시너지 효과를 낼 수 있기 때문에 건물의 이미지를 상승시키기 위해 임대인이 직접 유명 프랜차이즈를 경영하는 경우도 있다.

시너지 효과가 나는 업종

시너지 효과가 나는 업종을 잘 구성해서 높은 임대료를 받는 방법도 있다. 임대료가 높은 업종 중 하나인 약국의 경우 병원, 특히 약을 많이 타는 소아과, 내과, 이비인후과 등의 병원이 같은 건물에 입점해 있으면 더 높은 임대료를 받을 수도 있다. 그래서 병원의 임대료를 낮추어주거나 인테리어 비용을 부담해주는 조건으로 병원을 유치하는 임대인이 많다. 이렇게 병원이 많이 입점할수록 약국의 임대료를 올릴 수 있기 때문이다.

실제로 1층 약국과 2~3층 병원이 입점해 있는 근생빌딩의 임대료를 예로 들어보자면 2층 소아과의 임대료는 월 150만 원, 3층 피부과의 임대료는 월 120만 원임에 비해 1층 약국의 임대료는 월 400만 원이다. 이렇듯 2층과 3층 병원보다 면적은 작지만 임대료는 더 높게 받는 경우도 있다.

학원과 식당도 모일수록 시너지가 큰 업종이다. 수학, 영어, 미술 등 과목이 다른 여러 학원이 입점해 있으면 가장 좋고, 동일 과목의 학원이 중복 입점해 있다고 해도 치열한 경쟁의 단점보다는 시너지 효과의 장점이 더 크다. 식당도 한식, 중식, 분식, 양식이 골고루 분포해 있으면 금상첨화고, 설사 중복되더라도 여러 식당들이 모여 있으면 일단 그 건물로 가서 골라먹으면 된다고 생각하기 때문에 모여 있을수록 유리하다. 학원이 많이 입점해 있다면 1층은 편의점이나 분식·간식 업종이, 원룸이 많다면 1층은 편의점이 좋다.

그리고 주변 건물의 업종을 잘 활용해도 좋은 시너지 효과를 얻을 수 있다. 예를 들어 바로 옆 건물에 스타벅스 같은 고급 커피전문점이 있다면 같은 대형 커피전문점을 입점시켜 카페거리를 만들 수도 있고, 저가형 커피전문점을 입점시켜 가격대별 시너지 효과를 얻을 수도 있다. 고급 커피전문점인 스타벅스 옆에 중저가 커피전문점인 이디야커피나 빽다방이 많이 있는 이유이기도 하다.

상권과 공존하는 임대전략 짜기

이런 업종에 따른 임대료 상승은 단기간에 빨리 결과가 나오는 것은 아니다. 계약만기가 될 때 하나씩 맞추어가야 하는 것이기에 중장기적으로 계획을 세워서 하나씩 해나가야 한다. 그리고 지나치게 높은 임대료는 공실 가능성을 높이고 상권침체로 이어질 수 있기 때문에 항상 임차인과 공생하면서 적절한 임대료 상승을 추진해야 한다.

필자가 대학시절 최고 상권이었던 신촌 상권도 높은 임대료로 경쟁력이 약해졌고, 홍대나 가로수길, 경리단길 등 최근 새롭게 뜬 상권들도 개척한 임차인들은 높은 임대료에 등 떠밀려 나가고 대형 프랜차이즈 업체들이 차지하면서 그 상권이 가진 고유의 색깔을 잃어버리는 안타까운 상황이 반복되고 있다. 임대인들은 임대료만을 목적으로 할 것이 아니라 상권과 공존하고 상생할 수 있는 중장기적인 임대전략을 가질 필요가 있다.

투자자금 최소화로
투자수요 늘리는 비결은?

투자자금이 적게 들어갈수록 유리하다.
투자금액이 적을수록 투자자 수 증가에 따른 매매가 상승 및 환금성이 좋을 수 있다.

여유자금이 있다면 그 여유자금으로 대출을 상환하는 것이 좋을까, 대출을 그대로 두는 것이 좋을까? 상담을 하며 이런 질문을 종종 받게 된다. 예금금리와 대출금리의 차이를 감안하면 보유하는 동안에는 대출을 상환하는 것이 계산적으로는 유리하다. 하지만 매매 측면에서 바라보면 대출을 활용하는 것이 투자금액을 줄이는 차원에서 유리할 수 있다.

투자자들이 충분한 여윳돈을 가지고 투자하는 것이라면 문제가 없겠지만, 대부분 투자자들은 자신이 가진 자금보다 더 높은 가치의 부동산을 구입하기 원하는 성향이 있다. 그래서 대부분 보유자금에 보증금과 대출을 끼고 구입하는 경우가 많다. 보증금과 대출금액이 높

구분	A	B
매매가	10억 원	10억 원
보증금	1억 원	3억 원
월세	350만 원	250만 원
대출	0원	2억 원
실투자금	9억 원	5억 원

을수록 투자금액은 줄어들기 때문에 더 많은 투자수요를 끌어들일 수 있어서 조금 더 빨리, 조금 더 높은 매매금액을 받으려면 투자금액을 줄일 수 있는 조건을 만드는 것이 좋다.

위의 표와 같이 매매가는 10억 원으로 동일하지만 보증금 1억/월 350만/대출 0원인 꼬마 빌딩 A와 보증금 3억/월 250만/대출 2억 원인 B가 있다면 투자자는 어떤 꼬마 빌딩을 더 선호할까? 자금이 충분한 투자자라면 금리와 대출이자를 감안해 A를, 투자자금이 부족한 투자자라면 B를 선택할 거라고 생각되지만 현실에서는 투자자금과 관계없이 B를 선택하는 투자자들이 더 많다.

B는 당장 대출 2억 원에 대한 이자비용도 발생하고 A보다 월세도 100만 원 적지만, A의 투자금액은 9억 원임에 비해 B의 투자금액은 5억 원에 지나지 않는다. 일단 좋은 물건을 먼저 선점한 후 나중에 종잣돈이 더 모아지면 대출은 상환하면 되고, 보증금을 줄이고 월세는 더 올려 받으면 되기 때문에 B를 선호하는 투자자들이 더 많다. 또한 투자수요가 많을수록 매매가격을 올릴 수 있는 여지도 커진다.

투자수요를
늘리고 싶다면?

아래 그림을 보면 투자금액이 줄어들수록 투자자 수는 늘어나고 투자금액이 늘어날수록 투자자 수는 줄어드는 피라미드 모양이 됨을 알 수 있다. 반면 투자금액 대비 구입 가능한 꼬마 빌딩은 역피라미드 모양이다. 투자금액이 높을수록 구입 가능한 꼬마 빌딩의 폭은 넓어진다. 즉 투자금액이 높을수록 투자수요는 줄어들어서 좋은 물건을 구입하기는 쉽지만, 투자금액이 낮을수록 투자수요가 많아지면서 경쟁이 치열해지고 선택의 폭도 좁아진다.

파는 양도인 입장에서는 투자수요가 많아질수록 유리하기 때문에 투자금액을 줄여서 투자수요를 늘리는 전략이 효과적일 수 있는 것이다. 예를 들어 투자금액이 20억 원이 넘으면 매매가 25억~30억 원 이상 좋은 물건을 골라 가격흥정도 하면서 급매물을 잡을 수 있다. 하지

│ 투자금액 대비 구입 가능 매매가

314

만 투자금액이 5억 원 이하 또는 5억~10억 원 정도가 되는 투자수요
는 아주 많아서 희소가치가 높아지고, 입지가 좋거나 수익률이 좋은
꼬마 빌딩은 고르고 흥정할 여유도 없이 바로 거래가 되고는 한다.

이렇듯 투자금액이 적게 들어가는 것은 투자수요의 폭을 넓히는 효
과가 있다. 그렇기 때문에 빨리 좋은 가격에 잘 팔려고 한다면 수익률
이 크게 떨어지지 않는 범위 내에서 보증금을 올리고 대출도 받아서
투자금액을 최소로 만들어두는 것이 유리하다.

이런 투자금액을 줄이는 방법은 분양권 중도금대출이나 재개발 이
주비용대출에서도 동일하게 적용된다. 분양권 투자를 할 경우에는 여
유자금이 많고 중도금 선납할인의 달콤함이 있더라도 반드시 중도금
대출을 받는 것이 좋고, 재건축·재개발 역시 책정된 이주비용 대출은
받아두는 것이 향후 팔 때 매수자의 폭을 넓혀서 빨리 좋은 가격에 잘
팔 수 있는 밑거름이 된다.

보기 좋은 떡이
먹기도 좋다

매수자의 마음을 빼앗기 위해서라도 첫인상은 중요하다.
매매를 진행하기 전에 청소나 하자보수 등은 미리 하는 것이 좋다.

현장에 물건을 보러 다니다 보면 신축건물이 아님에도 마치 신축처럼
보이는 물건이 있고, 건축연도가 오래되지 않았음에도 마치 10년은
넘어 보이는 물건도 있다. 보기 좋은 떡이 먹기도 좋다고 투자자 입장
에서는 오래되어 보이거나 지저분한 건물을 본다면 사고 싶다는 마음
이 들지 않을 것이다. 어차피 팔려고 마음먹었다면 건물의 첫인상을
좋게 할 필요가 있다.

이상하게 들리겠지만 꼬마 빌딩의 첫인상에 따라서 투자자의 마음
은 80%가 결정된다고 해도 과언이 아니다. 대부분 투자자들은 매매
가격, 보증금, 대출, 위치 등 사전정보를 입수하고 체크한 후 현장조사
를 나오기 때문에 투자금액이 맞지 않거나 위치가 마음에 들지 않는

투자자는 아예 현장에 오지 않는다.

시간이 많고 그냥 보는 것이 좋아서 현장에 물건을 보러 오는 분들도 가끔은 있지만, 대부분 현장에 물건을 보러 온다는 것은 투자금액도 적당하고 위치도 마음에 들어서 물건만 좋으면 매매를 결정할 확률이 높다고 할 수 있다. 그런데 딱 보는 순간 지저분하고 정리정돈도 안 되어 있고 파손된 부분 등이 있으면 이미 첫인상에서 점수를 깎일 수밖에 없다. 물론 이렇게 겉으로 보이는 모습보다는 입지, 땅 모양, 관리편의성, 향후 가치 상승 가능성 등을 따져야 한다는 것을 알고 있다. 하지만 확률적으로 대부분 첫인상이 마음에 안 들면 거래가 안 될 가능성이 높다.

거래 성사 확률을
높이는 첫인상

잘 팔아야 하는 양도인 입장에서는 굳이 첫인상을 나쁘게 할 이유는 없다. 만약 팔기로 마음먹었다면 큰돈이 들어가는 리모델링이나 리뉴얼 공사까지는 아니더라도 대청소 정도는 미리 하는 것이 좋다.

보유중인 꼬마 빌딩의 상태에 따라서 직접 청소가 어려우면 전문 청소업체를 이용해도 된다. 전문 청소업체에 의뢰하면 청소비용은 대략 3.3m²당 5천 원 정도, 외벽청소까지 하면 3.3m²당 1만 원 정도다. 그러니 일반적인 꼬마 빌딩이라면 50만~100만 원 정도, 외벽청소까지 하면 100만~200만 원 정도 비용이 발생한다.

그리고 외벽, 내부 타일, 유리창, 바닥 등 파손된 부분이 있으면 매매진행 전에 하자보수를 해두는 것이 좋다. 팔고 나면 그만이라는 생각에 하자나 파손 비용을 아끼려고 그냥 넘어갔다가 양수인이 계약 전에 발견하면 계약이 무산될 수도 있고, 계약 후 발견되면 잔금 전에 하자수리를 해주는 조건의 특약사항이 걸릴 수도 있다. 운 좋게 슬쩍 넘어가더라도 잔금 후 발견되면 그 책임에서 자유로울 수 없다. 계약이 종료된 상황에서도 양수인이 몰랐던 하자를 발견하는 경우 6개월 이내 하자수리를 해주어야 할 법적 의무가 있기 때문이다. 어차피 해야 할 것이라면 첫인상 점수도 좋게 할 겸 미리 하자보수를 해두는 것이 좋다.

매물등록 노하우는
따로 있다

꼬마 빌딩을 잘 팔기 위해서는 현장 중개업소에 매물등록을 잘 하는 것이 좋다.
어떻게 파느냐에 따라 수천만 원에서 수억 원까지 차이가 날 수도 있다.

보유하고 있는 일산의 상가주택을 팔고 강남의 다가구주택을 구입하고 싶은 A씨, 마음에 드는 다가구주택을 찾았지만 상가주택이 팔리지 않아 고민이다. 어떻게 하면 상가주택을 잘 팔 수 있을까?

먼저 현장의 분위기를 확인해야 한다. 양수인이 전혀 나오지 않는 침체된 분위기의 현장이라면 굳이 소중한 꼬마 빌딩을 매물로 내놓을 필요도 없다. 낚시를 할 때 아무리 좋은 미끼를 사용해도 물고기가 물 속 깊은 곳에서 나오지 않을 때는 아무런 소용이 없다. 구입하고 싶어 하는 양수인이 전혀 없는 침체된 분위기에서 매물을 내놓으면 팔리지도 않을뿐더러 매물만 더 늘어나게 된다. 이런 분위기에 팔아보겠다고 매매가격을 인하라도 하면 내 물건 가격을 스스로 떨어뜨리는 결과만 나온다.

A씨는 일단 거래가 전혀 안 되는 분위기인지, 거래는 되는데 가격이 안 맞는 것인지부터 판단해야 한다.

적어도 팔 수 있는 분위기가 형성되어 있다면 주변을 돌아다니며 비슷한 조건을 가진 다른 매물의 시세를 확인해야 한다. 아무리 좋은 가격을 받고 싶어도 주변에 비슷한 조건의 매물이 더 낮은 가격에 있다면 투자자는 당연히 가격이 더 낮은 물건을 선택할 것이다.

그런데 보통 사람은 물건을 팔 때 시세보다 높은 가격을 받고 싶고 살 때 시세보다 낮은 가격으로 사고 싶은 이중적인 마음이 있어서 항상 살 때는 현장에서 형성된 가격보다 더 낮은 매물을 찾게 되고 팔 때는 현장에서 형성된 가격보다 더 높은 가격에 팔려고 한다. A씨 역시 그런 이유로 매매가격을 정해 잘 안 팔리는 것은 아닌지 생각해보아야 한다.

물건을 사는 사람은 양수인이다. 우리는 파는 양도인 입장이 아닌 사는 양수인 입장에서 생각할 필요가 있다. 팔은 안으로 굽는다고 스스로 내 물건은 무엇인가 특별하고 좋다고 하지만 양수인이 보기에는 다 비슷하고 큰 차이가 없을지도 모른다. 현장에 비슷한 매물이 여러 개 있다면 특별히 입지가 좋거나 차별화되는 일부 매물을 제외하고는 가격이 조금이라도 더 낮은 매물부터 팔리는 것이 순리이고 정상이다. 그렇기 때문에 빨리 팔고 싶다면 현장에서 형성된 매매가격보다 조금이라도 낮추는 것이 좋다. 그렇다고 터무니없이 큰 폭으로 가격을 낮출 필요는 없다. 나와 있는 매물보다 약간 낮은 수준으로 내놓은 후 양수인이 나오면 협의해 조정 가능하다는 여지를 남겨두면 된다.

확실한 매매를 위한
공인중개사 파트너 만나기

양수인을 구해서 물건을 보여주고 협상해서 계약까지 마무리하는 업무를 하는 공인중개사를 잘 만나는 것은 매우 중요하다. 대부분 공인중개사들이 전문지식과 직업정신을 가지고 있지만 거래만 성사시키면 된다는 막무가내식 중개를 하는 비양심적인 공인중개사도 있기 때문이다. 평소 손님들이 많이 왕래하는지 눈여겨보고, 슈퍼마켓이나 미용실 등 동네를 잘 아는 점포에 가서 좋다고 소문난 중개업소가 어딘지 물어볼 수도 있다. 방문해서 질문을 했을 때 친절하게 응대를 해주는지 눈을 보면서 이야기를 나누어본 후 공인중개사 파트너를 정하면 된다.

공인중개사를 정하고 적정가격에 매물을 등록한다고 끝이 아니다. 공인중개사가 알아서 잘해주는 경우가 많지만 당근과 채찍 양동작전을 펼치면 조금 더 효과적일 수 있다.

계약을 하게 되면 공인중개사에게 법정중개보수료를 주게 된다. 이 중개보수료를 너무 아까워하지 말고 목표 매매가격으로 계약을 잘 성사시키거나 목표 시점까지 빨리 성사시키면 법정중개보수료의 2배 또는 플러스알파를 주겠다는 '당근'을 제시하면 당연히 더 열심히 일할 것이다.

또한 매물등록 후 '알아서 해주겠지.' 하고 가만있지 말고 1~2주일에 한 번 정도는 전화를 하거나 방문을 해서 진행상황을 체크하면 공인중개사는 더 신경을 쓸 수밖에 없다. 우는 아이 떡 하나 더 준다고 열심히 연락하고 방문하는데 그렇게 안 하는 양도인 물건보다는 더 신경을 쓰는 것이 인지상정이다.

마지막으로 과감한 결단력이 필요하다. 가끔씩 팔고 싶다고 해서 열심히 작업해서 계약을 하자고 하면 '한번 더 생각해보겠다.' '지금 파는 것이 맞느냐, 조금 더 시간을 달라.' '매매가격을 더 올리고 싶다.' 등 결정장애가 있는 분들이 많다. 이렇게 결정을 못하는 동안 투자자가 계약을 포기하거나 다른 물건을 계약하면서 결국 팔지 못하게 되는 경우가 많다.

팔려고 마음먹었으면 좀 아쉽더라도 과감하게 팔아야 한다. 막상 팔려고 하면 가격이 더 오를 것 같고 아깝기도 하고 자신이 잘못 판단하는 것이 아닌가 두렵기도 할 것이다. 하지만 팔려고 마음먹는 동안 많은 고민을 해서 내린 결정이라면 믿고 진행을 하는 것이 맞다. 다만 고민과 계획 없이 분위기에 휩쓸려 즉흥적으로 급하게 계약하게 된다면, 계약금을 선입금으로 받지 말고 계약서 작성일까지 고민하고 신중한 결정을 내리는 것이 좋다.

결론적으로 A씨는 좋은 공인중개사 파트너를 만나서 다른 매물시세보다 조금 낮게 매물등록을 하거나 중개보수료 외 인센티브라는 당근을 주고 1~2주 간격으로 체크하면서 양수인이 붙었을 때 과감한 결정을 한다면 상가주택을 잘 팔 수 있을 것이다.

꼬마 빌딩 양도시 발생하는 세금 1
_부가가치세

폐업기간에 따른 부가가치세를 폐업 달의 말일부터 25일 이내 신고해야 하며
포괄양수도 계약을 하면 부가가치세 없이 거래할 수 있다.

양도를 위한 매매계약을 하면 세금은 양도차익에 대한 양도소득세와
폐업에 따른 부가가치세가 발생한다. 폐업시 사업실적 및 상가양도
에 따른 부가가치세를 포함해서 폐업기간에 따른 부가가치세를 폐업
일이 속하는 달의 말일부터 25일 이내 신고해야 한다. 포괄양수도 계
약을 하면 부가가치세 없이 거래를 할 수 있다. 양도차익에 대한 양도
소득세는 양도일이 속하는 달 말일부터 2개월 내 신고해야 하고 다음
해 5월에 확정신고를 해야 한다.

부가가치세는 주택 이외의 부동산을 취득할 때와 보유할 때도 발생
하지만 팔 때도 따라다니는 떼려야 뗄 수 없는 세금이다. 파는 사람인
양도인이 사업자(일반과세자·간이과세자)여야 부가가치세가 과세되며

| 양도 또는 폐업에 따른 세무 신고 절차

순서	절차	내용
1	매매계약	• 양도, 폐업 부가가치세 고려 • 포괄양수도 계약시 부가가치세 없이 거래
2	폐업 신고	• 정해진 것은 없지만 지체 없이 바로 하는 것이 좋음 • 사업자등록 원본(필수 아님), 폐업신고서, 계약서(포괄양수도 계약시)
3	부가가치세 신고	• 폐업기간에 따른 부가가치세 신고(사업실적 및 양도에 따른 부가가치세 포함) • 폐업일이 속하는 달의 말일부터 25일 이내 신고
4	양도소득세 신고	• 양도일이 속하는 달의 말일부터 2개월 내 신고

면세사업자는 부가가치세가 과세되지 않는다. 다만 양도인이 미등록 사업자라도 미등록기간에 부가가치세가 과세되는 거래를 한 경우라면 사업자등록 여부에 관계없이 실질적인 부가가치세법상 사업자에 해당되어 과세될 수 있다.

양도인이 일반과세자면 양수인으로부터 건물공급가액의 10%에 해당하는 부가가치세를 징수해 납부해야 하고, 세금계산서를 발행해야 한다. 양수인은 건물공급가액의 10%의 부가가치세를 낸다. 일반과세자면 부가가치세 환급을 받을 수 있어서 걱정할 필요는 없으나 간이과세자, 면세사업자, 비사업자라면 환급을 받을 수 없다. 이런 부가가치세를 생략하고 싶다면 포괄양수도 계약을 하면 되는데, 이에 대해서는 134쪽을 참고하기 바란다.

계약서에 건물가액과 토지가액의 구분이 정상적으로 되어 있는 경우에는 실지거래가액을 공급가액으로 하지만 구분된 금액이 조세회

| 부가가치세 비교 계산

구분	실지거래가	감정평가	기준시가
건물공급가액	2억 원	5억 원 = 20억 원×5/(5+15)	8억 원 = 20억 원×6/(6+9)
건물부가가치세	2천만 원 = 2억 원×10%	5천만 원 = 5억 원×10%	8천만 원 = 8억 원×10%
토지공급가액	18억 원	15억 원 = 20억 원×15/(5+15)	12억 원 = 20억 원－8억 원
합계	20억 2천만 원	20억 5천만 원	20억 8천만 원

피행위가 있다고 판단되거나 구분이 되어 있지 않는 경우에는 '감정평가액 → 기준시가' 등으로 다시 안분해야 한다.

건물가액과 토지가액의 구분이 정상적이지 못하거나 불분명한 경우에는 '감정가액 → 기준시가 → 장부가액 → 취득가액'을 순차적으로 적용해 안분계산을 하는데 일반적으로 감정평가를 받는 경우가 많지 않으므로 기준시가 비율로 인분하는 것이 사후 문제점 예방 차원에서 좋다. 예를 들어보자. 위의 표처럼 매매금액 20억 원에 부가가치세 별도(양수인 부담)로 계약한 경우 부가가치세를 계산해보면 다음과 같이 차이가 난다.

- 건물실지거래가(2억 원, 토지 18억 원)로 계산하면 부가가치세는 2천만 원
- 건물감정가(5억 원, 토지감정가액 15억 원)로 계산하면 5천만 원
- 건물기준시가(6억 원, 토지공시지가 9억 원)로 계산하면 8천만 원

세법에서 계약서상의 금액을 시가로 인정하지만 불합리한 경우라 판단되면 인정하지 않을 수도 있다. 이런 경우에는 기준시가로 하는 것이 가장 합리적이며 1년 내 감정평가액이 있는 경우에는 감정평가액을 우선 적용해 안분계산을 해도 좋다. 그리고 부가가치세를 별도로 하느냐 포함하느냐는 매우 중요한 문제다. 당연히 별도라고 생각하고 계약시 누락할 경우 본의 아니게 손해를 볼 수도 있다.

부가가치세,
어떻게 처리할 것인가?

계약시 부가가치세 별도로 계약이 된 경우에는 거래금액에 별도로 부가가치세가 있는 것으로 보지만, 부가가치세 별도가 아닌 양도인이 부담하기로 되어 있는 경우에는 거래금액에 부가가치세가 포함된 것으로 본다.

예를 들어 매매금액 20억 원, 건물기준시가 6억 원, 토지공시지가 9억 원의 꼬마 빌딩을 양도할 경우 부가가치세 별도와 포함 차이를 비교해보자. 다음 페이지 표를 보면 부가가치세 별도의 경우에는 양도인이 양수인에게 20억 8천만 원을 받아서 8천만 원의 부가가치세를 납부하면 된다. 하지만 부가가치세 포함의 경우에는 양도인이 양수인에게 20억 원을 받아서 7,692만 원 정도의 부가가치세를 납부해야 한다.

양도를 하면 사업자 폐업을 하게 된다. 그런데 폐업시기와 부가가치세 환급 유무와 사업자기간, 사업자의 종류에 따라서도 부가가치세

| 부가가치세 별도와 포함 비교

구분	부가가치세 별도	부가가치세 포함
건물공급가액	8억 원 =20억 원×6/(6+9)	7억 6,923만 769원 =20억×6/(6+9+6×10%)
건물부가가치세	8천만 원 =8억 원×10%	7,692만 3,076원 =7억 6,923만 769원×10%
토지공급가액	12억 원 =20억 원−8억 원	11억 5,384만 6,155원
합계	20억 8천만 원	20억 원

가 달라질 수 있기 때문에 폐업에 따른 부가가치세를 상세히 알아보
도록 하자.

건축중인 건물을 양도하는 경우에는 양수인이 그 건축주인 건물을
이용 가능하게 된 때를 공급시기로 본다. 폐업일 전에 계약과 잔금을
받은 경우에는 잔금청산일이 공급시기가 되며, 폐업일 전 계약하고 폐
업일 후 잔금을 받은 경우에는 폐업일이 공급시기가 된다. 폐업일 후
계약을 하고 잔금을 받은 경우에는 비사업자 지위에서 공급하는 것이
되기 때문에 재화의 공급에 해당되지 않아서 부가가치세가 부과되지
않는다. 다만 취득시 부가가치세 환급을 받은 경우에는 10년 내 폐업
을 하면 폐업시 잔존재화에 대해 부가가치세가 추징된다. 경매로 소
유권이 이전되는 경우에는 건물공급가액의 10%인 부가가치세 납부
의무가 없으나 경매개시 전에 폐업되었다면 폐업시 잔존재화로 보아
당초 환급받았던 부분이 있으면 추징이 된다.

폐업신고시 사업자등록 원본(필수 아님), 폐업신고서, 계약서(포괄양

구분	10년 이내	10년 이후
양도 → 폐업	건물공급가액 10% 과세	건물공급가액 10% 과세
폐업 → 양도	당초 환급시 잔존재화 과세	없음
경매 → 폐업	없음	없음
폐업 → 경매	당초 환급시 잔존재화 과세	없음
비사업자	없음	없음
면세사업자	없음	없음
포괄양수도 계약	없음	없음

수도 계약시)가 필요하며, 폐업시 사업실적 및 상가양도에 따른 부가가치세를 포함해서 폐업기간에 따른 부가가치세를 폐업일이 속하는 달의 말일부터 25일 이내 신고해야 한다.

부가가치세는 다소 어려울 수도 있다. 처음에는 어렵지만 하다 보면 경험으로 알게 되는 것도 많으니 걱정하지 말자. 그리고 어차피 세금신고는 세무사에게 의뢰하는 일이 많고 대부분 세무사가 처리해주기 때문에 우리가 시험 공부하듯이 암기를 할 필요는 없다. 대략적인 개념만이라도 이해해두면 된다.

꼬마 빌딩 양도시 발생하는 세금 2
_양도소득세

꼬마 빌딩은 양도차익에 대해 구간별 양도세율에 따라 양도소득세가 부과된다.
상가주택은 주택과 상가의 연면적을 종류별로 합산해 과세한다.

양도소득세는 양도차익에 대한 세금이다. 양도할 때 취득가액 대비 남는 금액이 있다면 부과된다. 양도일이 속하는 달 말일부터 2개월 내 신고하고, 다음 해 5월에 확정신고를 한다.

양도소득세는 실지 거래가액을 기준으로 부가가치세를 제외한 양도가액으로 계산한다. 양도가액에 취득가액과 필요경비(취득세 등)를 빼면 양도차익이 남고 여기에 장기보유특별공제와 기본공제(250만 원)을 뺀 과세표준에 세율을 곱하고 누진공제액을 빼면 최종 양도소득세 산출세액을 구할 수 있다. 예를 들어 양도가액 6억 원, 취득가액 2억 원, 필요경비 1억 원인 경우 양도소득세를 계산해보면 다음 페이지 표와 같다.

구분	금액	비고
양도가액	6억 원	실거래가. 부가가치세 제외
−취득가액	2억 원	불공제 부가가치세 포함
−필요경비	1억 원	
양도차익	3억 원	
−장기보유특별공제	9천만 원	양도차익×30%(10년 보유)
양도소득금액	2억 1천만 원	
−기본공제	250만 원	
과세표준	2억 750만 원	
×세율	38%	
−누진공제	1,940만 원	
=산출세액	5,945만 원	

장기보유특별공제는 오래 보유한 양도인에게 일정 부분 공제해주는 제도인데 원칙은 3년 10%를 시작으로 매년 2%씩 증가해서 10년 이상이 되면 30%가 적용된다. 예외로 1세대 1주택자는 3년 24%를 시작으로 매년 8%씩 증가해서 10년 이상이 되면 80%가 적용된다.

1세대 1주택자는 2년 이상만 보유하면 양도세 비과세인데 이 제도가 무슨 소용이냐고 반문할 수 있다. 하지만 양도세 비과세 요건이 되더라도 9억 원을 초과하는 고가주택은 양도세가 부과되기 때문에 장기보유특별공제가 큰 절세 효과를 볼 수 있는 중요한 포인트가 될 수

| 장기보유특별공제 요율

구분	3년	4년	5년	6년	7년	8년	9년	10년
원칙	10%	12%	15%	18%	21%	24%	27%	30%
예외	24%	32%	40%	48%	56%	64%	72%	80%

| 양도소득세율

구분(과세표준 기준)	세율	누진공제액
주택 1년 미만	40%	
주택 외 1년 미만	50%	
주택 외 1~2년	40%	
1,200만 원 이하	6%	
1,200만~4,600만 원 이하	15%	108만 원
4,600만~8,800만 원 이하	24%	522만 원
8,800만~1억 5천만 원 이하	35%	1,490만 원
1억 5천만 원 초과	38%	1,940만 원

있다. 이런 장기보유특별공제도 3년 미만 보유나 미등기자산, 분양권, 중과세 대상인 토지 등은 적용되지 않는다.

위의 양도소득세율 표에서 보듯이 양도소득세 세율은 구간별로 6~38% 누진세율이 적용된다. 예외적으로 주택의 경우 보유기간이 1년 미만은 40%, 주택 외 부동산은 보유기간이 1년 미만 50%, 1~2년 40%의 중과세율이 적용된다.

누진세율은 양도차익이 적은 구간 대상자들에게 혜택을 주는 제도다. 1,200만 원 이하는 6%, 1,200만~4,600만 원은 15%, 4,600만~8,800만 원은 24%, 8,800만~1억 5천만 원은 35%, 1억 5천만 원 초과는 38%가 적용된다.

계산편의상 필요경비, 기본공제, 장기보유특별공제를 감안하지 않고 양도차익이 5천만 원이라 가정해보자. 이때 4,600만~8,800만 원구간의 24%를 그대로 적용하는 것이 아니라 1,200만 원까지의 금액은 6%, 1,200만~4,600만 원의 금액은 15%, 4,600만~5천만 원까지 400만 원만 24%가 적용되는 것이다. 이렇게 계산이 복잡하니 누진세율로 계산을 쉽게 하기 위해 세율을 곱한 뒤 누진공제액을 빼면 된다. 즉 5천만 원×24%-522만 원=678만 원이 된다.

양도소득세, 정확히 파악하자

임대소득에 대한 종합소득세를 계산할 때 감가상각비를 사용했다면 양도소득세 취득가액에서 차감해야 한다. 취득가액에는 부가가치세가 포함되지 않는 것이 원칙이지만 취득 당시 공제를 받지 못했다면 취득가액에 포함될 수 있다.

양도가액은 2007년부터 무조건 실거래가를 기준으로 과세하는 것이 원칙이다. 설사 실거래가액이 기준시가보다 낮더라도 그 거래가 진짜 이루어진 것이라면 문제가 없다. 그리고 양도인이 부담해야 할 양도세를 양수인이 부담하기로 하고 계약한다면 이는 채무를 인수한 것과 동일하기 때문에 양도대가에 포함된다.

취득한 지 오래되어 취득가액이 불분명한 경우에는 '매매사례가액 → 감정가액 → 환산가액 → 기준시가' 순으로 취득가액을 계산한다. 매매사례가액은 양도일 또는 취득일 전후 각 3개월 이내에 당해 자산과 동일하거나 유사한 자산의 매매사례가액이 있는 경우 그 가액을 취득가액으로 하는 방법이다.

감정가액은 양도일 또는 취득일 전후 각 3개월 이내에 당해 자산에 대해 2인 이상의 감정평가법인이 평가한 금액을 취득가액으로 한다. 환산가액은 양도 당시 실지거래가액, 매매사례가액 또는 감정가액을 다음과 같은 방법으로 환산해 취득가액을 계산하는 방법이다.

양도 당시의 실지거래가액 × (취득 당시 기준시가/양도 당시 기준시가)

필요경비는 절세를 하기 위해 중요한 부분이다. 취득 관련 세금, 환급을 받지 못한 부가가치세, 법무사 비용, 중개보수료, 채권할인 비용 등이 해당되며, 반드시 입증서류에 근거해 실제 지출된 사실이 확인되어야 한다. 종합소득세 신고시 비용처리를 했거나 자산으로 등재 후 감가상각비로 처리한 경우에는 양도소득세 계산시 필요경비에서 빼야 한다. 이중공제는 허용되지 않기 때문이다.

양도세를 줄이기 위해 양도가액을 낮추는 다운계약을 하기도 한다. 예전에는 관행적으로 한 경우도 많았지만 지금은 엄연한 불법이며, 적발되면 40%의 가산세와 취득세의 1.5% 한도 내에서 과태료 제재를 받기 때문에 조심해야 한다.

상가와 주택이 혼합된 상가주택의 경우에는 주택과 상가의 연면적을 종류별로 합산해 과세한다. 즉 주택면적이 상가면적보다 크다면 전

연면적 구분	주택양도세	상가양도세
주택 > 상가	전체 주택으로 간주	없음
주택 = 상가	주택 부분별도 안분계산	상가 부분별도 안분계산
주택 < 상가		

체를 주택으로 간주해 주택양도세가 부과된다. 만약 주택이라면 1세대 1주택 비과세도 가능할 수 있어서 유리한 면도 있지만 반대로 다른 주택이 있는 경우 양도세 주택 수에 포함되는 만큼 무조건 좋다고 할 수는 없다. 주택면적이 상가면적과 동일하거나 상가면적보다 작다면 주택 부분은 주택으로, 상가 부분은 상가로 각각 안분해 계산하게 된다.

권리금에도
세금이 있다

양도인이 영업권만 양도해 권리금을 받는 경우에도,
사업용 고정자산인 부동산을 같이 양도해도 세금은 발생한다.

B씨에게서 영업권리금을 받은 A씨는 눈에 보이지도 않는 권리금에
세금이 부과된다는 사실을 알고 깜짝 놀랐다. 그것도 종합소득세에 지
방소득세, 양도세, 부가가치세까지 내야 할 세금이 뭐 이리도 많은지,
혹시나 하는 마음에 세무사를 만나보았지만 소용없었다. 세금이 발생
하는 것이 맞고 당연히 납부해야 한다는 이야기를 듣고 씁쓸한 발걸
음을 돌렸다.

141쪽에서 보았듯이 권리금은 영업권리(고객), 바닥권리(입지), 시
설권리(인테리어 및 시설)에 대해 산정한 비용이다. 보통은 임차인들 간
의 문제이기 때문에 임대인이 관여할 일은 아니다. 하지만 임대인이
신축 후 초기 임차인에게 바닥권리금을 받거나 영업을 하던 건물주가

임대인이 되면서 임차인으로부터 권리금을 받는 경우도 있다. 특히 매매과정에서 양도인과 양수인 간에 발생하는 권리금은 세금문제가 발생하기 때문에 주의가 필요하다.

양도인과 양수인 간에
권리금 문제가 생긴다면?

양도인이 영업권만 양도해 권리금을 받는 경우에는 종합소득세, 지방소득세(소득세 10%), 부가가치세가 발생하고, 기타 소득에 해당되어 권리금 수입의 80%는 경비로 인정된다. 영업권뿐만 아니라 사업용 고정자산인 부동산도 같이 양도할 경우에는 양도소득세와 부가가치세도 발생한다. 물론 포괄양수도 계약을 하면 부가가치세를 피할 수 있지만 종합소득세, 지방소득세, 양도소득세에서는 자유롭기 어렵다.

영업권을 양도하고 대가를 받은 권리금은 부가가치세가 과세되는 것이 원칙이다. 다만 포괄양수도 계약을 하면 부가가치세가 과세되지 않는다. 양수인이 권리금을 지급하는 경우에는 권리금이 비용에 해당되기 때문에 원칙적으로 증빙이 필요하며, 세금계산서를 반드시 받아야 한다. 포괄양수도 계약시에는 세금계산서 발급이 되지 않으니 계약서 등으로 비용처리를 한다.

또한 권리금을 지급할 때는 기타 소득에 대해 원천징수해 신고를 해야 한다. 예를 들어 권리금 1억 원, 부가가치세 1천만 원으로 총 1억 1천만 원을 지급해야 하는 경우 그대로 지불하는 것이 아니라 1억 원

| 권리금 관련 세금

권리금	구분	내용
수령인	일반과세자	• 권리금 세금계산서 발급이 원칙 • 권리금 부가가치세 신고 의무 있음
	간이과세자	• 권리금 세금계산서 발급 못함 • 권리금 부가가치세 신고 의무 있음
	면세사업자	• 세금계산서 대신 계산서 발급 • 권리금 부가가치세 신고 의무 없음
	소득세	• 다음 해 5월중 다른 소득에 합산해 소득세 신고 의무 • 권리금 수령시 원천징수된 소득세는 신고 때 산출세액에서 차감
지급인	원천징수	• 지급한 권리금액 4.4%(또는 소득금액 22%) 원천징수 의무 • 원천징수 금액 다음 달 10일까지 관할 세무서 신고 납부 • 원천징수 지급명세서는 다음 해 2월 말까지 국세청 제출 • 불이행시 가산세 부과

에 대한 4.4%(지방소득세 포함)를 원천징수하고 나머지 9,560만 원을 지급해야 한다.

권리금을 지급한 양수인은 이를 장부에 반영해 5년 동안 비용으로 처리하면서 소득세를 줄일 수 있어 절세 측면에서 유리한 부분도 있다. 하지만 반드시 세금계산서를 받아야 하고 지급 근거가 확인되어야 향후 세무조사시 문제가 없다.

숨은 진주를 찾아
보석을 만든 아저씨

강의가 끝난 후 40대 후반으로 보이는 아저씨 한 분이 노크를 하면서 들어왔다. 상가주택을 사고 싶은데 봐둔 물건이 있으니 현장조사를 해서 좋은 물건인지 한번 봐달라고 봉투 하나를 내밀고 가셨다. 봉투에는 봐둔 물건의 주소와 대지지분, 건평, 매매가, 임대료 현황 등 상세정보가 꼼꼼하게 정리된 종이와 토지이용계획확인서, 건축물대장, 등기부등본, 그리고 자산 현황과 자신의 투자방향에 대한 메모와 수고비용까지 들어 있었다. 많은 조사 의뢰를 받았지만 이렇게 상세한 정보와 공적장부까지 주시는 분은 처음이었다.

다음 날 바로 현장에 가보니 초역세권은 아니지만 그래도 도보 10분 거리였고, 대로변은 아니지만 유동인구 흐름이 제법 있는 10m 도로를 끼고 있으며, 반듯한 모양의 대지 265m²(80평)에 1층은 오래된 동물병원, 2~3층은 원룸이 들어간 3층 상가주택이었다. 다만 매매가 12억 원, 보증금 5천만/월 250만 원, 수익률이 2.6%로 낮은 것은 단점이었다. 땅값은 3.3m²당 1,500만 원으로 주변 시세보다 많이 저렴하지만 수익률이 3%도 나오지 않으니 선뜻 투자하기가 어려웠던 것이다.

그렇게 현장조사 후 당장의 수익률은 낮지만 땅값이 저렴하고 유동인구 흐름도 좋고 도보 10분 거리 역세권에 상권도 발전하는 곳인지라 전면 리모델링 공사를 하거나 외관 부분 리뉴얼 공사를 해서 수익률을 올린다면 충분히 승산이 있을 수 있다는 의견을 드렸었다.

1년 후 그분이 다시 찾아왔다. 반갑게 인사하고 커피 한 잔을 하면서 이야기를 들어보니 그 상가주택을 매입했고 약간 손봐서 수익률을 4.5%까지 올렸다는 것이다. '도대체 어떤 작품을 만들었을까?' 하는 궁금한 마음에 바로 현장으로 달려가보니 정말 놀라운 작품을 만드셨다고 속으로 감탄했다.

마침 1층 동물병원의 계약기간이 끝나서 건축업을 하는 친구의 도움을 받아 1층에 커피전문점을 넣고 붉은 벽돌로 지어져 오래된 느낌이 나던 건물외관을 대리석 자재로 바꿈으로써 마치 신축건물인 것 같은 착각이 들었다. 더군다나 1층 커피전문점은 대학을 졸업하고 프랜차이즈 커피전문점에서 일하던 딸이 맡아서 월세를 내면서 장사를 하는데 제법 매출이 높게 나온다고 했다.

공사비용 1억 원이 들어가기는 했지만 어차피 시세보다 낮은 땅값으로 구입하면서 공사비용은 상쇄시켰고, 리뉴얼 공사로 수익률을 올리고 1층 커피전문점을 넣으면서 건물의 이미지도 개선했다. 바로 매매를 해도 16억 원은 받을 수 있을 정도로 상가주택의 가치를 끌어올렸으며 딸의 직업문제도 해결했으니 일석삼조(一石三鳥), 3마리 새를 한번에 잡아버렸다.

만약 이 아저씨가 당장 낮은 수익률만 보고 포기했더라면 숨은 진주는 돌이 되었겠지만 아저씨의 과감한 결단력과 실행력으로 숨은 진주는 빛나는 보석이 되었다. 이런 숨은 진주를 보석으로 만드는 것이 진정한 꼬마 빌딩 투자의 참맛이 아닐까?

행복한 꼬마 빌딩 주인이 될 모두를 위해

꼬마 빌딩이라는 파랑새를 찾아 떠난 긴 여정을 이제는 마무리하려고 한다. 왜 꼬마 빌딩 주인이 되어야 하는가에 대한 명쾌한 해답과 꼬마 빌딩 주인이 되기 위해 알아야 할 여러 지식, 그리고 좋은 꼬마 빌딩을 잘 구입하고 잘 관리하고 잘 팔 수 있는 노하우에 대해 알아보았다. 이 책을 읽는 순간 우리 모두가 꼬마 빌딩의 주인이 될 수 있는 문을 연 것이다.

현금 5억 원으로 투자를 하고 싶다는 할아버지를 만난 적이 있다. 이분에게 안정적인 노후생활을 위해 고정 임대수익이 나오는 투자가 바람직한 방향이라고 생각했다. 그런데 상담을 진행하다 보니 본인의 노후생활이 아니라 자식을 위해 자신의 노후자금으로 대출과 전세를 끼고 투자를 하고 싶다는 것이었다.

"할아버지, 지금까지 자식들을 위해 그 정도 희생하고 노력해서 자식들을 키웠으면 이제 할아버지 자신을 위해서 사세요." "자식들을 위한 투자가 아니라 할아버지의 노후생활을 위한 안정적인 임대수익이 나오는 부동산으로 알아보시는 것이 좋아요."

계속해서 이야기를 들어보니 자식들은 모두 의사와 교수로 할아버지가 걱정하지 않아도 충분히 잘 먹고 잘 사는 분들이었다. 나이가 80세를 넘었어도 오직 자식 걱정뿐인 이 시대의 아버지 마음임을 왜 모르겠는가? 하지만 이제는 자식들이 아닌 우리 자신의 행복한 삶을 위한 인생설계를 해야 할 때다. 부자의 목적이 자식이 아니라 스스로 자신과 부부의 행복이 우선되어야 하는 것이다.

옛날처럼 경제와 인구가 동시에 성장하는 장밋빛 시대는 이제 끝났다. 경제와 인구가 줄어드는 저성장의 시대, 제로금리에 가까운 저금리의 시대, 평균 수명 증가로 자신이 몇 살까지 살지도 모르는 불확실성의 시대, 이렇게 어려운 세 시대를 동시에 살고 있는 바로 지금이 매우 중요한 시기다.

지난 40년간 오직 앞만 보고 달려온 우리들의 모습을 한번 돌아보라. 좋은 집에 살고, 좋은 차를 타며, 맛있는 음식을 먹고, 여가생활을 즐기면서도 '힘들다' '불안하다' '돈이 부족하다'라며 항상 불평불만만 가득하다. 만족하고 행복하다는 사람은 만나기 어렵다. 물질적으로는 성공했을지 모르겠지만 '행복'이라는 측면에서는 실패한 것이다.

자신이 행복해야 부부가 행복해지고, 부모가 행복해야 자식들이 행복해지며, 가족이 행복해야 우리 사회가 행복할 수 있다. 우리가 꼬마 빌딩 주인이 되려는 목적은 돈을 많이 벌어 남들보다 더 좋은 집, 더 좋은 차, 더 맛있는 음식을 먹는 부자가 되기 위함이 아니다. 안정적인 노후생활의 기반을 만들어 자식들에게는 부양의 부담을 주지 않고, 내면의 자신감 회복으로 좋아하는 일을 하면서, 부부 간의 사랑으로 일상생활 속에서 작은 행복을 느끼는 마음의 부자가 되기 위함이다.

부모의 노후생활이 어려운데 자식들이 마음 편하게 살 수 있겠는가? 생활이 어려운데 부부 간 관계가 좋아질 수 있겠는가? 부부 간 사이가 안 좋은데 어떻게 행복할 수 있겠는가? 어차피 평생 쓰지도 못할 돈을 가졌으면서 부부 간, 형제 간 소송을 하는 재벌을 보고 있자면 '과연 저분들은 행복할까?'라는 의문이 든다. 분명 행복하지 않을 것이다.

가난은 불행과 비례하지만 많은 돈은 행복과 비례하지 않는다. 우리가 꼬마 빌딩 주인이 되는 것은 행복을 위한 최소한의 기초공사를 하는 것이다. 행복한 꼬마 빌딩 주인이 될 우리 모두를 위해 이 책을 바친다.

이제 꼬마 빌딩의 주인이 되어 안정적인 노후생활의 기반을 만들어
내면의 자신감 회복으로 좋아하는 일을 하면서
일상생활 속에서 작은 행복을 느껴보자.

『나도 꼬마 빌딩을 갖고 싶다』
저자와의 인터뷰

Q. 『나도 꼬마 빌딩을 갖고 싶다』를 소개해주시고, 이 책을 통해 독자들에게
전하고 싶은 메시지를 말씀해주세요.

A. 이 책은 요즘 유행하고 있는 꼬마 빌딩에 무조건 투자하라고 권하
는 책이 아닙니다. 꼬마 빌딩이 정확하게 무엇인지 그 정의와 꼬마
빌딩에 대해 꼭 알아야 할 필수지식, 그리고 꼬마 빌딩을 살 때와
보유하면서 관리할 때, 그리고 팔 때 각각 필요한 전략과 세금 등
꼬마 빌딩의 모든 것을 알 수 있는 투자 지침서입니다. 꼬마 빌딩
투자의 교과서라고도 할 수 있지요. 부자들만이 꼬마 빌딩을 가질
수 있다고 생각하시나요? 꼬마 빌딩의 주인이 되는 일은 꿈이 아
닌 현실이 될 수 있습니다. 바로 이 책이 그 꿈이 이루어지게 도와
줄 것입니다. 꼬마 빌딩 주인의 꿈은 반드시 이룰 수 있습니다.

Q. 우리나라 부동산시장의 흐름이 바뀌고 있습니다. 어떤 방향으로 바뀌고 있는지 자세한 설명 부탁드립니다.

A. 우리나라 부동산시대를 열었던 아파트가 경제성장률의 둔화, 공급물량의 증가, 인구 감소 등의 영향을 받아 예전보다 상승 폭이 서서히 둔화되고 있습니다. 특히 베이비붐 세대의 은퇴와 불안한 노후 준비 때문에 주거 목적보다는 월세 임대수익을 목적으로 하는 부동산 수요가 늘어나고 있습니다. 상가, 오피스텔 등 월세 임대수익을 얻을 수 있는 다양한 수익형 부동산이 있지만 희소가치에 따른 가치 상승과 임대수익, 거주 문제까지 3마리 토끼를 잡을 수 있는 꼬마 빌딩에 대한 관심이 단연 높습니다. 동시에 꼬마 빌딩의 매매가격도 계속 상승세를 이어가고 있습니다. 행복한 노후생활을 위해서 꼬마 빌딩에 관심을 가져야 하는 이유가 바로 여기에 있습니다.

Q. 꼬마 빌딩은 무엇을 말하는 것이며, 종류에는 어떤 것이 있는지 설명해주세요.

A. 꼬마 빌딩은 법적 용어가 아닙니다. 보통 대지 위에 건축한 빌딩 중에 가격이 10억~50억 원대로 형성되어 있고 월세 임대수익이 발생하는 건축물을 말합니다. 그렇기 때문에 종류도 다양하고 한마디로 정의해서 설명하기는 조금 어렵습니다. 우리가 지나다니면서 흔하게 볼 수 있는 다가구주택, 원룸건물, 상가주택, 오피스빌딩 등이 모두 꼬마 빌딩이라고 할 수 있습니다. 최근에는 상가와 오피스가 결합되거나 오피스 일부를 원룸이나 투룸으로 개조하는 등 다양한 복합형 건물의 형태를 보이기도 합니다.

Q. 꼬마 빌딩은 어떻게 수익형 부동산의 핵심 트렌드가 되었나요? 자세한 설명 부탁드립니다.

A. 베이비붐 세대의 은퇴와 자녀 뒷바라지를 하느라 노후 준비를 제대로 하지 못한 사람들의 관심이 높아지면서 월세 임대수익이 나오는 수익형 부동산의 인기는 최근 5년간 꾸준히 상승했습니다. 상가, 오피스텔, 빌라 등 기존에 인기가 많던 수익형 부동산은 월세 임대수익은 나오지만 가치 상승이 어렵고, 여러 부동산에 투자해야 하며, 자신의 거주 문제는 별도로 해결해야 한다는 단점이 있었습니다. 하지만 꼬마 빌딩은 땅을 가지고 있기 때문에 대지가격 상승과 신축이나 리모델링을 통한 가치 상승이 가능합니다. 또한 주인세대를 구성하면 거주 문제도 해결할 수 있으며, 꿈이라고만 생각했던 꼬마 빌딩의 주인이 되었다는 자긍심으로 자존감과 자신감이 커지지요. 이런 이유로 꼬마 빌딩에 대한 수요는 더욱 늘어나고 있으며 수익형 부동산의 핵심 트렌드가 되었습니다.

Q. 혼동되는 용어인 다가구주택과 다세대주택의 차이점을 설명해주세요.

A. 흔히들 빌라나 원룸건물이라고 부르는 다가구주택과 다세대주택은 겉으로 보기에는 비슷한 것 같지만 차이가 있습니다. 다가구주택은 구분되어 여러 독립된 생활공간이 있어서 여러 명의 세입자가 있지만 구분등기가 되지 않아 주인은 1명인 단독주택입니다. 이와 달리 다세대주택은 아파트처럼 구분되어 여러 독립된 생활공간 각각이 구분등기가 되어 있어 주인이 여러 명 있는 공동주택입니다. 주로 부동산 방송에서 판매하는 투룸형 도시형 생활주택의 한 호실을 의미한다고 생각하면 될 것 같습니다.

Q. 수익률과 공실률이 중요하다고 하셨는데요. 그 이유와 어떤 점을 주의해야
할지 말씀해주세요.

A. 수익률은 투자금액 대비 월세 임대수익이 얼마나 나오는가의 비율
을 말하는 것입니다. 당연히 수익률이 높으면 투자금액 대비 임대
수익을 높게 받는 것이니 이득입니다. 하지만 임대료가 주변 시세
대비 지나치게 높게 책정되어 있다면 조정이 필요합니다. 당장은
임대인에게 이득이지만 높은 수익률이 매매가격에 반영되어 같이
높아지는 경우가 많고, 향후 현 임차인과 계약해지가 되어 새로운
임차인을 구하는 경우 수익률이 하락할 수 있기 때문에 주의해야
합니다.

공실률은 임차인이 계약해지 후 빠져나갔음에도 다른 새로운 임차
인을 구하지 못해 비어 있는 상태인 공실이 얼마나 많은가를 나타
내는 비율입니다. 공실이 되면 월세 임대수익을 얻을 수 없으니 당
연히 공실기간이 길어질수록 손실이 커질 수밖에 없지요. 그래서
수익률을 높이는 것보다 공실률을 낮추는 것이 더 중요합니다.

Q. 베란다와 발코니, 그리고 테라스란 무엇인지 말씀해주세요.

A. 우리가 흔히 말하는 아파트 베란다는 잘못된 표현입니다. 베란다
가 아닌 발코니가 맞습니다. 발코니는 건물 외벽에 설치된 서비스
공간인 반면 베란다는 일조권 사선제한 등의 규정에 의해 아래층
과 위층의 면적 차이에서 생긴 공간이기 때문입니다. 발코니 확장
은 2006년 합법화되었지만 베란다는 그렇지 않습니다. 이런 베란
다를 불법으로 확장해 사용공간을 늘린 위반건축물이 많이 있으니
주의해야 합니다. 테라스는 저층의 서비스 공간으로 식당이나 커

피전문점 등에서 많이 활용합니다. 최근에는 테라스로 차별화한 주택들도 선보이고 있습니다.

Q. 꼬마 빌딩을 구입할 때 위반건축물을 조심해야 한다는 말을 많이 합니다. 위반건축물이란 무엇이고 어떤 불이익이 있나요?

A. 위반건축물은 베란다 증축, 불법 용도변경, 주차장법 위반 등 정해진 규정을 지키지 않고 불법으로 건축한 건축물입니다. 시정명령을 제대로 이행하지 않으면 건축물대장에 위반건축물로 등재되고 이행강제금이 부과됩니다. 그러니 꼬마 빌딩을 구입하기 전에 반드시 건축물대장을 발급해서 위반건축물 여부를 확인하는 것이 좋습니다. 만약 적발되기 전이라면 시청·구청과 협의해 합법적으로 건축허가를 받은 후 사용하는 것이 좋지요. 그리고 계약 전에 발견했다면 합법화하거나 이행강제금 등의 비용을 지원받는 조건을 계약서 특약사항에 넣는 것이 좋습니다.

Q. 꼬마 빌딩을 잘 구입하는 노하우가 있다면 무엇일까요? 자세한 설명 부탁드립니다.

A. 꼬마 빌딩은 입지, 주변 환경, 대지면적, 건물상태, 임대조건 등 고려해야 할 사항이 굉장히 다양하고 가격도 천차만별입니다. 그렇기 때문에 자신의 자금과 상황에 맞는 투자전략을 세우고 최선의 선택을 하는 것이 좋습니다. 인터넷조사와 현장조사를 통해 관련 정보를 철저히 확인해야 합니다. 특히 꼼꼼한 현장조사는 필수입니다. 그런 다음 수익률과 토지가격, 건물 잔존가치로 꼬마 빌딩의 가치분석을 할 필요가 있습니다. 토지매입 후 건축을 할 수도 있고

경매로 구입할 수도 있기 때문에 최선의 투자전략을 찾고 실행하는 것이 중요합니다.

Q. 꼬마 빌딩 구입 후 공동명의로 하는 것이 유리할까요, 불리할까요?

A. 예전에는 부부는 일심동체라고 해서 명의가 그리 중요하지 않았지만, 요즘은 부부 공동명의가 대세입니다. 금전적인 이익을 떠나서 재산분할 차원에서도 공동명의를 많이 하지요. 세금도 또 하나의 재테크이고 꼬마 빌딩은 아파트 대비 세금이 더 복잡하고 중요하기 때문에 잘 계산하고 따져보아야 합니다. 양도소득세, 종합소득세, 의료보험료 등을 계산해보면 공동명의가 조금 더 유리할 수는 있지만 종합소득세 비용처리 등 미리 확인해야 할 부분도 있기 때문에 먼저 세무사와 심도 있게 검토하는 것이 좋습니다.

독자 여러분의
소중한 원고를 기다립니다

★ 원앤원북스는 독자 여러분의 소중한 원고를 기다리고 있습니다. 집필을 끝냈거나 혹은 집필중인 원고가 있으신 분은 onobooks2018@naver.com으로 원고의 간단한 기획의도와 개요, 연락처 등과 함께 보내주시면 최대한 빨리 검토한 후에 연락드리겠습니다. 머뭇거리지 마시고 언제라도 원앤원북스의 문을 두드리시면 반갑게 맞이하겠습니다.